U0613491

「十四五」國家重點出版物出版規劃項目
二〇二一—二〇三五年國家古籍工作規劃重點出版項目

中華古籍保護計劃

ZHONG HUA GU JI BAO HU JI HUA CHENG GUO

·成 果·

國家珍貴古籍叢刊

宋本大學章句
宋本中庸章句

（宋）朱熹　集注

國家圖書館出版社

圖書在版編目（CIP）數據

宋本大學章句　宋本中庸章句 /（宋）朱熹集注. -- 北京：國家圖書館出版社, 2024.12. --（國家珍貴古籍叢刊）.
ISBN 978-7-5013-8192-0

Ⅰ. B222.12

中國國家版本館CIP數據核字第20247QW461號

書　　名　宋本大學章句　宋本中庸章句
著　　者　（宋）朱　熹　集注
叢 書 名　國家珍貴古籍叢刊
責任編輯　黄　鑫
封面設計　翁　涌

出版發行　國家圖書館出版社（北京市西城區文津街7號　100034）
（原書目文獻出版社　北京圖書館出版社）
010-66114536　63802249　nlcpress@nlc.cn（郵購）
網　　址　http://www.nlcpress.com
排　　版　愛圖工作室
印　　裝　北京金康利印刷有限公司
版次印次　2024年12月第1版　2024年12月第1次印刷

開　　本　710×1000　1/16
印　　張　15.5
書　　號　ISBN 978-7-5013-8192-0
定　　價　120.00圓

《國家珍貴古籍叢刊》編纂委員會

《國家珍貴古籍叢刊》前言

中國古代文獻典籍是中華民族創造的重要文明成果。這些典籍承載着中華五千年的悠久歷史，不僅是中華優秀傳統文化的重要載體之一，還是民族凝聚力和創造力的重要源泉，更是人類珍貴的文化遺産。

黨的十八大以來，以習近平總書記爲核心的黨中央站在實現中華民族偉大復興的戰略高度，對傳承和弘揚中華優秀傳統文化作出一系列重大决策部署。習近平總書記多次圍繞中華優秀傳統文化保護弘揚、挖掘闡發、傳播推廣、融合發展作出重要論述，强調『要加强對中華優秀傳統文化的挖掘和闡發』，讓『書寫在古籍裏的文字都活起來』。二〇二三年，習近平總書記在文化傳承發展座談會上强調，衹有全面深入瞭解中華文明的歷史，纔能更有效地推動中華優秀傳統文化創造性轉化、創新性發展，更有力地推進中國特色社會主義文化建設，建設中華民族現代文明。黨和國家的高度重視和大力支持，把中華珍貴典籍的保護和傳承工作推上了新的歷史高度。

保護好、傳承好、利用好這些文獻典籍，對於傳承和弘揚中華民族優秀傳統文化，維護國家統一和民族團結，推動社會主義文化大發展大繁榮，促進國際文化交流和構建人類命運共同體，都具有十分重要的意義。二〇〇七年，國家啓動了『中華古籍保護計劃』。該計劃在文化和旅游部領導下，由國家古籍保護中心負責實施，十餘年來，古籍保護成效顯著，在社會上産生了極大反響。迄今爲止，國務院先後公布了六批《國家珍貴古籍名録》，收録了全國各藏書機構及個人收藏的珍貴古籍一萬三千零二十六部。

爲深入挖掘這些寶貴的文化遺産，更好地傳承文明、服務社會，科學合理有效地解决古籍收藏與利用的矛盾，二〇二四年，國家古籍保護中心啓動《國家珍貴古籍叢刊》叢書項目。該項目入選《二〇二一—二〇三五年國家古籍工作規劃》重點出版項目，是貫徹落實新時代弘揚中華優秀傳統文化的重要舉措。

本《叢刊》作爲古籍數字化的有益補充，將深藏内閣大庫的善本古籍化身千百，普惠廣大讀者。根據『注重普及、體現價值、避免重複』的原則，從入選第一至六批《國家珍貴古籍名録》的典籍中遴選出『時代早、流傳少、價值高，經典性較强、流傳度較廣』的存世佳槧爲底本，尤其重視『尚未出版過的、版本極具特殊性的、内容膾炙人口的』善本。通過『平民化』的出版方式進行全文高精彩印，以合理的價格、上乘的印刷品質讓大衆看得到、買得起、用得上。旨在用大衆普及活化推廣方式出版國家珍貴古籍，讓這些沉睡在古籍中的文字重新煥發光彩，爲學術界、文化界乃至廣大讀者提供豐富的學術資料和閲讀享受，更爲廣大學者、古籍保護從業人員、古籍收藏愛好者從事學術研究、版本鑒定、保護收藏等提供一部極爲重要的工具書。

本《叢刊》由國家圖書館出版社出版，在編纂過程中，保持古籍的原貌，力求做到影印清晰、編排合理。本《叢刊》不僅全文再現古籍的内容，每部書還附一篇名家提要，爲研究古籍流傳、版本變遷、學術思想等内容，提供重要資料。通過本《叢刊》的出版，我們相信對於推動古籍整理與研究工作、傳承中華優秀傳統文化、增强民族文化自信具有重要意義，也將有助於更多的人瞭解和認識中華文化的博大精深，激發人們對傳統文化的熱愛與傳承意識，爲中華民族的偉大復興貢獻力量。

《國家珍貴古籍叢刊》項目啓動以來，得到專家學者的廣泛關注，以及全國各大圖書館的大力支持。同時，我們也期待更多的學者、專家及廣大讀者能够關注和支持古籍保護工作，共同爲傳承和弘揚中華優秀傳統文化而努力。

國家古籍保護中心

二〇二四年九月

《國家珍貴古籍叢刊》出版説明

爲更好地傳承文明，服務社會，科學合理有效地解决古籍收藏與利用的矛盾，國家古籍保護中心聯合全國古籍重點保護單位，開展《國家珍貴古籍叢刊》高精彩印出版項目，以促進古籍保護成果的揭示、整理與利用，加强古籍再生性保護和研究。

《叢刊》所選文獻按照『注重普及、體現價值、避免重複』的原則，遴選出『時代早、流傳少、價值高，經典性較强、流傳度較廣』的存世佳槧爲底本高精彩印。按經、史、子、集分類編排，所選每種書均單獨印行，分批陸續出版。各書延聘專家撰寫提要，介紹該文獻著者、基本内容及其學術價值、版本價值，同時説明入選《國家珍貴古籍名録》批次、名録號等；各書編有詳細目録、設置書眉，以便讀者檢索和閱讀；王文前列牌記展示該文獻館藏單位、版本情況和原書尺寸信息。

國家圖書館出版社

二〇二四年九月

（宋）朱熹 集注

大學章句
中庸章句

宋淳祐十二年（一二五二）當塗郡齋刻本

據國家圖書館藏宋淳祐十二年當塗郡齋刻本影印原書版框高二十五點三厘米寬十七點四厘米

《大學章句》一卷《中庸章句》一卷，均爲宋刻《四書章句集注》一種，係宋淳祐十二年（一二五二）當塗郡齋所刻。

『四書』是《論語》《孟子》《大學》《中庸》的合稱。南宋著名的理學家、教育家朱熹認爲《大學》是『初學入德之門』，《中庸》是『孔門傳授心法』。爲使其與《論語》《孟子》相配合，於南宋孝宗淳熙年間特爲《論語》《孟子》《大學》《中庸》統撰《四書章句集注》，『四書』之名始立。自此之後，《四書》長期成爲科舉取士的初級課讀之書。四者上下連貫傳承而爲一體。《文心雕龍》有言：『夫人之立言，因字而生句，積句而成章，積章而成篇。』章句也就是章與句的合稱，漢代起，由於注家多以分章析句解説古書，所以章句形成一種體裁。《大學》《中庸》中的注釋稱爲『章句』，而《論語》《孟子》中的注釋集合了衆人説法，稱爲『集注』。後人合稱其爲『四書章句集注』，簡稱『四書集注』。此書上承經典，下啓群學，金科玉律，代代傳授，對中國傳統文化的影響巨大。

朱熹（一一三〇—一二〇〇）字元晦，號晦庵，别號紫陽。南宋紹興十八年（一一四八）進士，授泉州同安簿。淳熙初，召爲秘書郎，擢知南康軍，遷提舉江西常平茶鹽公事、江西提刑，入爲侍講。光宗末，除寶文閣待制知江陵，旋以焕章閣待制提舉南京鴻慶宫。宋慶元二年（一一九六）爲御史所劾，落職罷祠。六年卒，年七十一。朱熹祖籍婺源（今屬江西），多年僑寓建陽（今屬福建）。曾遍解群經，此書是其解經著作之一。

《大學》論述儒家『修身齊家治國平天下』思想，原是《禮記》中的一篇，相傳爲春秋戰國時期曾子所作，實爲秦漢時儒家作品，是一部中國古代討論教育理論的重要著作。唐以前并未引起特別關注，至宋程顥、程頤竭力尊崇，稱之『孔氏之遺書，而初學入德之門也』。正如朱熹云：『天運循環，無往不復，宋德隆盛，治教休明。於是河南程氏兩夫子出，而有以接乎孟氏之傳。實始尊信此篇而表章之，既又爲之次其簡編，發其歸趣，然後古者大學教人之法、聖經賢傳之指，粲然復明於世。……然於國家化民成俗之意、學者修己治人之方，則未必無小補云。』

朱熹説《大學》是『外有以極其規模之大，而内有以盡其節目之詳者也』，提出的『明明德』『親民』『止於至善』（朱熹『三綱領』）和『格物』『致知』『誠意』『正心』『修身』『齊家』『治國』『平天下』（『八條目』），强調修己是治人的前提，修己的目的是爲了治國平天下，説明治國平天下和個人道德修養的一致性。

《大學》全文文辭簡約，内涵深刻，影響深遠，主要概括總結了先秦儒家道德修養理論，以及關於道德修養的基本原則和方法，對做人、處事、治國等有深刻的啓迪性。朱熹稱：『古人爲學次第者，獨賴此篇之存。』

《中庸》是儒家的重要經典，是中國古代論述人生修養境界的一部哲學道德專著，原屬《禮記》第三十一篇，相傳爲戰國時期子思所作。其内容肯定『中庸』是道德行爲的最高標準，把『誠』看作世界的本體，認爲『至誠』則達到人生的最高境界，并提出『博學之，審問之，慎思之，明辨之，篤行之』的學習過程和認識方法。

一般認爲《中庸》的作者是子思，西漢時已經有專門解釋《中庸》的文字。唐代韓愈也注解《大學》《中庸》，揭示道統。宋代學者將《中庸》從《禮記》中抽出，與《大學》《論語》《孟子》合爲『四書』。其主要注本有程顥《中庸義》、程頤《中庸解義》、朱熹《中庸章句》、李塨《中庸傳注》、戴震《中庸補注》、康有爲《中庸注》、馬其昶《中庸誼詁》和胡懷琛《中庸淺説》等。影響最大的是朱熹的《中庸章句》，他完整地論述了儒家的道統論，其引《尚書》的『人心惟危，道心惟微，惟精惟一，允執厥中』被理學家奉爲圭臬。此外他還將歷代承載道的人物譜系化，勾畫出道統流變史。《中庸章句》使中庸之旨脉絡貫通，巨細畢舉。《中庸章句》篇題下，朱熹對『中庸』作了解讀，指出『中者，不偏不倚，無過不及之名，庸，平常也。』《中庸》在儒家典籍中，理論高深，最難讀懂，所以朱熹認爲讀《四書》應最後讀《中庸》。

《中庸章句》成書於淳熙十六年（一一八九）。翌年，即光宗紹熙元年（一一九〇），朱熹知漳州，《四書章句集注》便首次於漳州刊印。宋嘉定十年（一二一七），吴柔勝又在當塗郡齋主持刻印此書。之後，此版迭經修補重印。淳祐十二年，金華馬光祖於當塗郡齋修補嘉定十年吴柔勝所刻《論》《孟》章句集注的舊板，并全部補刻了《中庸章句》和《大學章句》。《大學章句》前鎸有淳祐十二年金華馬光祖序。

此宋當塗郡齋刻本傳世極罕，曾藏鐵琴銅劍樓，《鐵琴銅劍樓藏書目録》卷六著録。鐵琴銅劍樓位於歷史文化名城常熟市古里鎮，始建於清代乾隆年間，係瞿紹基及其子孫五代藏書之所，與山東聊城楊氏海源閣、歸安陸氏皕宋樓、錢塘丁氏八千卷樓合稱爲我國近現代四大藏書樓，有『南瞿北楊』的美稱，也是四大藏書樓中唯一一處樓與書一起保存至新中國成立後的藏書樓。

瞿氏五代藏書樓主皆淡泊名利，以藏書、讀書爲樂。在其所藏金石古物中，瞿氏第二代樓主、瞿紹基之子瞿鏞對一臺鐵琴和一柄銅劍尤爲珍愛，『鐵琴銅劍樓』便由此得名。

瞿氏藏書重正經正史，尤其尊經。其藏書達十萬餘卷，以數量多、品質高而著稱於世。戰亂時期，瞿氏家族更冒着生命危險輾轉南北，將藏書分散秘藏，爲我國珍貴典籍的保護傳承和文化的發展作出了不可磨滅的貢獻。

新中國成立後，第五代樓主瞿濟蒼、瞿旭初、瞿鳳起三兄弟遵照父輩遺命，將鐵琴銅劍樓所藏珍善本圖書及文物全部捐獻或轉讓給國家。

此本入選第一批《國家珍貴古籍名録》（名録號〇〇三一〇）。（陳紅彦）

目録

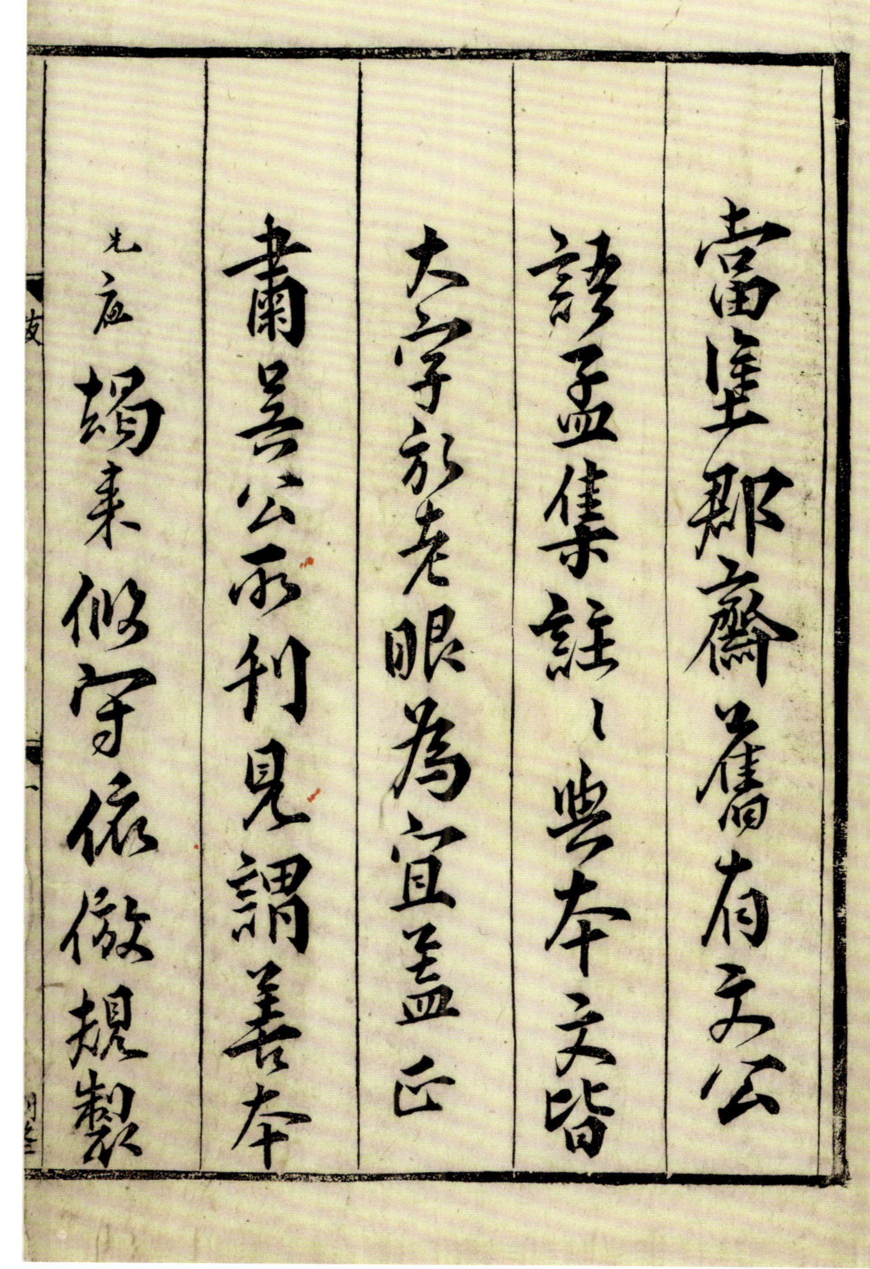

當塗郡齋舊有文公
詩孟集註〻與本文皆
大字於老眼為宜盖以
肅呂公所刊見謂善本
光庭搨來倣字依傚規製

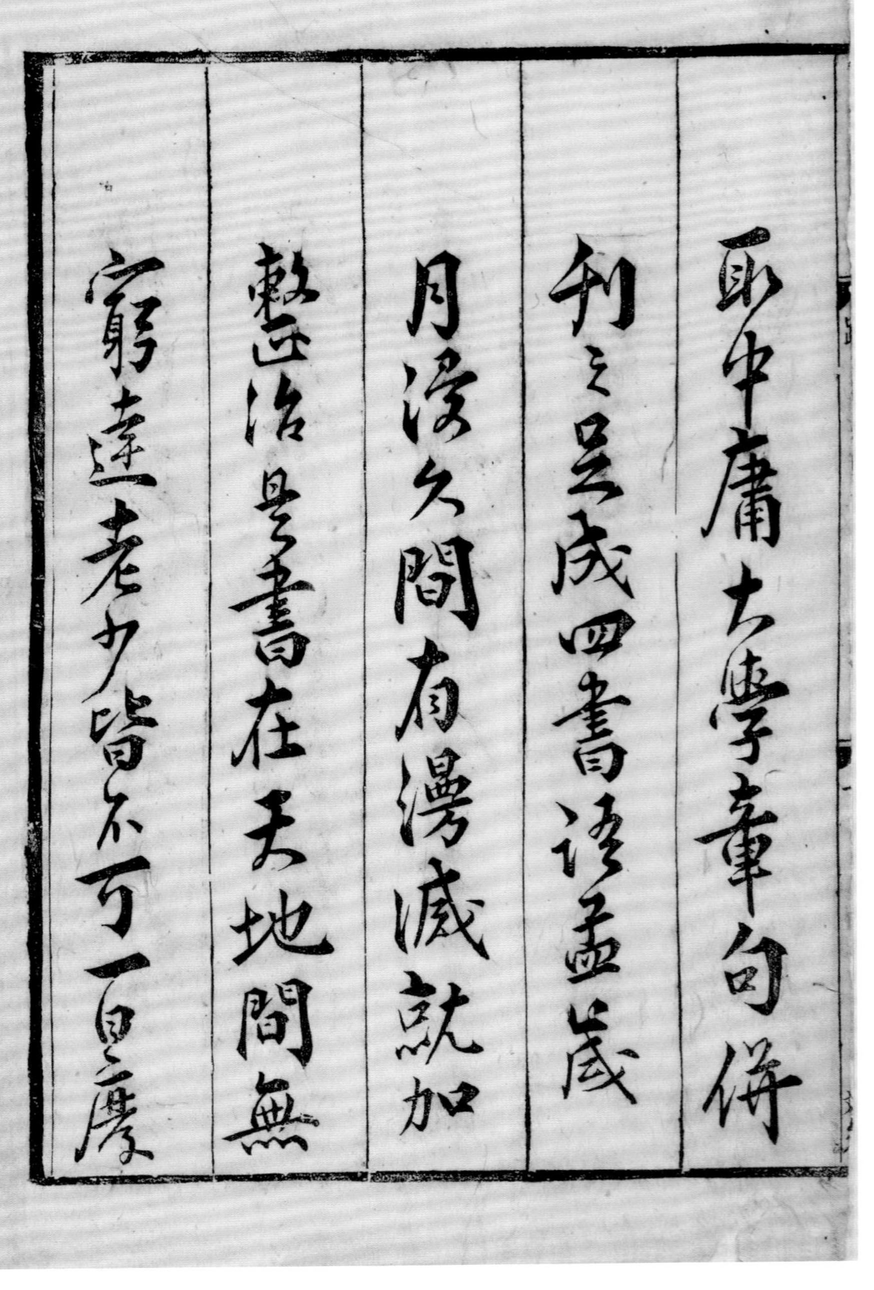

取中庸大學章句併
刊之足成四書語孟歲
月浸久間有漫滅就加
整治是書在天地間無
窮達老少皆不可一日廢

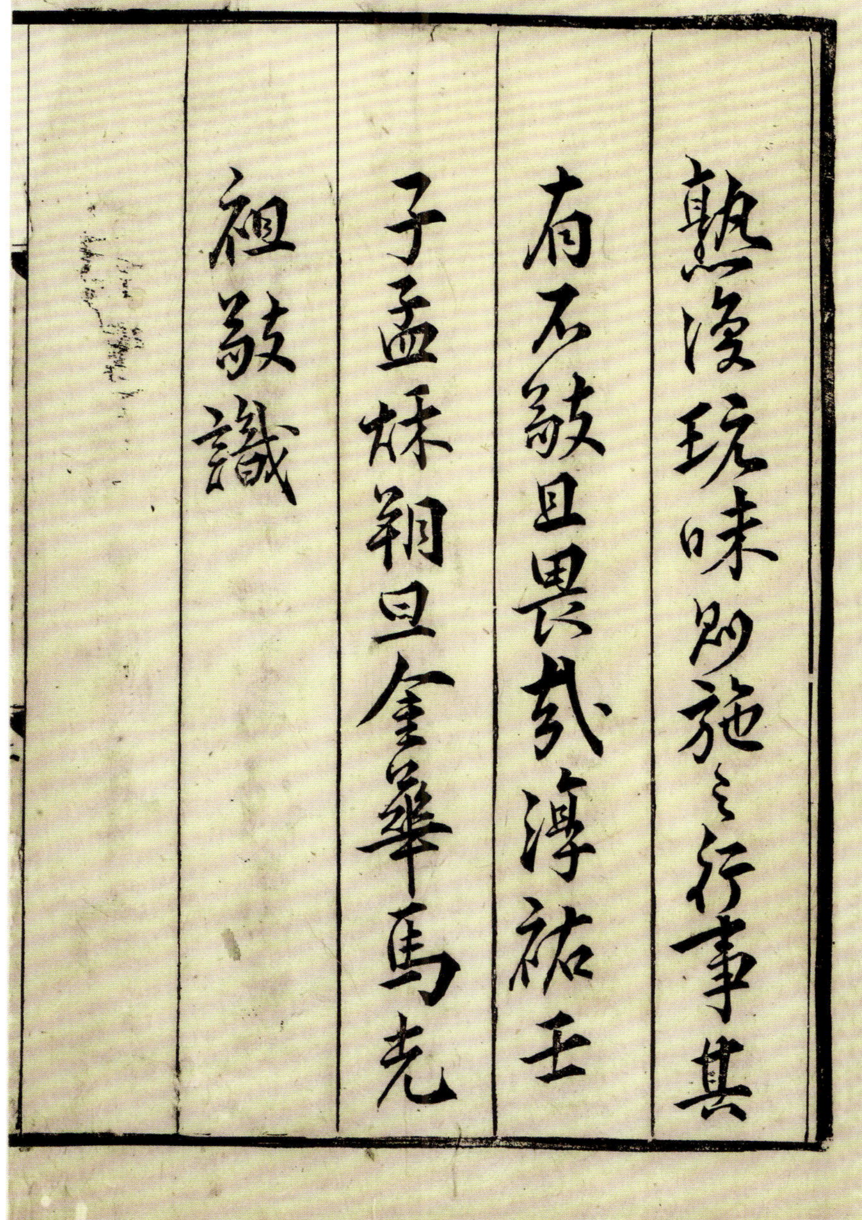

熟復玩味妙施之行事其有不敢且畏哉淳祐壬子孟秋朔旦金華馬光祖敬識

大學章句序

大學之書古之大學所以教人之法也蓋自天降生民則既莫不與之以仁義禮智之性矣然其氣質之稟或不能齊是以不能皆有以知其性之所有而全之也一有聰明睿智能盡其性者出於其閒則天必命之以爲億兆之君師使之治而教之以復其性此伏羲神農黃帝

堯舜所以繼天立極而司徒之職典樂之官所由設也三代之隆其法寖備然後王宮國都以及閭巷莫不有學人生八歲則自王公以下至於庶人之子弟皆入小學而教之以洒埽應對進退之節禮樂射御書數之文及其十有五年則自天子之元子衆子以至公卿大夫元士之適子與凡民之俊秀皆入大學

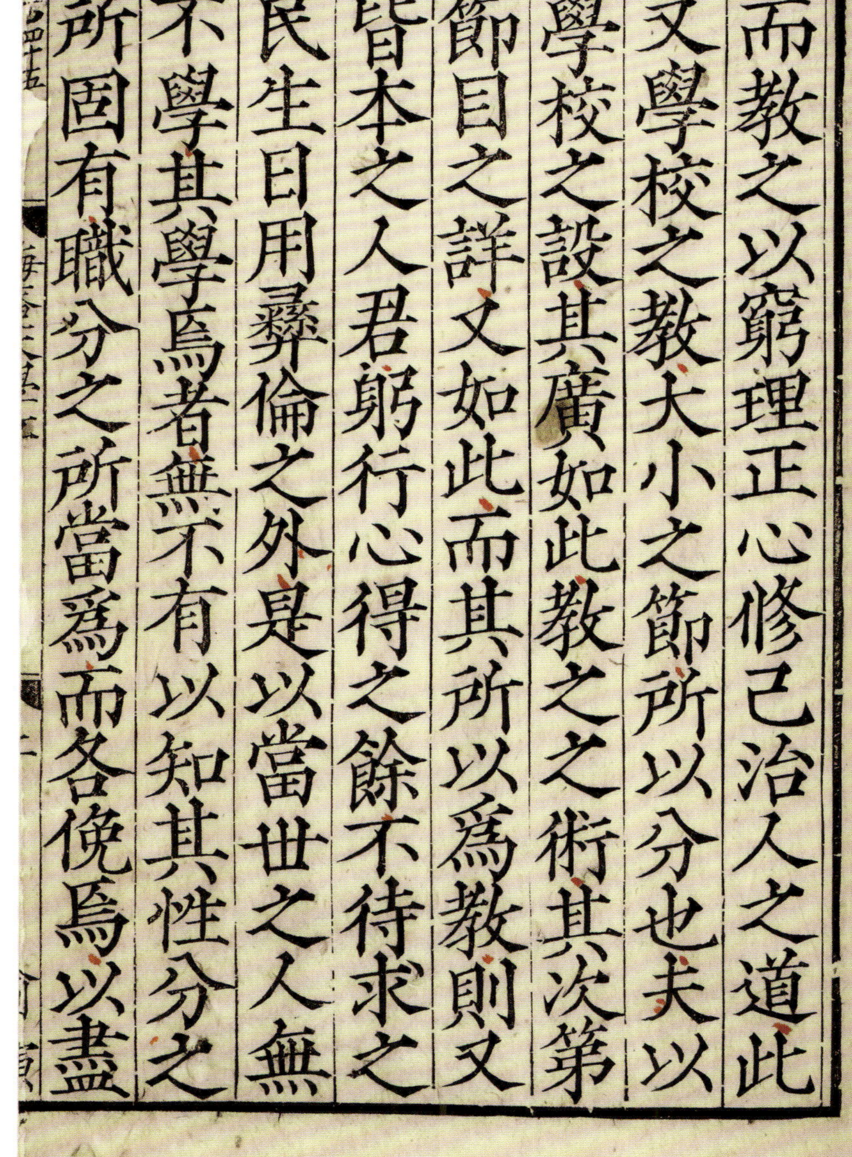

而教之以窮理正心修己治人之道此又學校之教大小之節所以分也夫以學校之設其廣如此教之之術其次第節目之詳又如此而其所以爲教則又皆本之人君躬行心得之餘不待求之民生日用彝倫之外是以當世之人無不學其學焉者無不有以知其性分之所固有職分之所當爲而各俛焉以盡

其力此古昔盛時所以治隆於上俗美於下而非後世之所能及也及周之衰賢聖之君不作學校之政不修教化陵夷風俗頽敗時則有若孔子之聖而不得君師之位以行其政教於是獨取先王之法誦而傳之以詔後世若曲禮少儀內則弟子職諸篇固小學之支流餘裔而此篇者則因小學之成功以著大

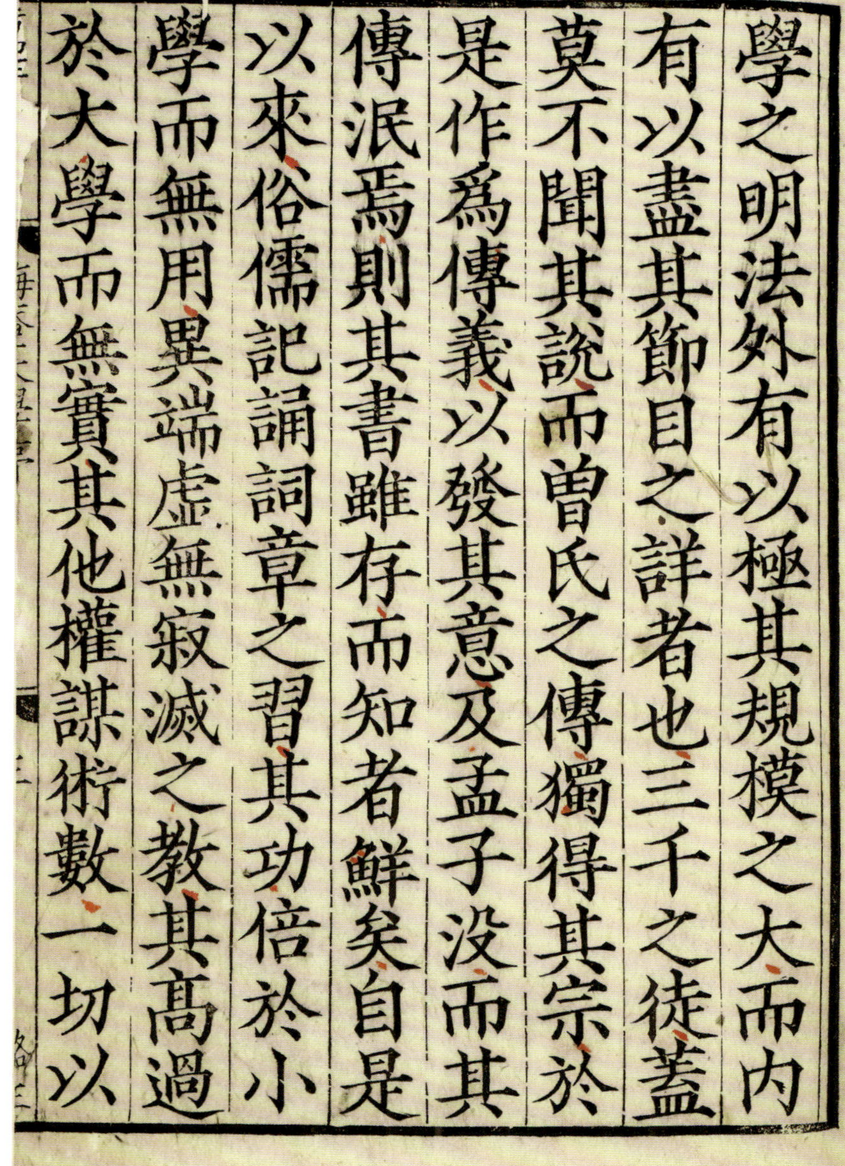
學之明法外有以極其規模之大而內有以盡其節目之詳者也三千之徒蓋莫不聞其說而曾氏之傳獨得其宗於是作爲傳義以發其意及孟子没而其傳泯焉則其書雖存而知者鮮矣自是以來俗儒記誦詞章之習其功倍於小學而無用異端虛無寂滅之教其高過於大學而無實其他權謀術數一切以

就功名之說與夫百家衆技之流所以
惑世誣民充塞仁義者又紛然雜出乎
其閒使其君子不幸而不得聞大道之
要其小人不幸而不得蒙至治之澤晦
盲否塞反覆沈痼以及五季之衰而壞
亂極矣天運循環無往不復
宋德隆盛治教休明於是河南程氏兩
夫子出而有以接乎孟氏之傳實始尊

信此篇而表章之旣又爲之次其簡編發其歸趣然後古者大學教人之法聖經賢傳之指粲然復明於世雖以熹之不敏亦幸私淑而與有聞焉顧其爲書猶頗放失是以忘其固陋采而輯之閒亦竊附己意補其闕略以俟後之君子極知僭踰無所逃罪然於

國家化民成俗之意學者修己治人之

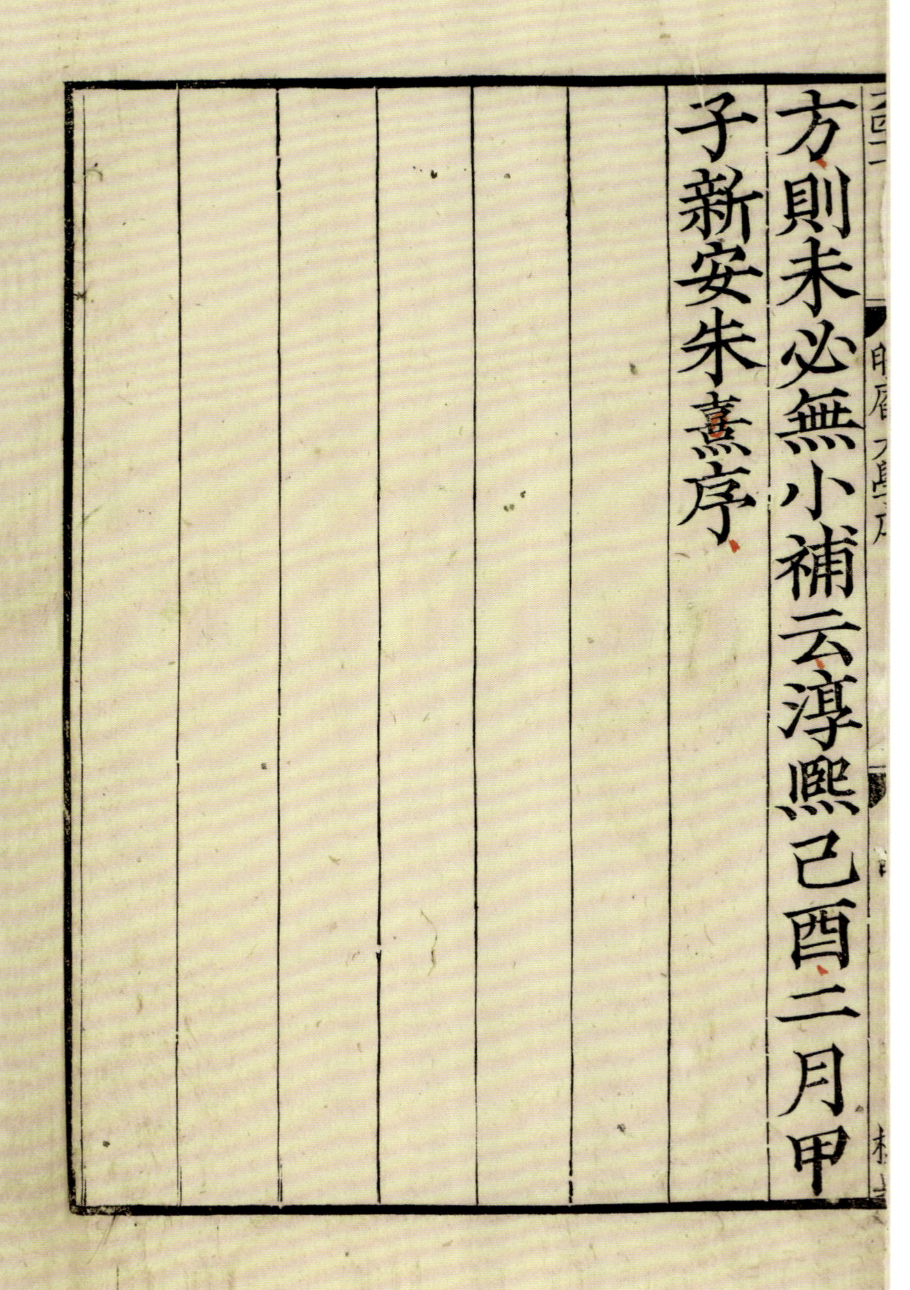

方則未必無小補云淳熙己酉二月甲子新安朱熹序

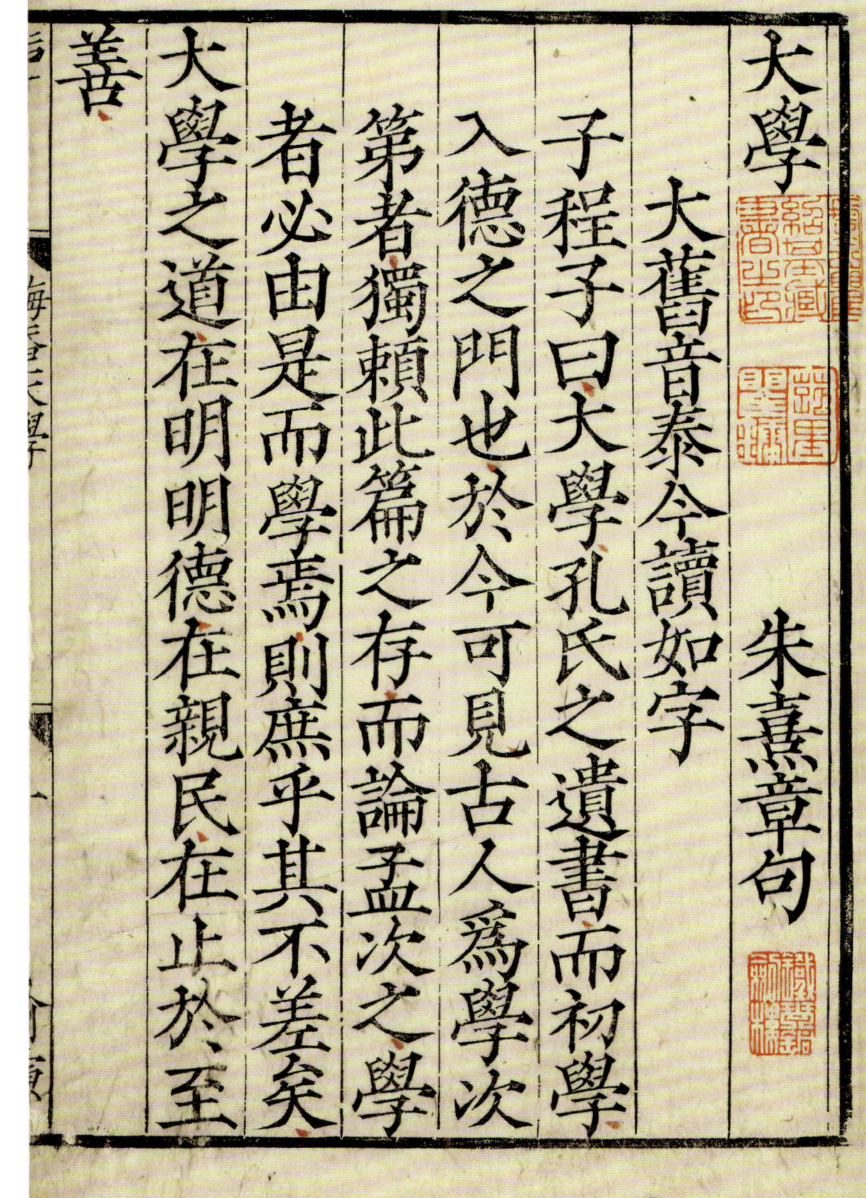

大學　　朱熹章句

大舊音泰今讀如字

子程子曰大學孔氏之遺書而初學入德之門也於今可見古人爲學次第者獨賴此篇之存而論孟次之學者必由是而學焉則庶乎其不差矣

大學之道在明明德在親民在止於至善

程子曰親當作新。大學者大人之學也明明之也明德者人之所得乎天而虛靈不昧以具衆理而應萬事者也但爲氣禀所拘人欲所蔽則有時而昏然其本體之明則有未嘗息者故學者當因其所發而遂明之以復其初也新者革其舊之謂也言既自明其明德又當推以及人使之亦有以去其舊染之汚也止者必至於是而不遷之意至善則事理當然之極也言明明德新民皆當至於至善之地而不遷蓋必其有以盡夫天理之極而無一毫人欲之私也此三者大學之綱領也

知止而后有定定而后能靜靜而后能安安而后能慮慮而后能得

后與後同後放此○止者所當止之地卽至善之所在也知之則志有定向靜謂心不妄動安謂所處而安慮謂處事精詳得謂得其所止

物有本末事有終始知所先後則近道矣

明德爲本新民爲末知止爲始能得爲終本始所先末終所後此結上文

兩節之意

古之欲明明德於天下者先治其國欲治其國者先齊其家欲齊其家者先脩其身欲脩其身者先正其心欲正其心者先誠其意欲誠其意者先致其知致知在格物

治平聲後放此○明明德於天下者使天下之人皆有以明其明德也心

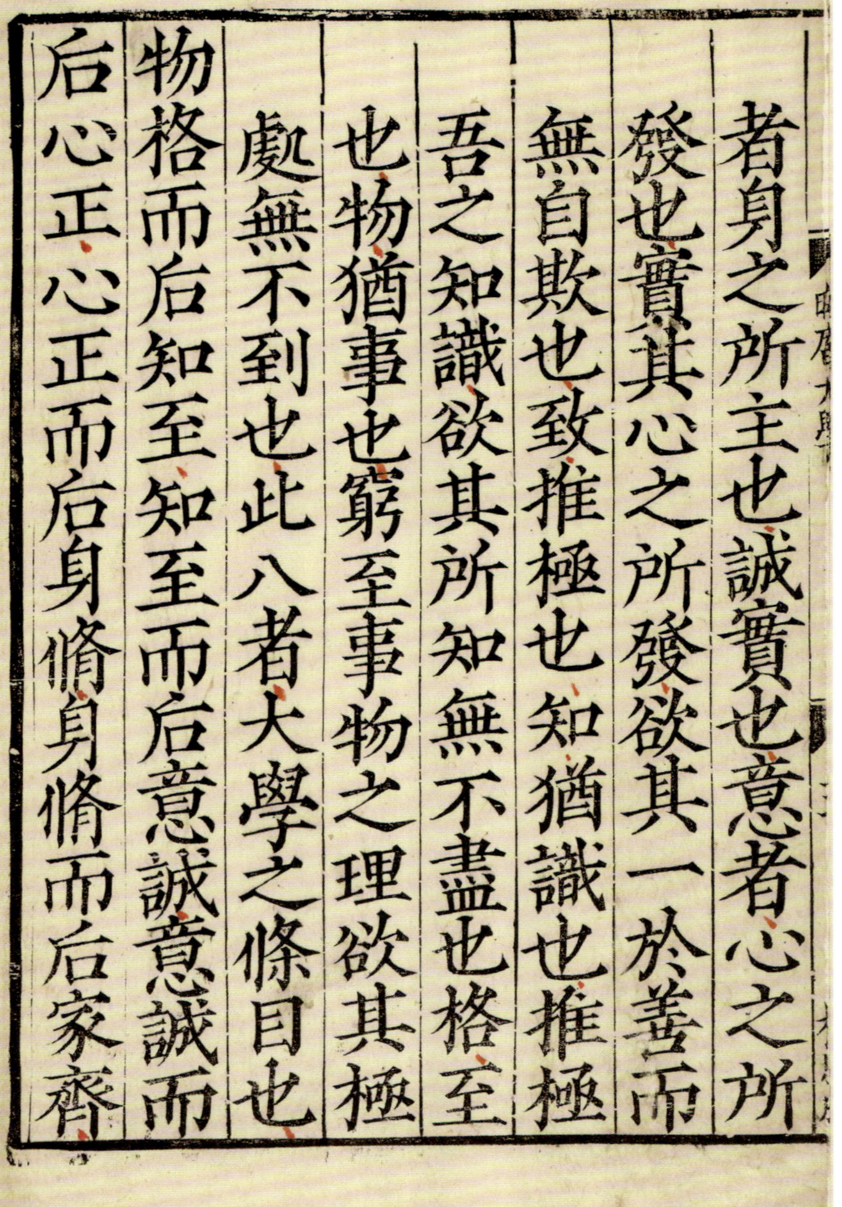

者身之所主也誠實也意者心之所
發也實其心之所發欲其一於善而
無自欺也致推極也知猶識也推極
吾之知識欲其所知無不盡也格至
也物猶事也窮至事物之理欲其極
處無不到也此八者大學之條目也
物格而后知至知至而后意誠意誠而
后心正心正而后身脩身脩而后家齊

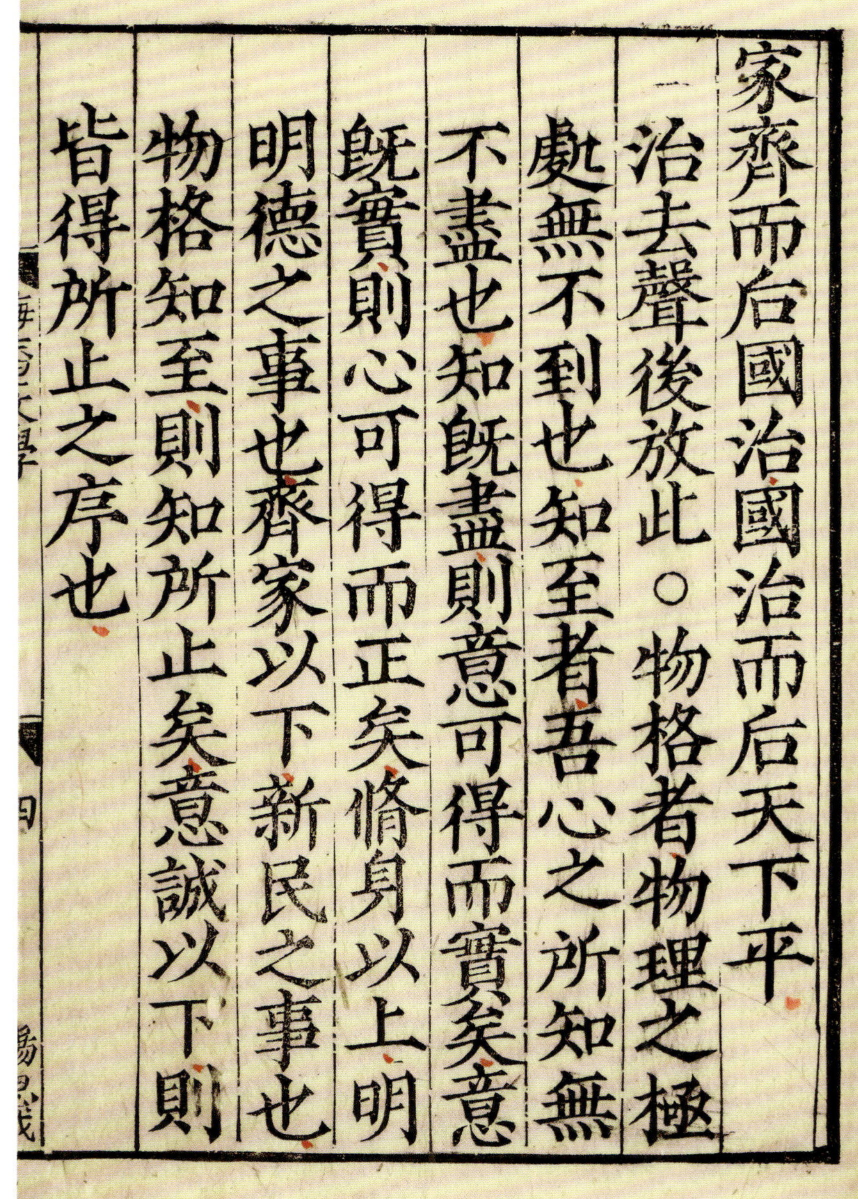

家齊而后國治國治而后天下平

一治去聲後放此○物格者物理之極處無不到也知至者吾心之所知無不盡也知旣盡則意可得而實矣意旣實則心可得而正矣脩身以上明明德之事也齊家以下新民之事也物格知至則知所止矣意誠以下則皆得所止之序也

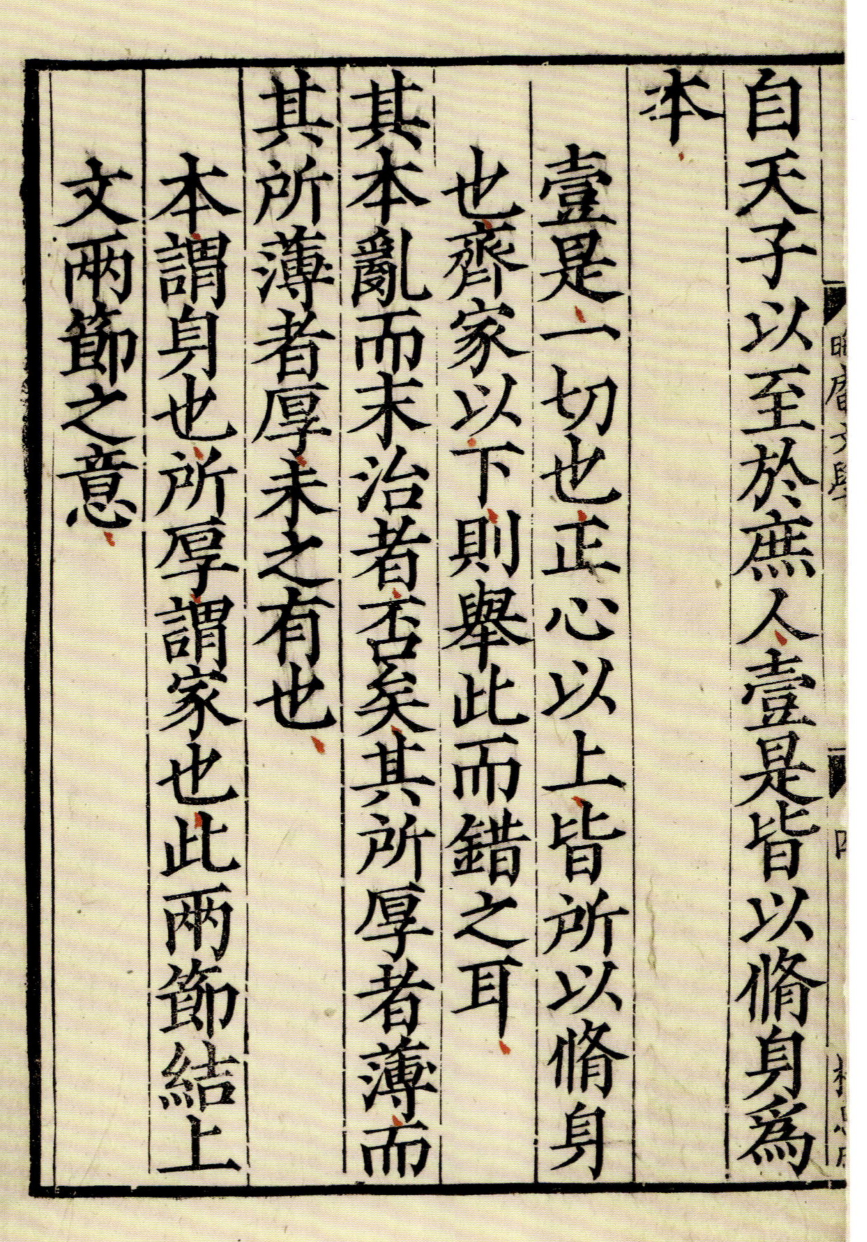

自天子以至於庶人壹是皆以脩身爲本

壹是一切也正心以上皆所以脩身也齊家以下則舉此而錯之耳

其本亂而末治者否矣其所厚者薄而其所薄者厚未之有也

本謂身也所厚謂家也此兩節結上文兩節之意

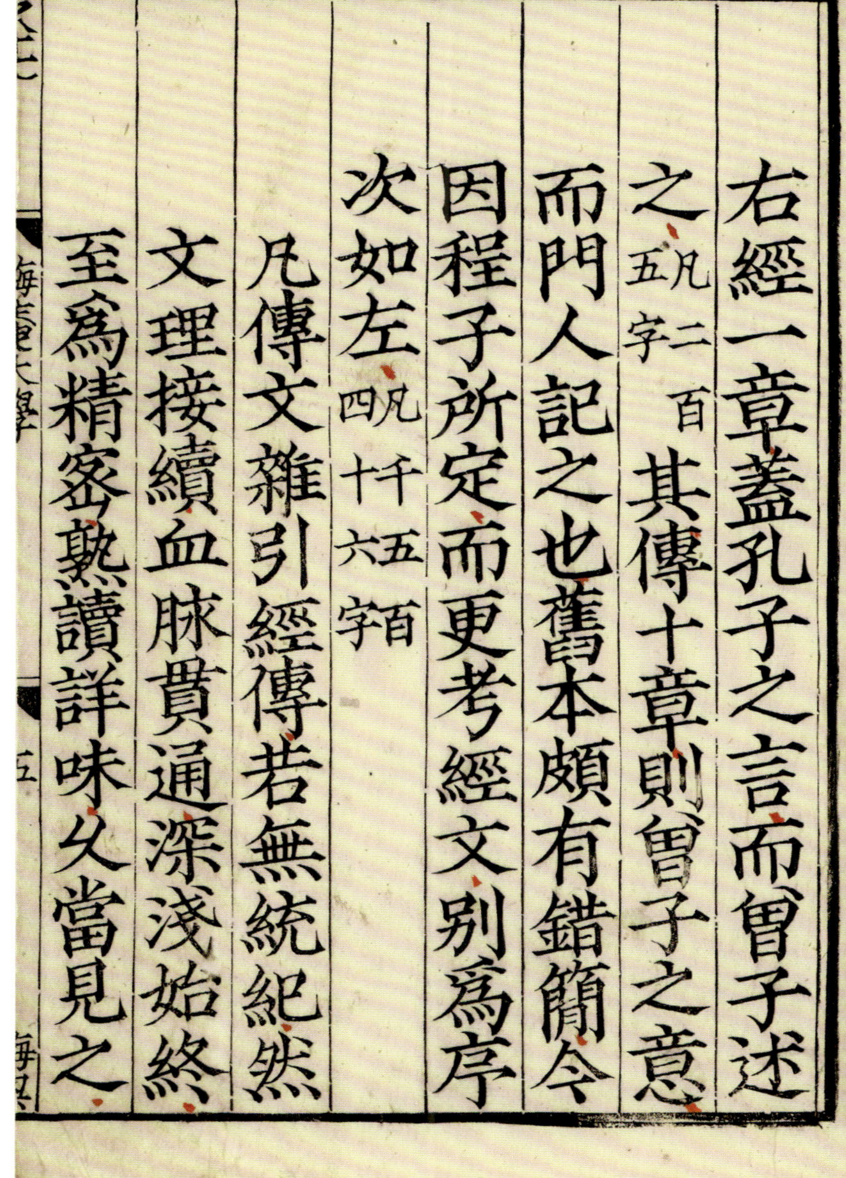

右經一章蓋孔子之言而曾子述之凡二百五字其傳十章則曾子之意而門人記之也舊本頗有錯簡今因程子所定而更考經文別爲序次如左凡千五百四十六字

凡傳文雜引經傳若無統紀然文理接續血脉貫通深淺始終至爲精密熟讀詳味久當見之

今不盡釋也

康誥曰克明德

康誥周書克能也

大甲曰顧諟天之明命

大讀作泰諟古是字○大甲商書顧謂常目在之也諟猶此也或曰審也天之明命即天之所以與我而我之所以爲德者也常目在之則無時不

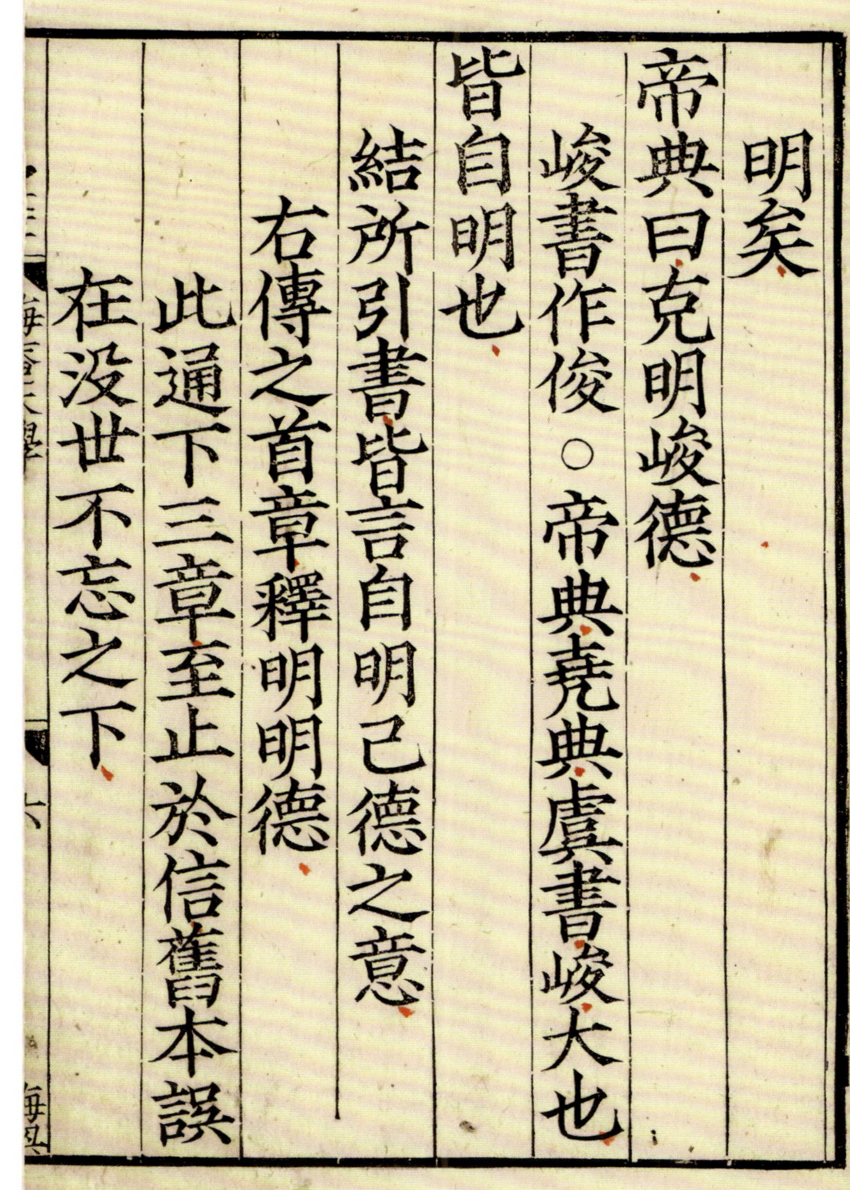

明矣

帝典曰克明峻德

峻書作俊○帝典堯典虞書峻大也

皆自明也

結所引書皆言自明己德之意

右傳之首章釋明明德

此通下三章至止於信舊本誤

在沒世不忘之下

湯之盤銘曰苟日新日日新又日新

盤沐浴之盤也銘名其器以自警之辭也苟誠也湯以人之洗濯其心以去惡如沐浴其身以去垢故銘其盤言誠能一日有以滌其舊染之污而自新則當因其已新者而日日新之又日新之不可略有間斷也

康誥曰作新民

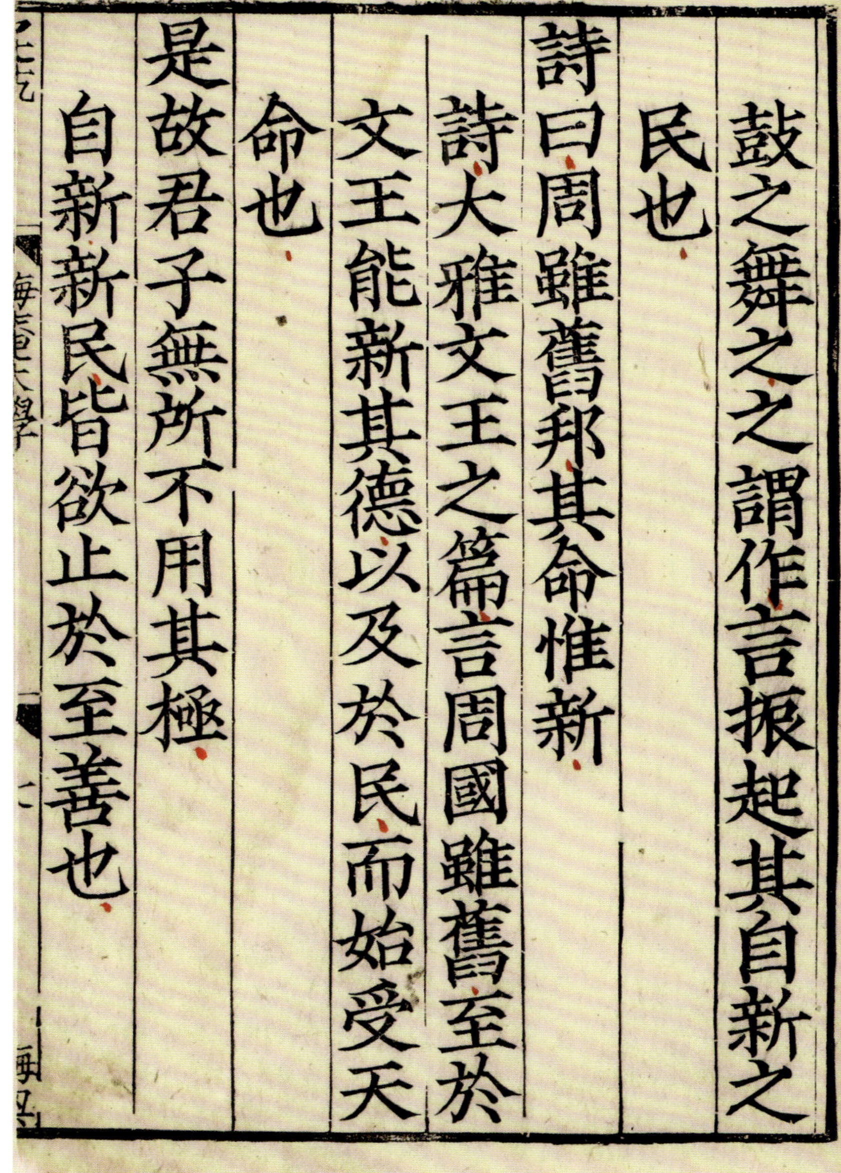

鼓之舞之之謂作言振起其自新之民也

詩曰周雖舊邦其命惟新

詩大雅文王之篇言周國雖舊至於文王能新其德以及於民而始受天命也

是故君子無所不用其極

自新新民皆欲止於至善也

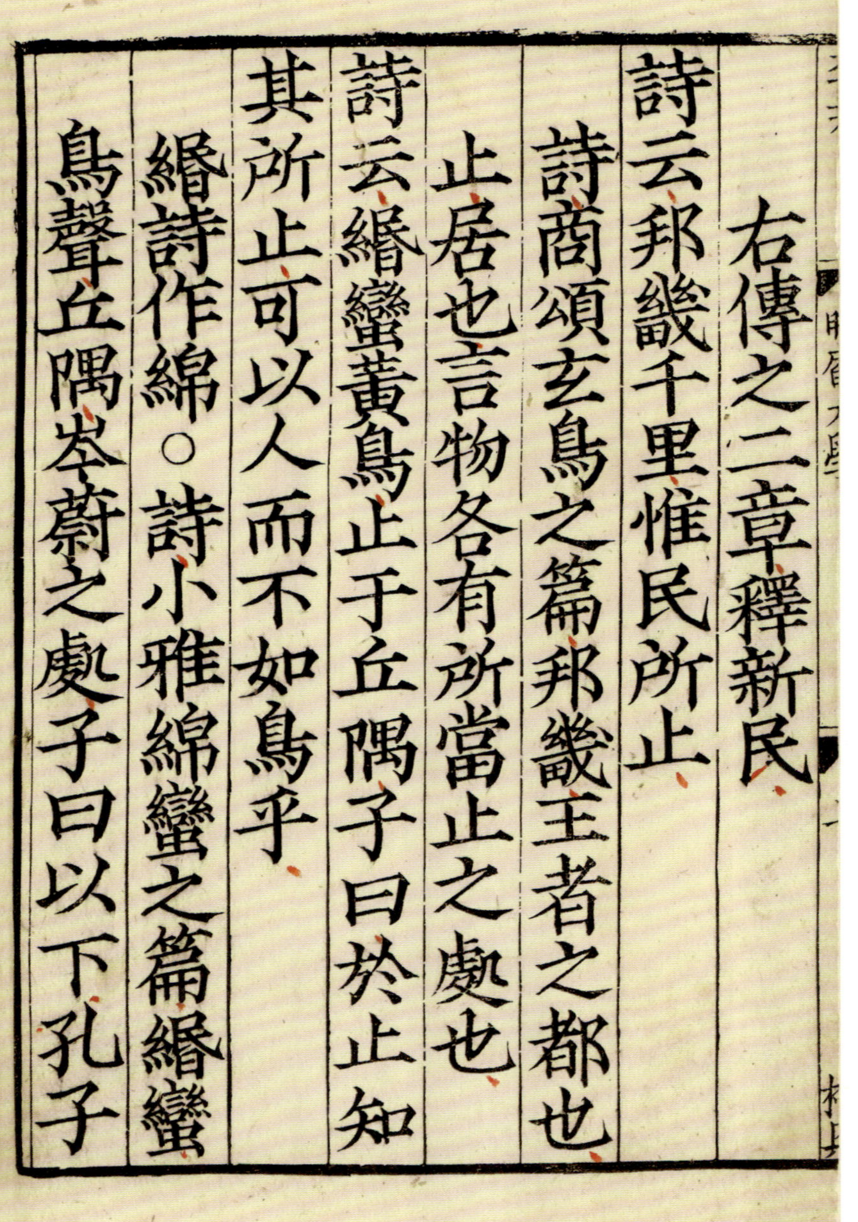

右傳之二章釋新民

詩云邦畿千里惟民所止

詩商頌玄鳥之篇邦畿王者之都也止居也言物各有所當止之處也

詩云緡蠻黄鳥止于丘隅子曰於止知其所止可以人而不如鳥乎

緡詩作綿○詩小雅綿蠻之篇緡蠻鳥聲丘隅岑蔚之處子曰以下孔子

説詩之辭言人當知所當止之處也
詩云穆穆文王於緝熙敬止爲人君止於仁爲人臣止於敬爲人子止於孝爲人父止於慈與國人交止於信
於緝之於音烏○詩文王之篇穆穆深遠之意於歎美辭緝繼續也熙光明也敬止言其無不敬而安所止也引此而言聖人之止無非至善五者

乃其目之大者也學者於此究其精
微之藴而又推類以盡其餘則於天
下之事皆有以知其所止而無疑矣

詩云瞻彼淇澳菉竹猗猗有斐君子如
切如磋如琢如磨瑟兮僩兮赫兮喧兮
有斐君子終不可諠兮如切如磋者道
學也如琢如磨者自脩也瑟兮僩兮者
恂慄也赫兮喧兮者威儀也有斐君子

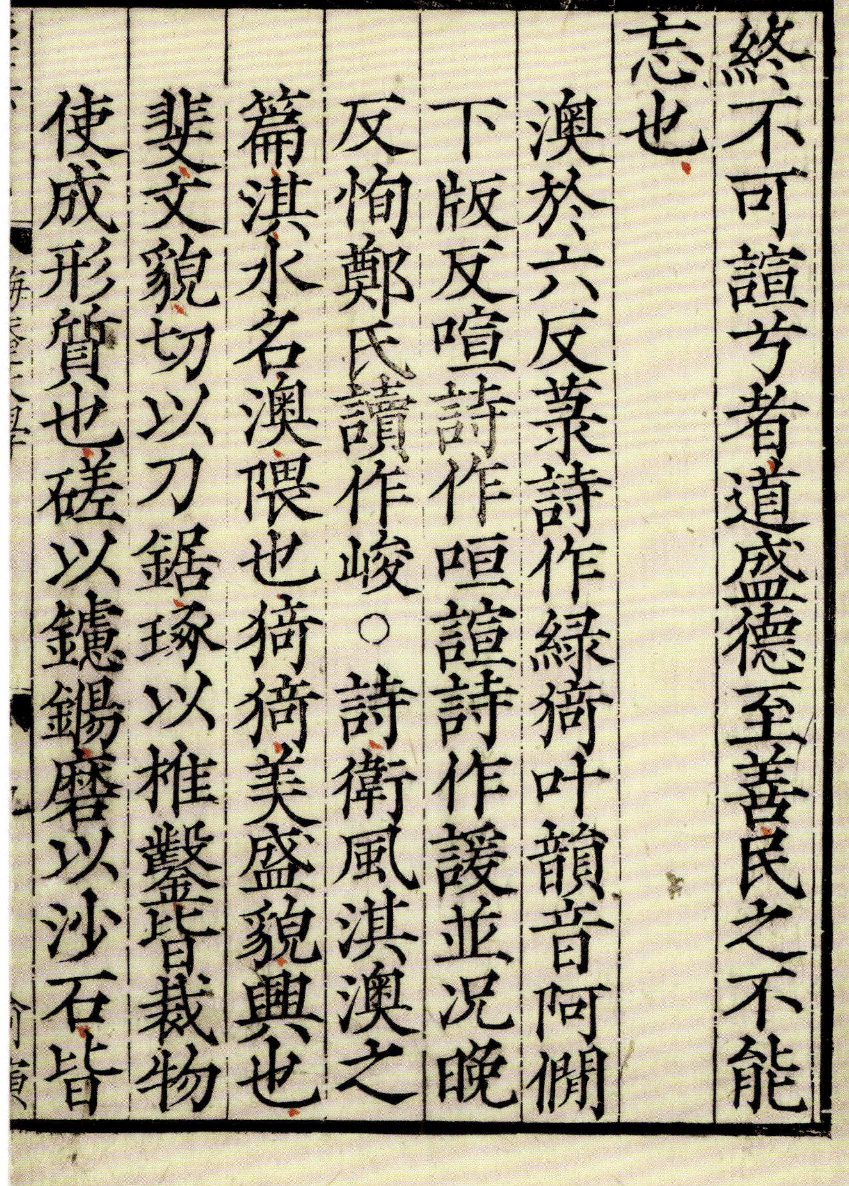

終不可諠兮者道盛德至善民之不能
忘也
澳於六反菉詩作綠猗叶韻音阿倜
下版反喧詩作咺諠詩作諼並況晚
反恂鄭氏讀作峻○詩衛風淇澳之
篇淇水名澳隈也猗猗美盛貌興也
斐文貌切以刀鋸琢以椎鑿皆裁物
使成形質也磋以鑢鐋磨以沙石皆

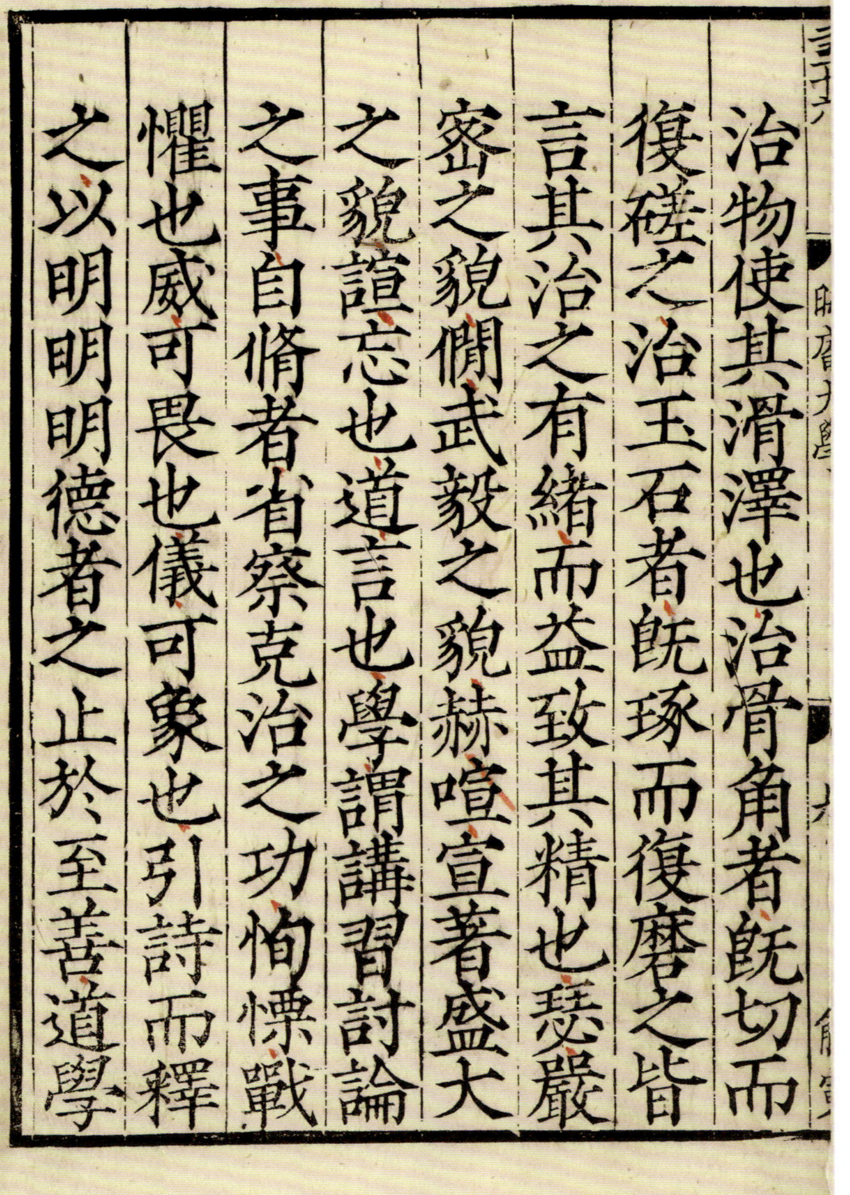

治物使其滑澤也治骨角者旣切而復磋之治玉石者旣琢而復磨之皆言其治之有緒而益致其精也瑟嚴密之貌僩武毅之貌赫喧宣著盛大之貌諠忘也道言也學謂講習討論之事自脩者省察克治之功恂慄戰懼也威可畏也儀可象也引詩而釋之以明明明德者之止於至善道學

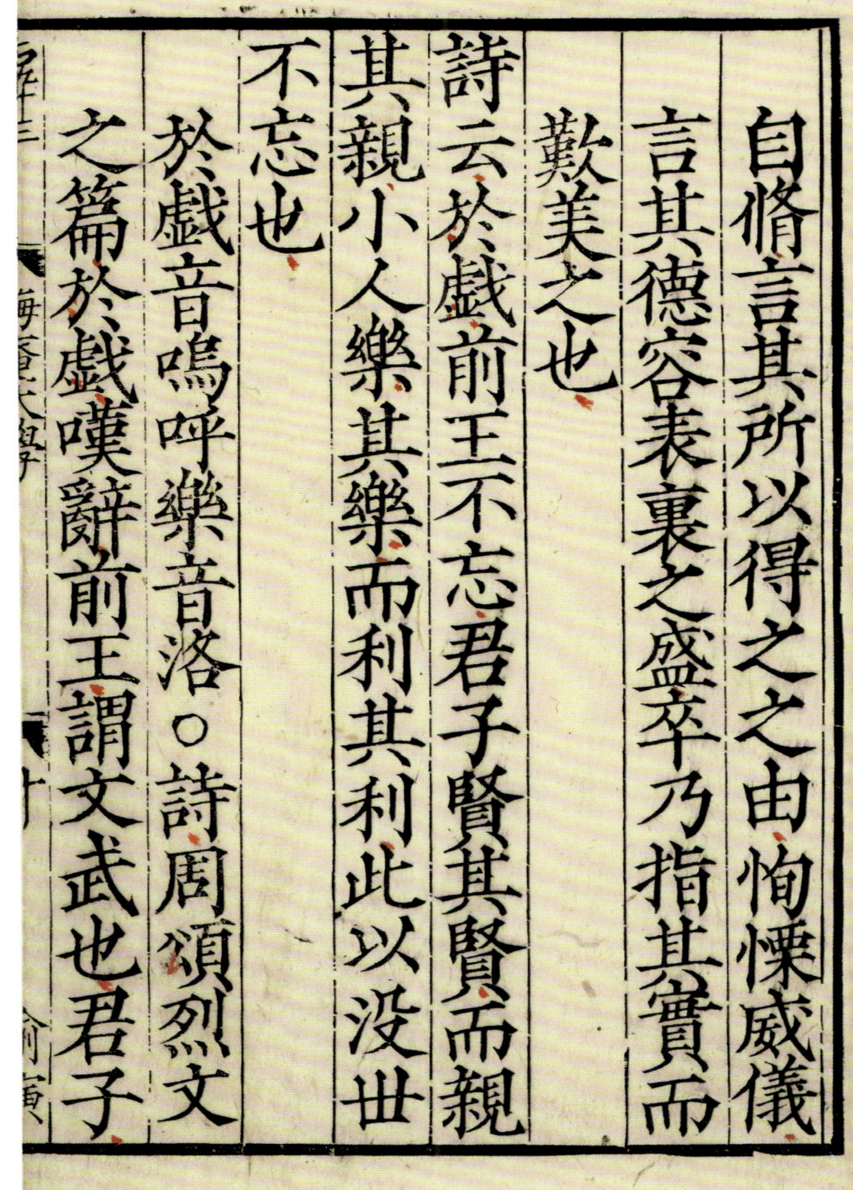

自脩言其所以得之之由恂慄威儀言其德容表裏之盛卒乃指其實而歎美之也

詩云於戲前王不忘君子賢其賢而親其親小人樂其樂而利其利此以没世不忘也

於戲音嗚呼樂音洛○詩周頌烈文之篇於戲嘆辭前王謂文武也君子

謂其後賢後王小人謂後民也此言前王所以新民者止於至善能使天下後世無一物不得其所所以既没世而人思慕之愈久而不忘也此兩節咏歎淫泆其味深長當熟玩之

右傳之三章釋止於至善

此章内自引淇澳詩以下舊本誤在誠意章下

子曰聽訟吾猶人也必也使無訟乎無情者不得盡其辭大畏民志此謂知本

猶人不異於人也情實也引夫子之言而言聖人能使無實之人不敢盡其虛誕之辭蓋我之明德旣明自然有以畏服民之心志故訟不待聽而自無也觀於此言可以知本末之先後矣

右傳之四章釋本末

此章舊本誤在止於信下

此謂知本

程子曰衍文也

此謂知之至也

此句之上別有闕文此特其結語耳

右傳之五章蓋釋格物致知之義

而今亡矣

此章舊本通下章誤在經文之
下

閒嘗竊取程子之意以補之曰所
謂致知在格物者言欲致吾之知
在即物而窮其理也蓋人心之靈
莫不有知而天下之物莫不有理
惟於理有未窮故其知有不盡也
是以大學始教必使學者即凡天

下之物莫不因其巳知之理而益窮之以求至乎其極至於用力之久而一旦豁然貫通焉則衆物之表裏精粗無不到而吾心之全體大用無不明矣此謂物格此謂知之至也

所謂誠其意者毋自欺也如惡惡臭如好好色此之謂自謙故君子必慎其獨

也

惡好上字皆去聲謙讀爲慊苦劫反

○誠其意者自脩之首也毋者禁止之辭自欺云者知爲善以去惡而心之所發有未實也慊快也足也獨者人所不知而已所獨知之地也言欲自脩者知爲善以去其惡則當實用其力而禁止其自欺使其惡惡則如

惡惡臭好善則如好好色皆務決去
而求必得之以自快足於己不可徒
苟且以徇外而爲人也然其實與不
實蓋有他人所不及知而己獨知之
者故必謹之於此以審其幾焉
小人閒居爲不善無所不至見君子而
后厭然揜其不善而著其善人之視己
如見其肺肝然則何益矣此謂誠於中

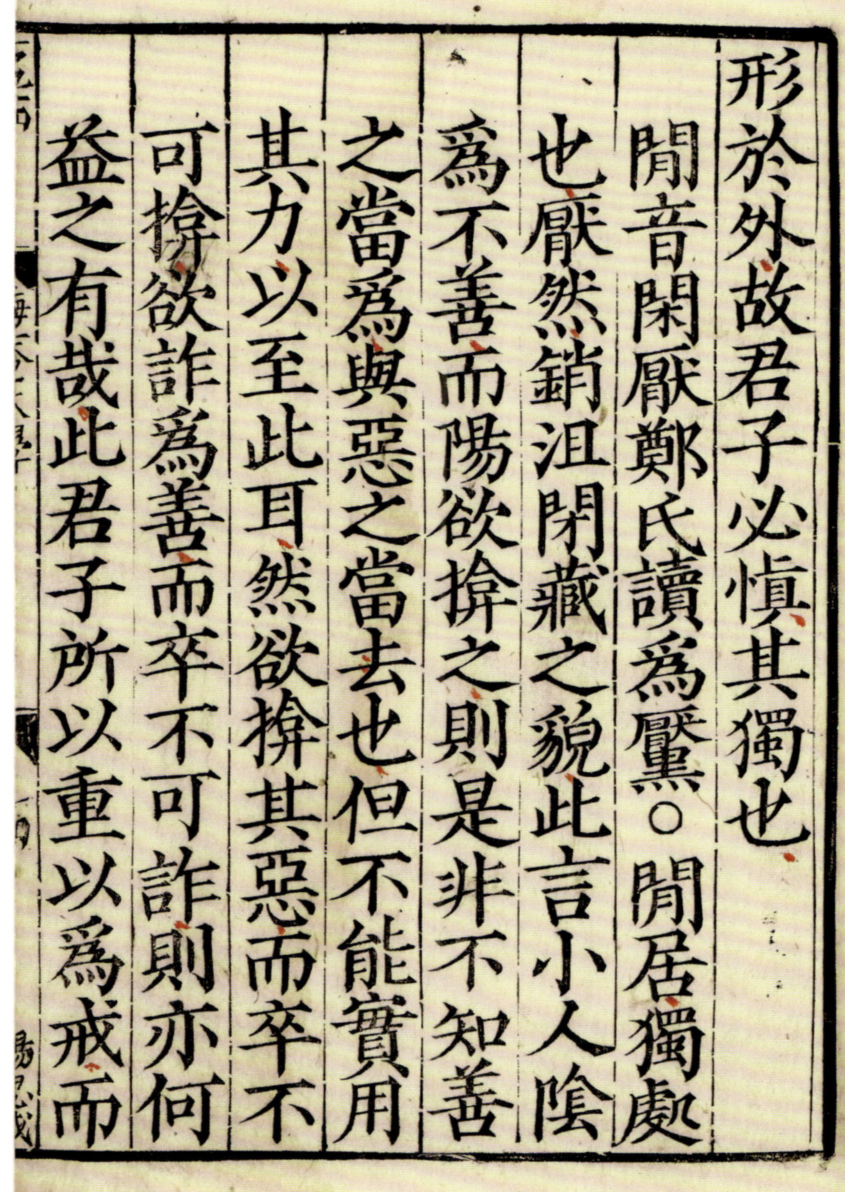

形於外故君子必慎其獨也

閒音閑厭鄭氏讀爲黶○閒居獨處也厭然銷沮閉藏之貌此言小人陰爲不善而陽欲揜之則是非不知善之當爲與惡之當去也但不能實用其力以至此耳然欲揜其惡而卒不可揜欲詐爲善而卒不可詐則亦何益之有哉此君子所以重以爲戒而

必謹其獨也
曾子曰十目所視十手所指其嚴乎
引此以明上文之意言雖幽獨之中而其善惡之不可揜如此可畏之甚也
富潤屋德潤身心廣體胖故君子必誠其意
胖步丹反○胖安舒也言富則能潤

屋矣德則能潤身矣故心無愧怍則
廣大寬平而體常舒泰德之潤身者
然也蓋善之實於中而形於外者如
此故又言此以結之

右傳之六章釋誠意

經曰欲誠其意先致其知又曰
知至而后意誠蓋心體之明有
所未盡則其所發必有不能實

用其力而苟焉以自欺者然或

已明而不謹乎此則其所明又

非已有而無以爲進德之基故

此章之指必承上章而通考之

然後有以見其用力之始終其

序不可亂而功不可闕如此云

所謂脩身在正其心者身有所忿懥則

不得其正有所恐懼則不得其正有所

好樂則不得其正有所憂患則不得其正

程子曰身有之身當作心忿弗粉反懥敕值反好樂並去聲○忿懥怒也蓋是四者皆心之用而人所不能無者然一有之而不能察則欲動情勝而其用之所行或不能不失其正矣

心不在焉視而不見聽而不聞食而不

知其味

心有不存則無以檢其身是以君子必察乎此而敬以直之然後此心常存而身無不脩也

此謂脩身在正其心

右傳之七章釋正心脩身

此亦承上章以起下章蓋意誠則眞無惡而實有善矣所以能

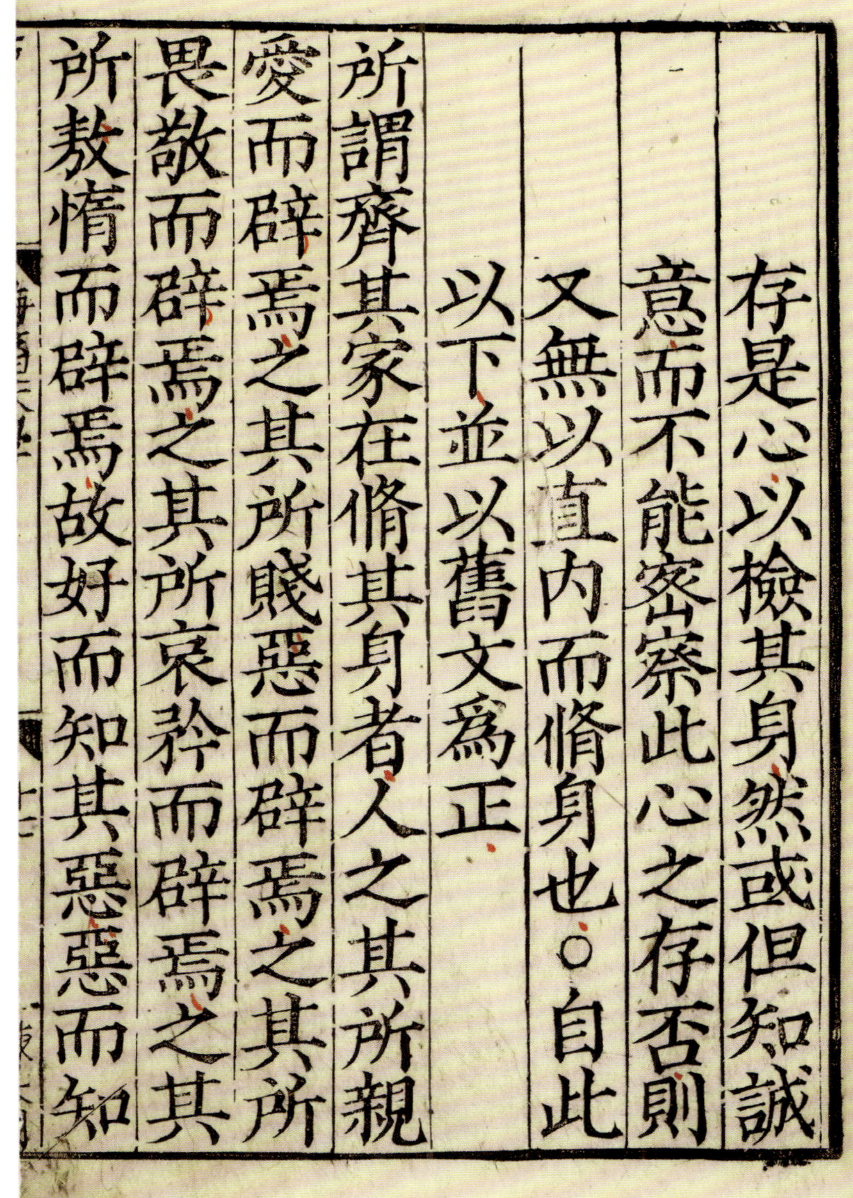

存是心以檢其身然或但知誠意而不能密察此心之存否則又無以直内而脩身也○自此以下並以舊文爲正

所謂齊其家在脩其身者人之其所親愛而辟焉之其所賤惡而辟焉之其所畏敬而辟焉之其所哀矜而辟焉之其所敖惰而辟焉故好而知其惡惡而知

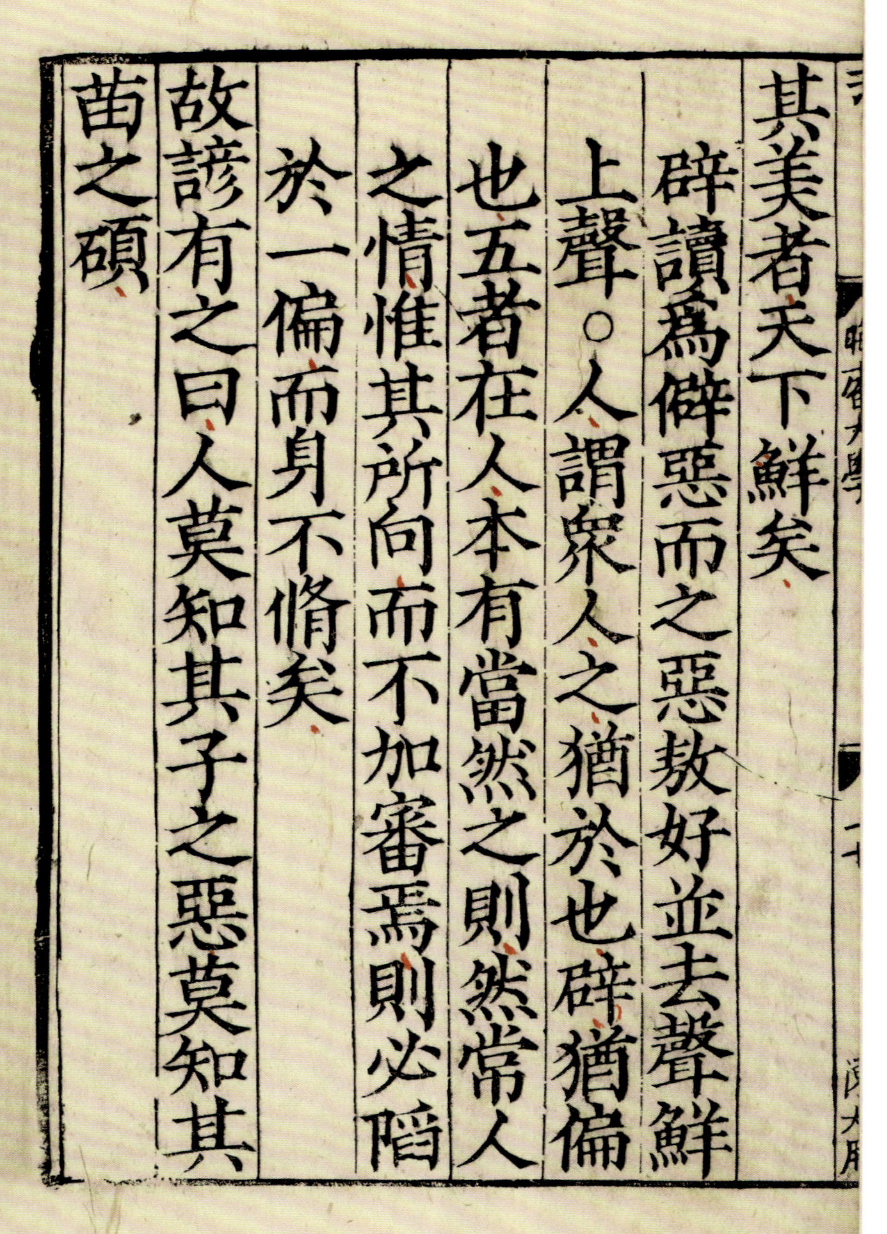

其美者天下鮮矣

辟讀爲僻惡而之惡敖好並去聲鮮上聲。人謂衆人之猶於也辟猶偏也五者在人本有當然之則然常人之情惟其所向而不加審焉則必陷於一偏而身不脩矣

故諺有之曰人莫知其子之惡莫知其苗之碩

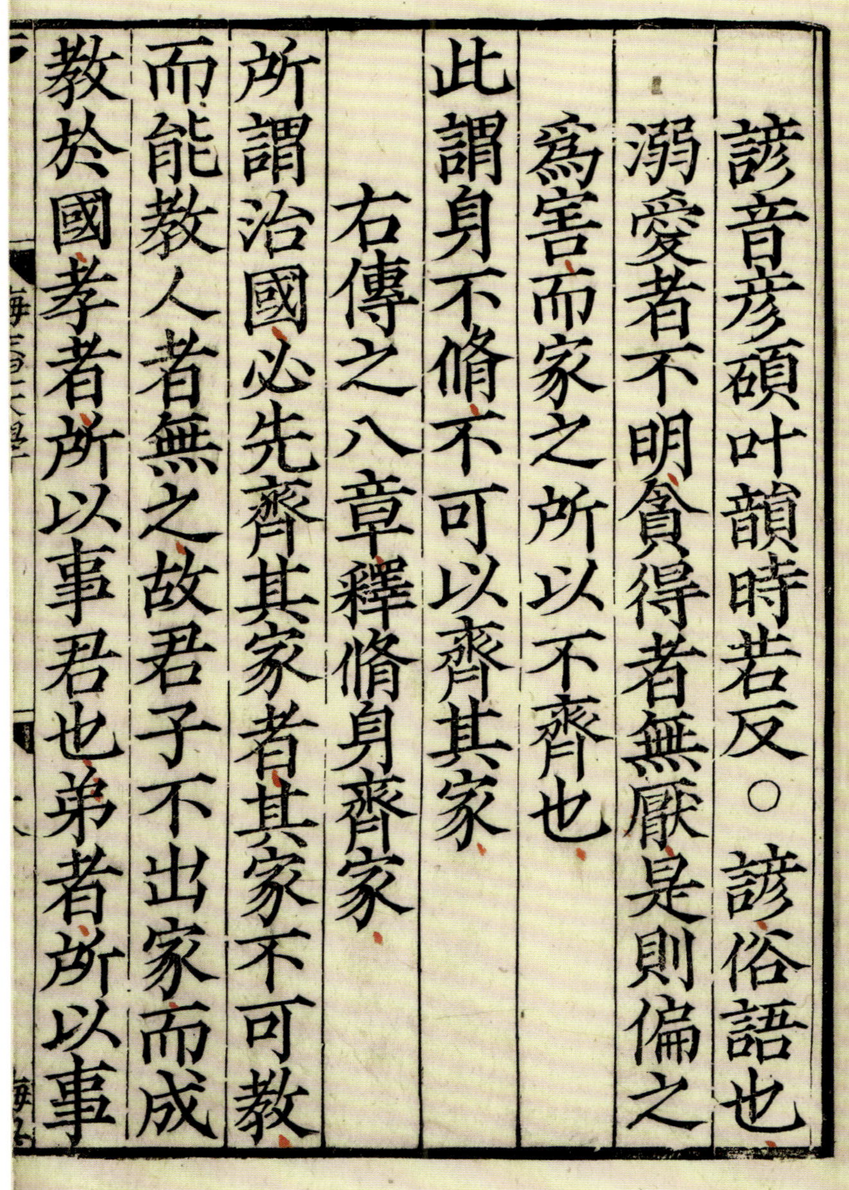

諺音彦碩叶韻時若反○諺俗語也溺愛者不明貪得者無厭是則偏之爲害而家之所以不齊也

此謂身不脩不可以齊其家

右傳之八章釋脩身齊家

所謂治國必先齊其家者其家不可教而能教人者無之故君子不出家而成教於國孝者所以事君也弟者所以事

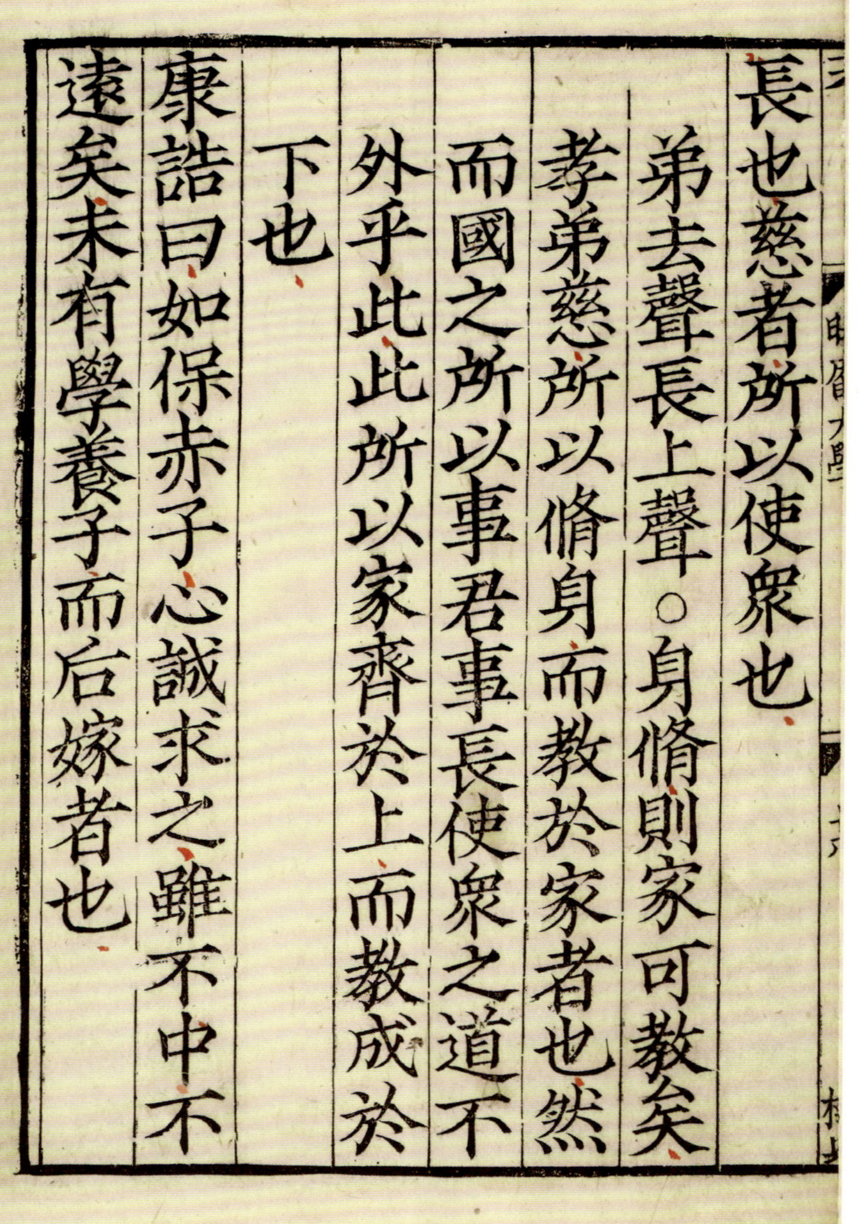

長也慈者所以使衆也

弟去聲長上聲○身脩則家可教矣孝弟慈所以脩身而教於家者也然而國之所以事君事長使衆之道不外乎此此所以家齊於上而教成於下也

康誥曰如保赤子心誠求之雖不中不遠矣未有學養子而后嫁者也

中去聲○此引書而釋之又明立教之本不假强爲在識其端而推廣之耳

一家仁一國興仁一家讓一國興讓一人貪戾一國作亂其機如此此謂一言僨事一人定國

僨音奮○一人謂君也機發動所由也僨覆敗也此言教成於國之效

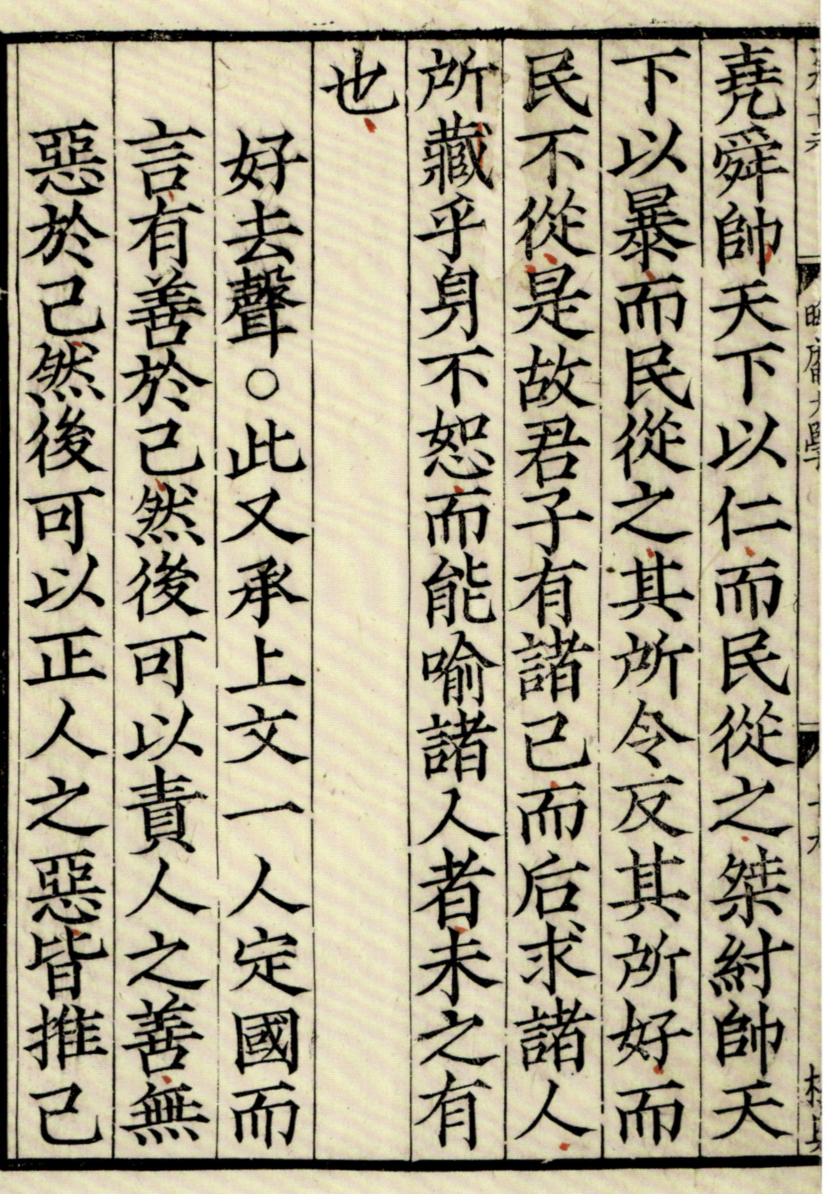

堯舜帥天下以仁而民從之桀紂帥天下以暴而民從之其所令反其所好而民不從是故君子有諸己而后求諸人所藏乎身不恕而能喻諸人者未之有也

好去聲○此又承上文一人定國而言有善於己然後可以責人之善無惡於己然後可以正人之惡皆推己

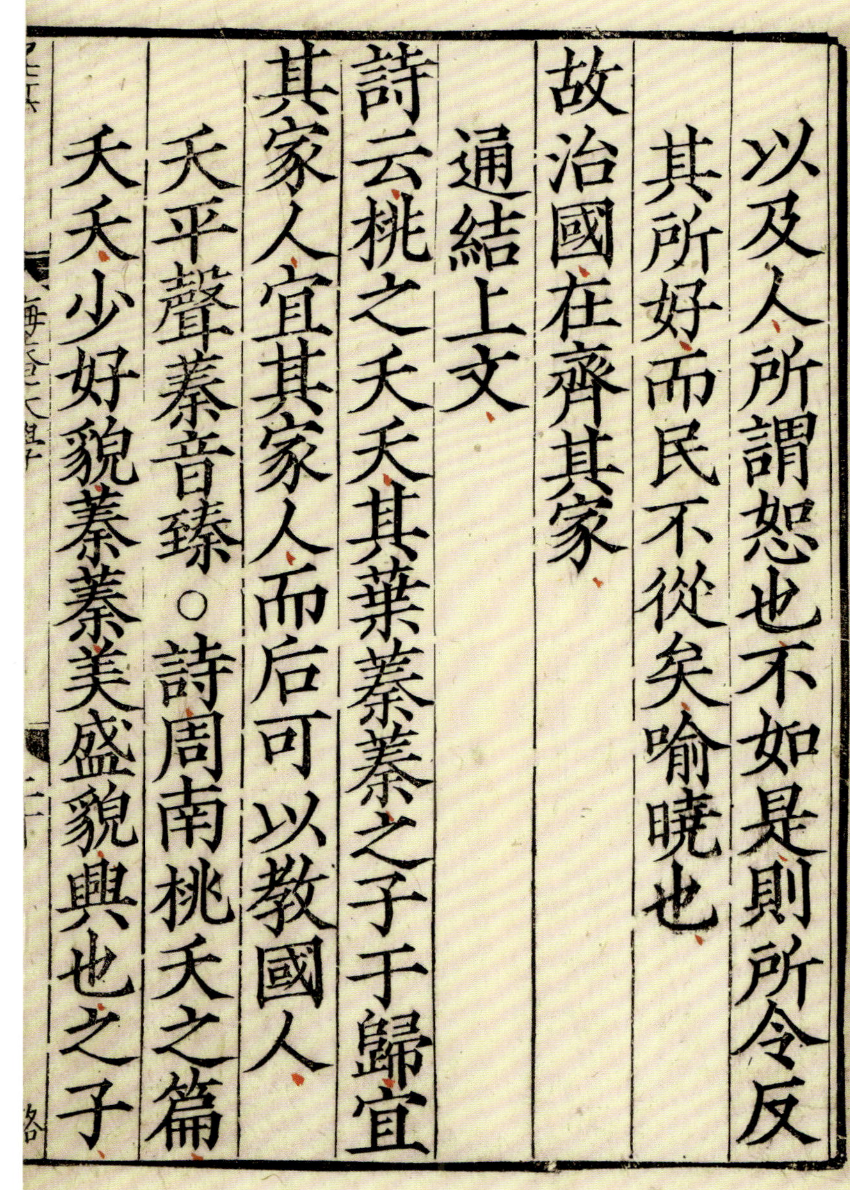
以及人所謂恕也不如是則所令反
其所好而民不從矣喻曉也
故治國在齊其家
通結上文
詩云桃之夭夭其葉蓁蓁之子于歸宜
其家人宜其家人而后可以教國人
夭平聲蓁音臻○詩周南桃夭之篇
夭夭少好貌蓁蓁美盛貌興也之子

猶言是子此指女子之嫁者而言也

婦人謂嫁曰歸宜猶善也

詩云宜兄宜弟宜兄宜弟而后可以教國人

詩小雅蓼蕭篇

詩云其儀不忒正是四國其爲父子兄弟足法而后民法之也

詩曹風鳲鳩篇忒差也

此謂治國在齊其家

此三引詩皆以咏歎上文之事而又結之如此其味深長最宜潛玩

右傳之九章釋齊家治國

所謂平天下在治其國者上老老而民興孝上長長而民興弟上恤孤而民不倍是以君子有絜矩之道也

長上聲弟去聲倍與背同絜胡結反

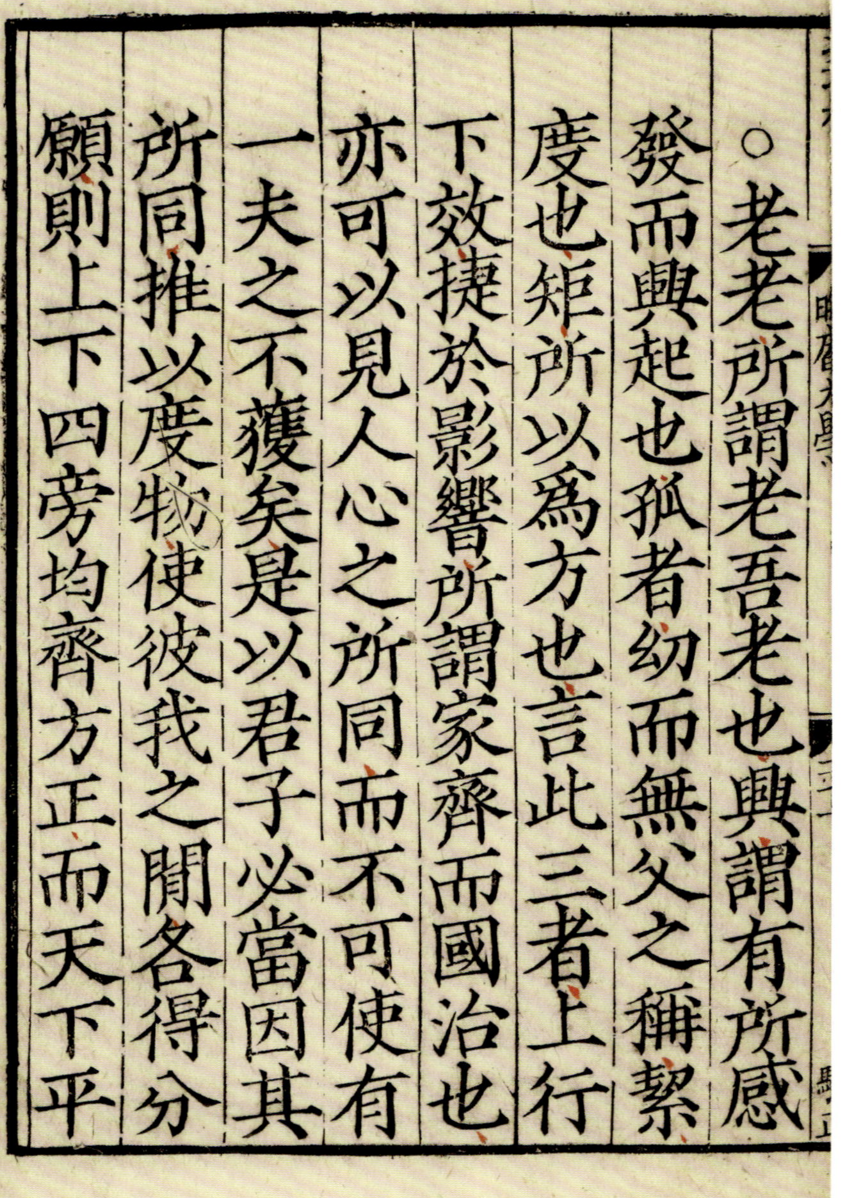
○老老所謂老吾老也興謂有所感發而興起也孤者幼而無父之稱絜度也矩所以爲方也言此三者上行下效捷於影響所謂家齊而國治也亦可以見人心之所同而不可使有一夫之不獲矣是以君子必當因其所同推以度物使彼我之閒各得分願則上下四旁均齊方正而天下平

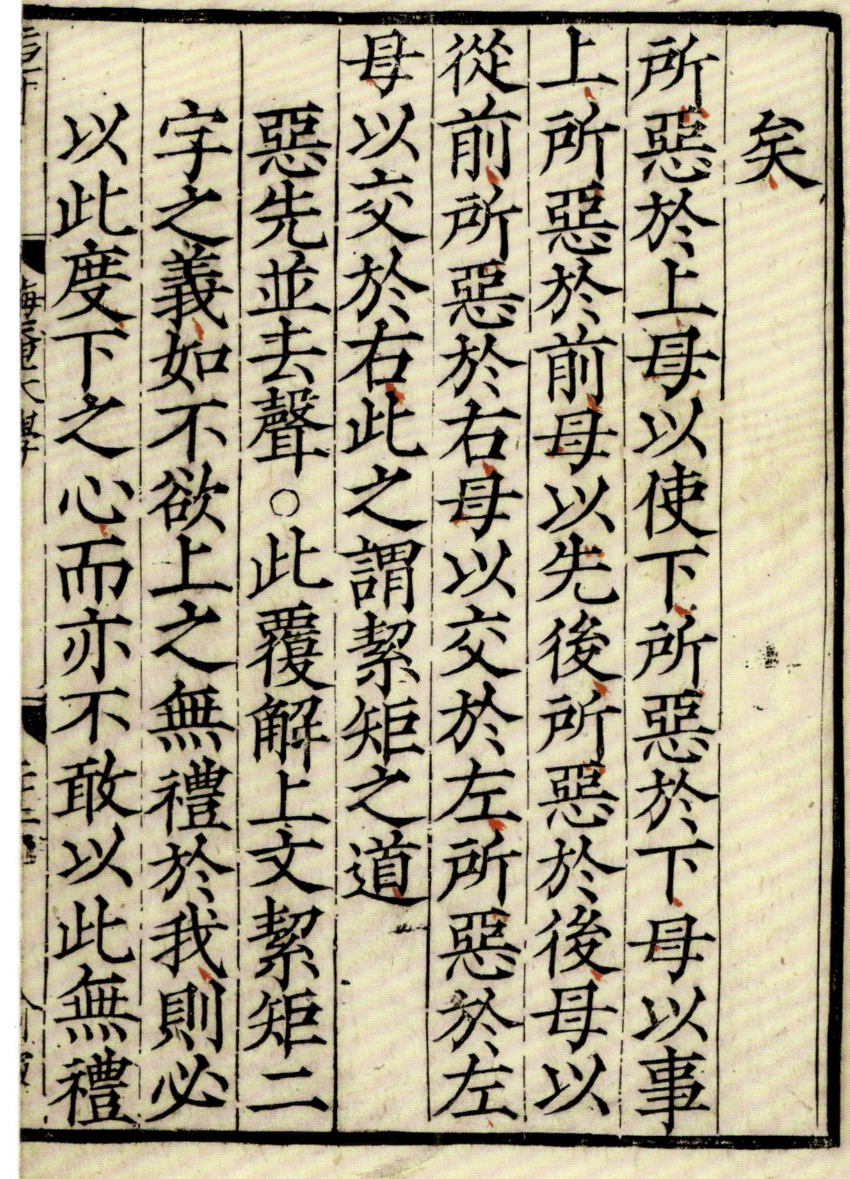

矣

所惡於上毋以使下所惡於下毋以事上所惡於前毋以先後所惡於後毋以從前所惡於右毋以交於左所惡於左毋以交於右此之謂絜矩之道

惡先並去聲。此覆解上文絜矩二字之義如不欲上之無禮於我則必以此度下之心而亦不敢以此無禮使之不欲下之不忠於我則必以此度上之心而亦不敢以此不忠事之至於前後左右無不皆然則身之所處上下四旁長短廣狹彼此如一而無不方矣彼同有是心而興起焉者又豈有一夫之不獲哉所操者約而所及者廣此平天下之要道也故章內之意皆自此而推之

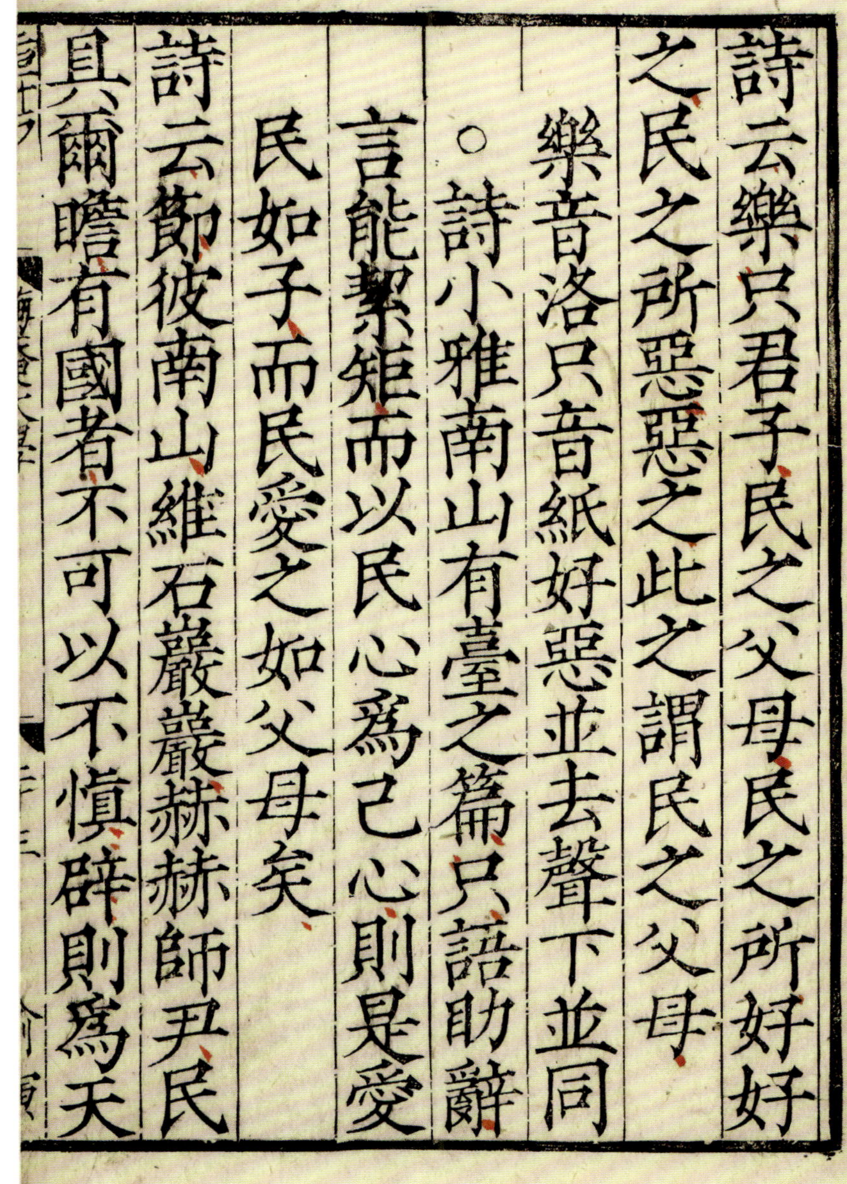

詩云樂只君子民之父母民之所好好之民之所惡惡之此之謂民之父母
樂音洛只音紙好惡並去聲下並同
○詩小雅南山有臺之篇只語助辭言能絜矩而以民心爲己心則是愛民如子而民愛之如父母矣
詩云節彼南山維石巖巖赫赫師尹民具爾瞻有國者不可以不慎辟則爲天

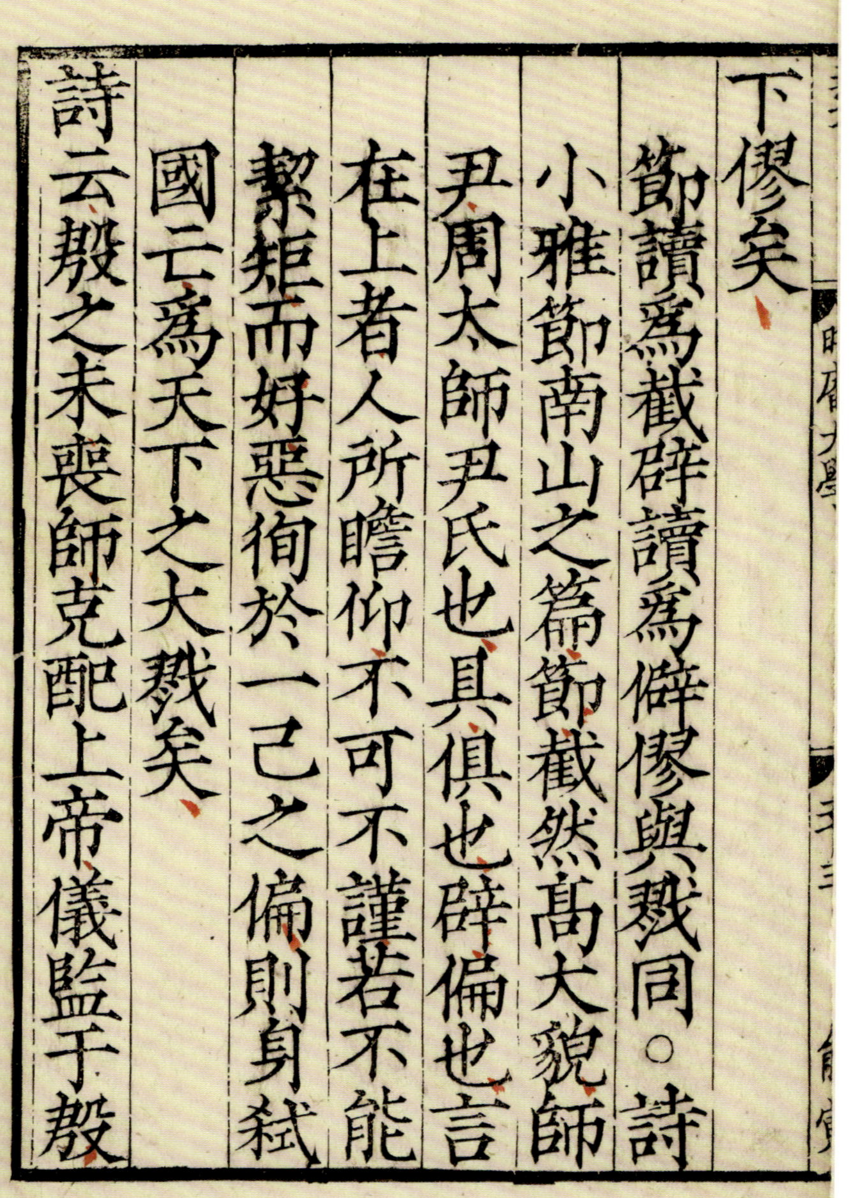

下僇矣

節讀爲截辟讀爲僻僇與戮同○詩小雅節南山之篇節截然高大貌師尹周太師尹氏也具俱也辟偏也言在上者人所瞻仰不可不謹若不能絜矩而好惡徇於一己之偏則身弒國亡爲天下之大戮矣

詩云殷之未喪師克配上帝儀監于殷

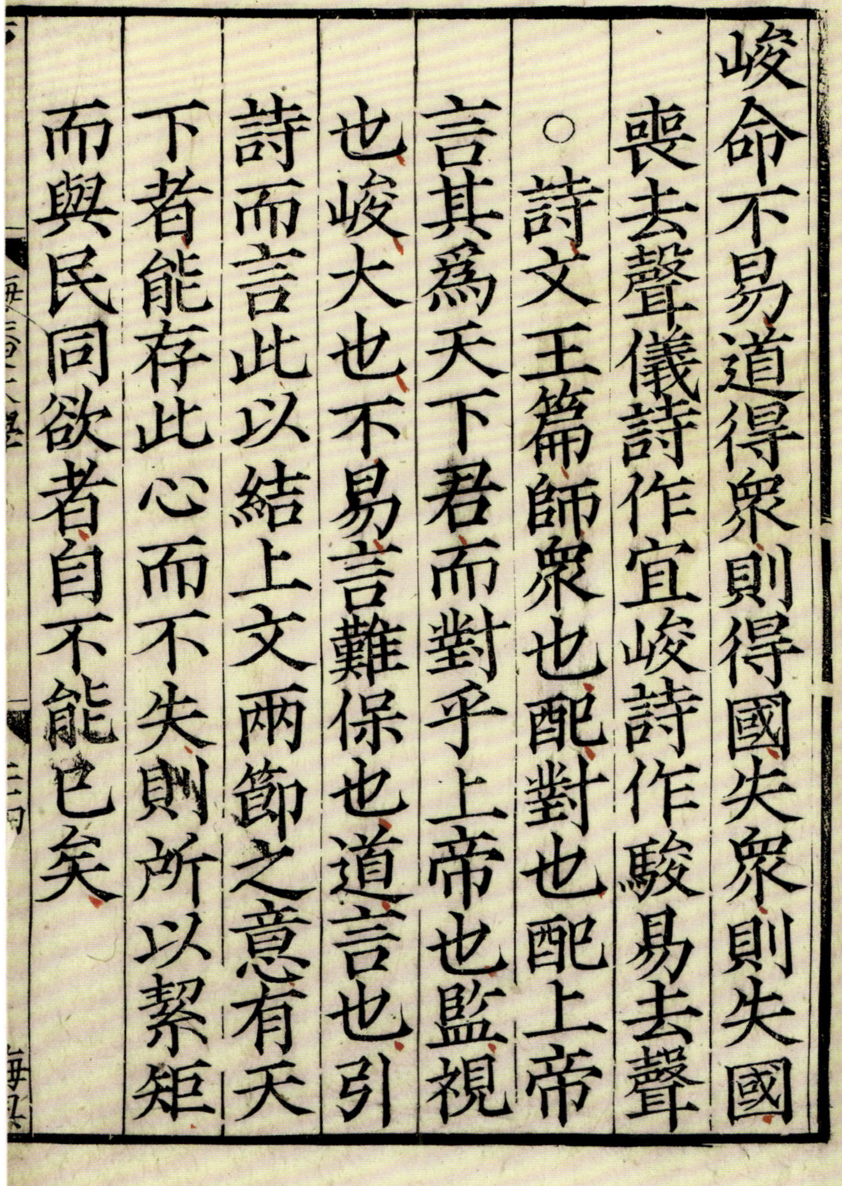

峻命不易道得衆則得國失衆則失國

喪去聲儀詩作宜峻詩作駿易去聲

○詩文王篇師衆也配對也配上帝

言其爲天下君而對乎上帝也監視

也峻大也不易言難保也道言也引

詩而言此以結上文兩節之意有天

下者能存此心而不失則所以絜矩

而與民同欲者自不能已矣

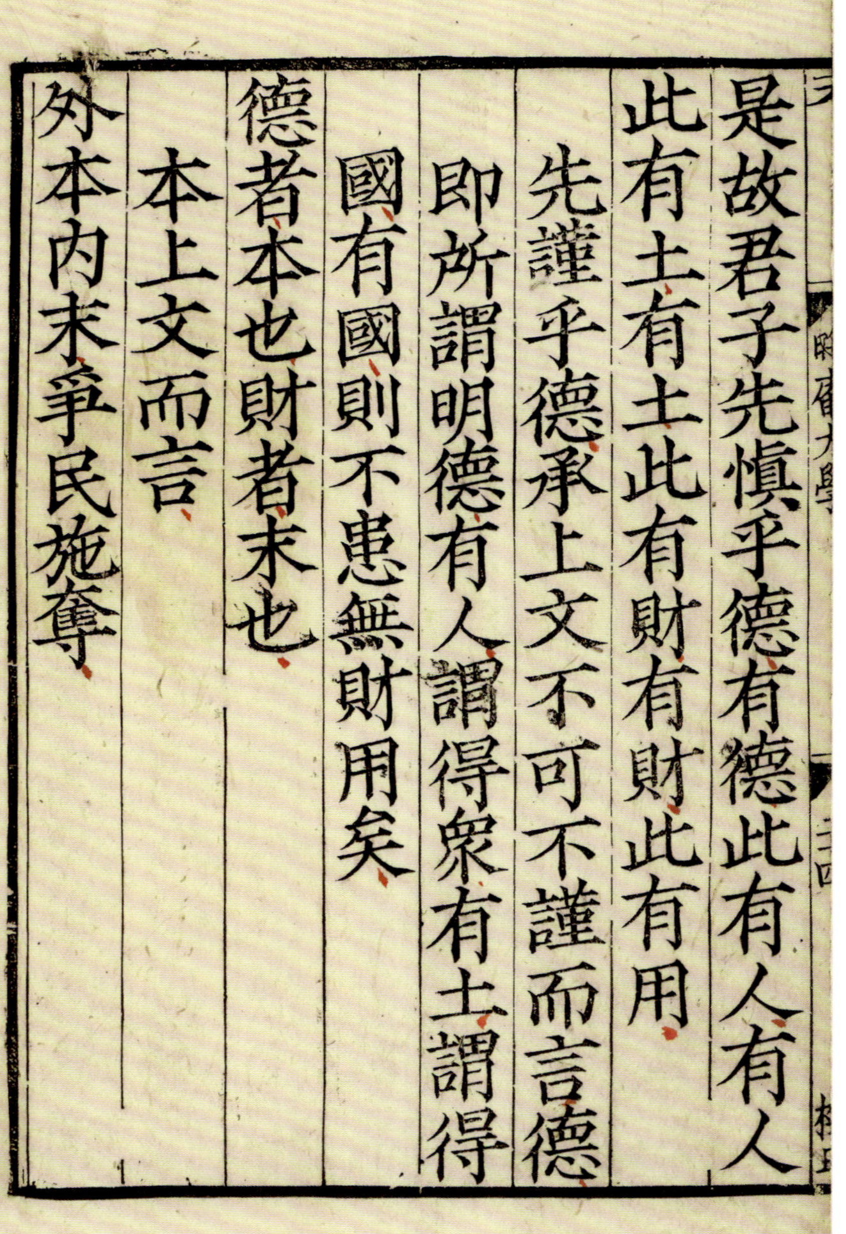

是故君子先慎乎德有德此有人有人此有土有土此有財有財此有用

先謹乎德承上文不可不謹而言德即所謂明德有人謂得衆有土謂得國有國則不患無財用矣

德者本也財者末也

本上文而言

外本内末爭民施奪

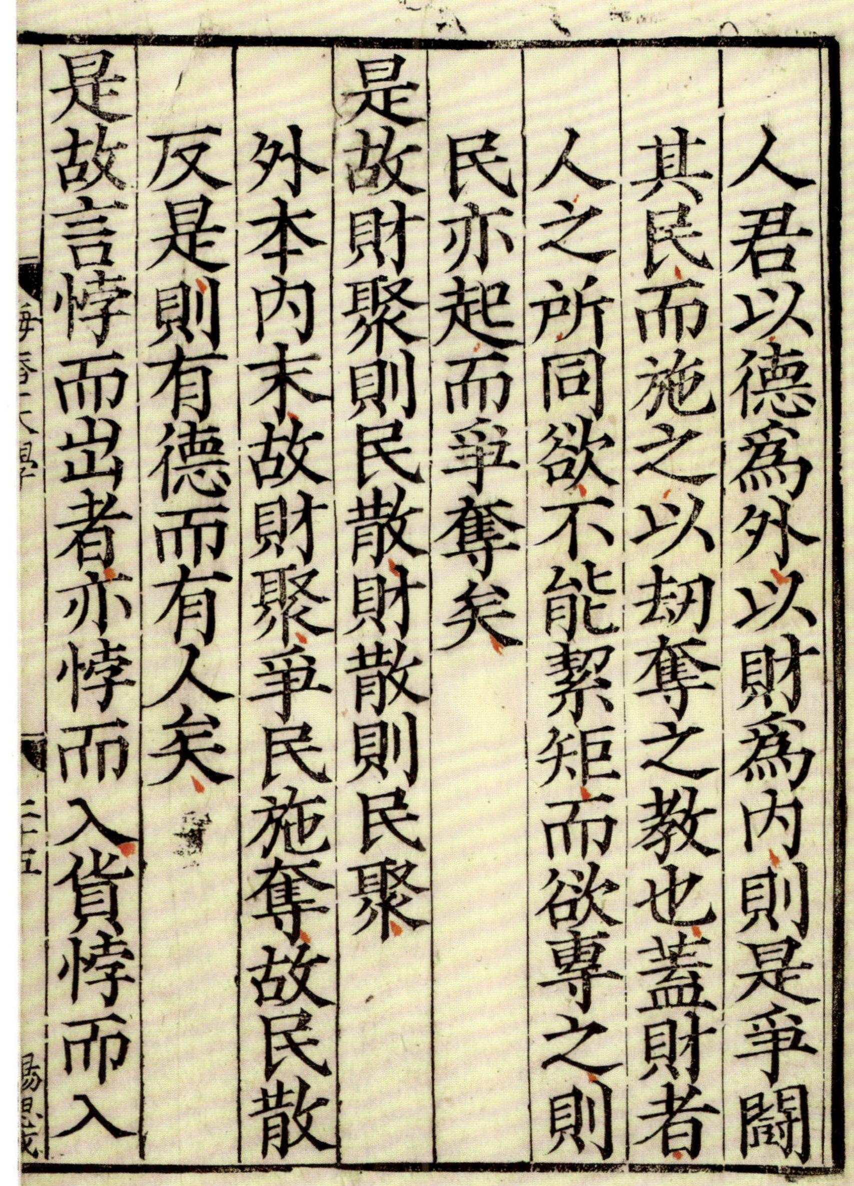

人君以德爲外以財爲内則是爭鬭其民而施之以刼奪之教也蓋財者人之所同欲不能絜矩而欲專之則民亦起而爭奪矣

是故財聚則民散財散則民聚

外本内末故財聚爭民施奪故民散反是則有德而有人矣

是故言悖而出者亦悖而入貨悖而入

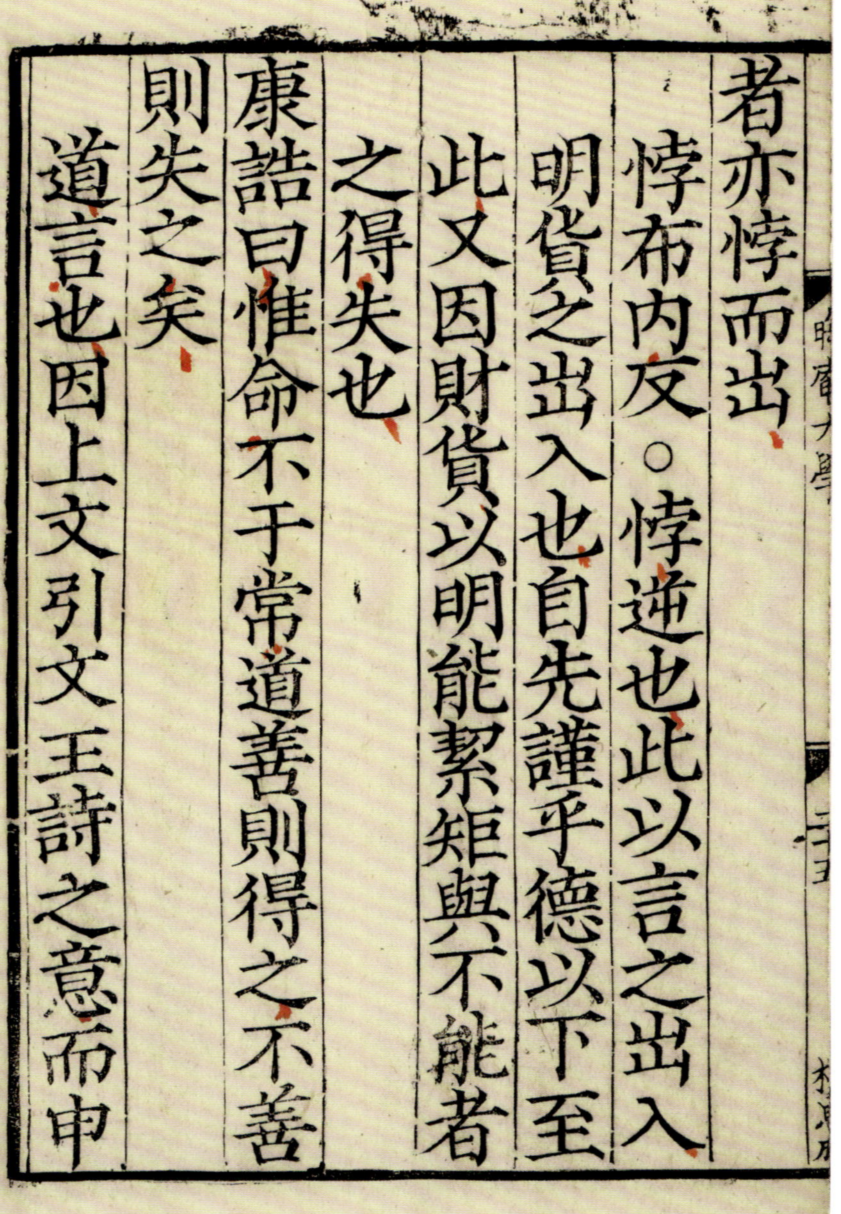

者亦悖而出

悖布内反。○悖逆也此以言之出入明貨之出入也自先謹乎德以下至此又因財貨以明能絜矩與不能者之得失也

康誥曰惟命不于常道善則得之不善則失之矣

道言也因上文引文王詩之意而申

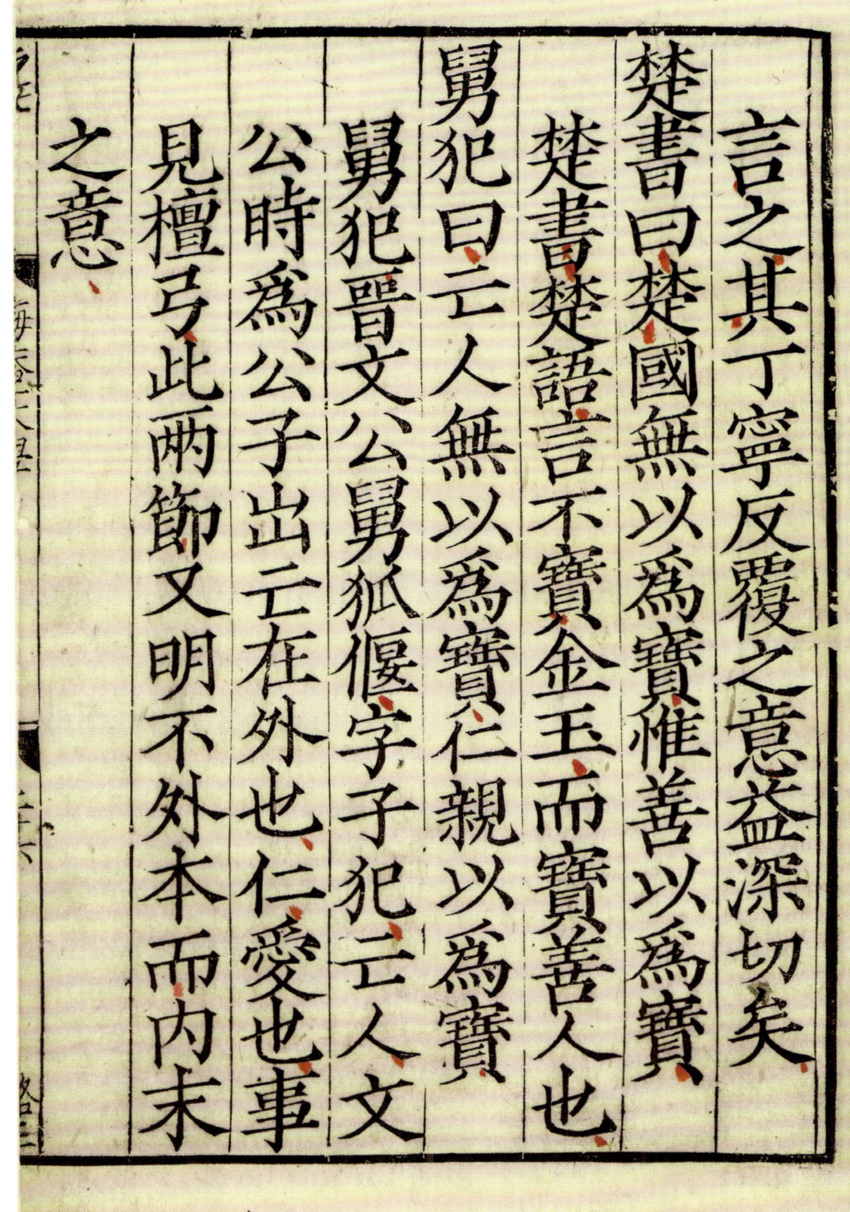

言之其丁寧反覆之意益深切矣

楚書曰楚國無以爲寶惟善以爲寶

楚書楚語言不寶金玉而寶善人也

舅犯曰亡人無以爲寶仁親以爲寶

舅犯晉文公舅狐偃字子犯亡人文公時爲公子出亡在外也仁愛也事見檀弓此兩節又明不外本而內末之意

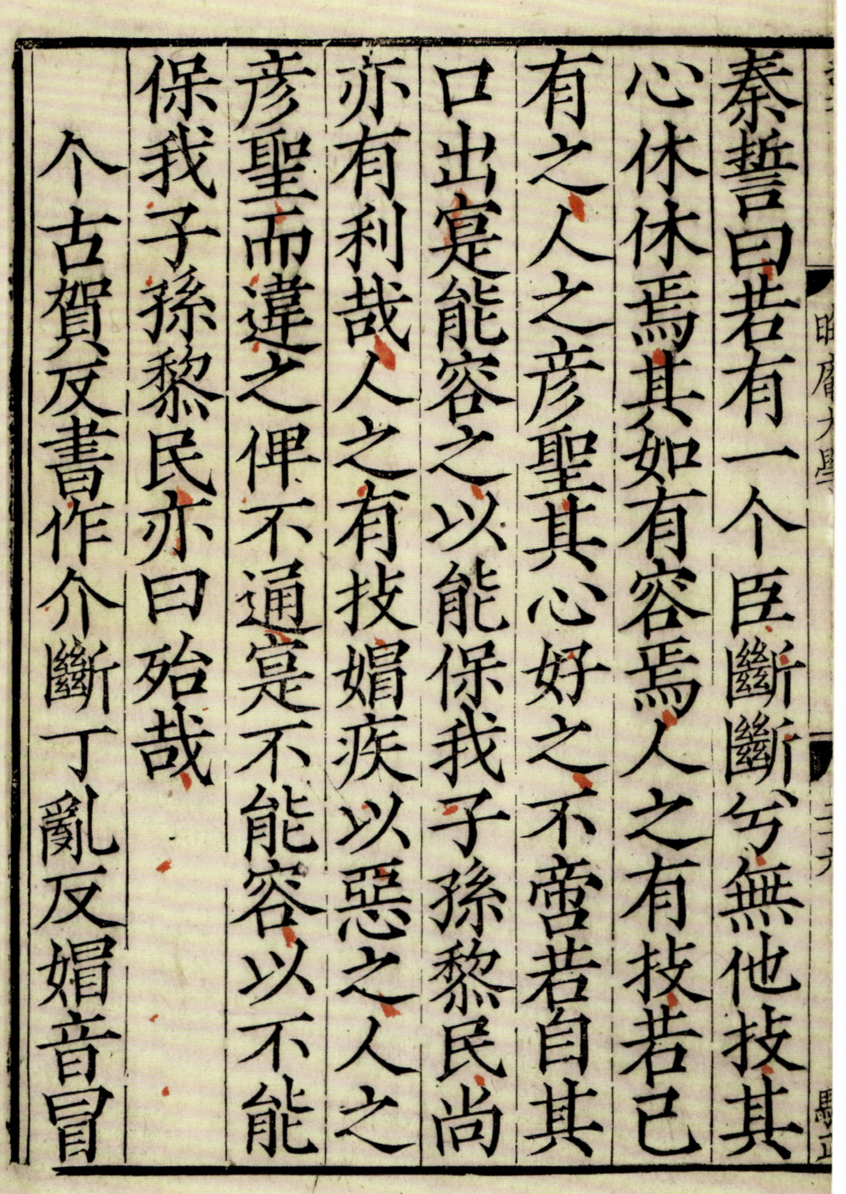

秦誓曰若有一个臣斷斷兮無他技其心休休焉其如有容焉人之有技若己有之人之彥聖其心好之不啻若自其口出寔能容之以能保我子孫黎民尚亦有利哉人之有技媢疾以惡之人之彥聖而違之俾不通寔不能容以不能保我子孫黎民亦曰殆哉

个古賀反書作介斷丁亂反媢音冒

○秦誓周書斷斷誠一之貌彥美士
也聖通明也尚庶幾也媢忌也違拂
戾也殆危也
唯仁人放流之迸諸四夷不與同中國
此謂唯仁人爲能愛人能惡人
迸讀爲屏古字通用○迸猶逐也言
有此媢疾之人妨賢而病國則仁人
必深惡而痛絕之以其至公無私故

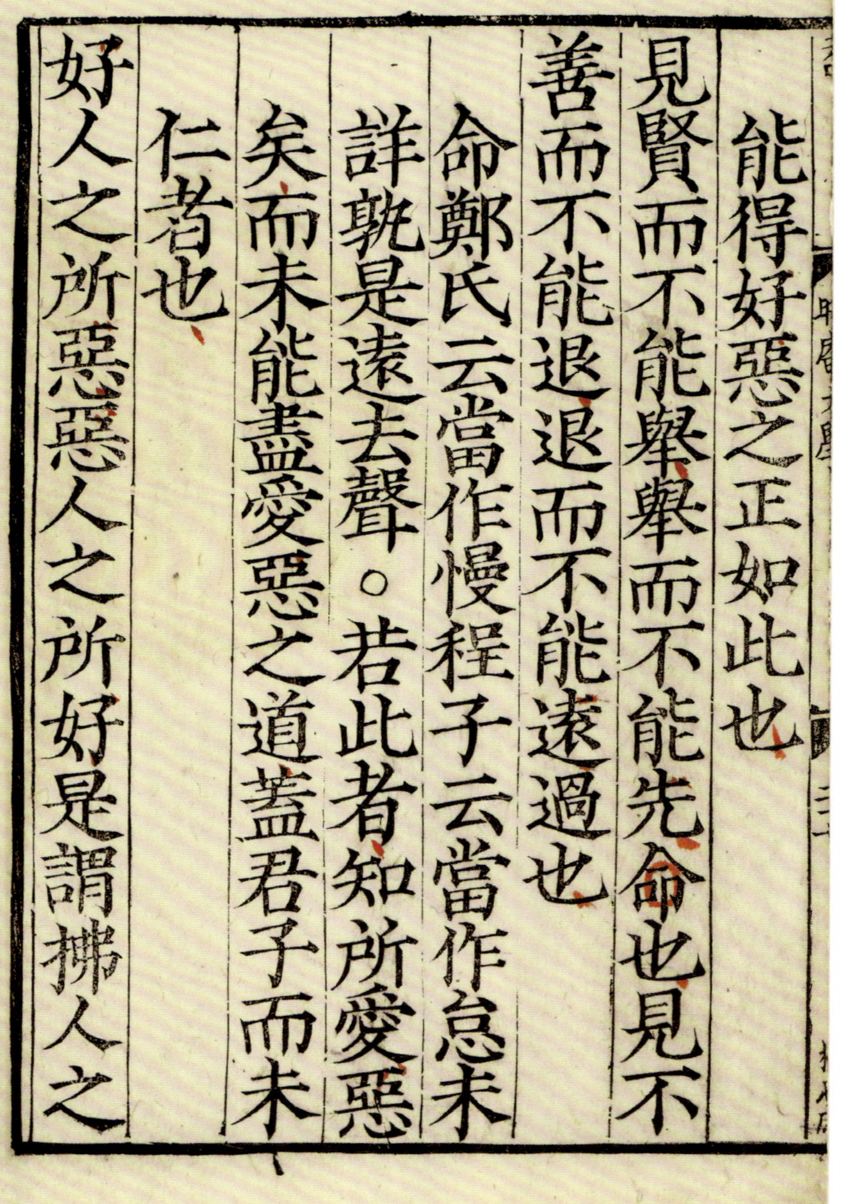

能得好惡之正如此也

見賢而不能舉舉而不能先命也見不善而不能退退而不能遠過也

命鄭氏云當作慢程子云當作怠未詳孰是遠去聲。若此者知所愛惡矣而未能盡愛惡之道蓋君子而未仁者也

好人之所惡惡人之所好是謂拂人之

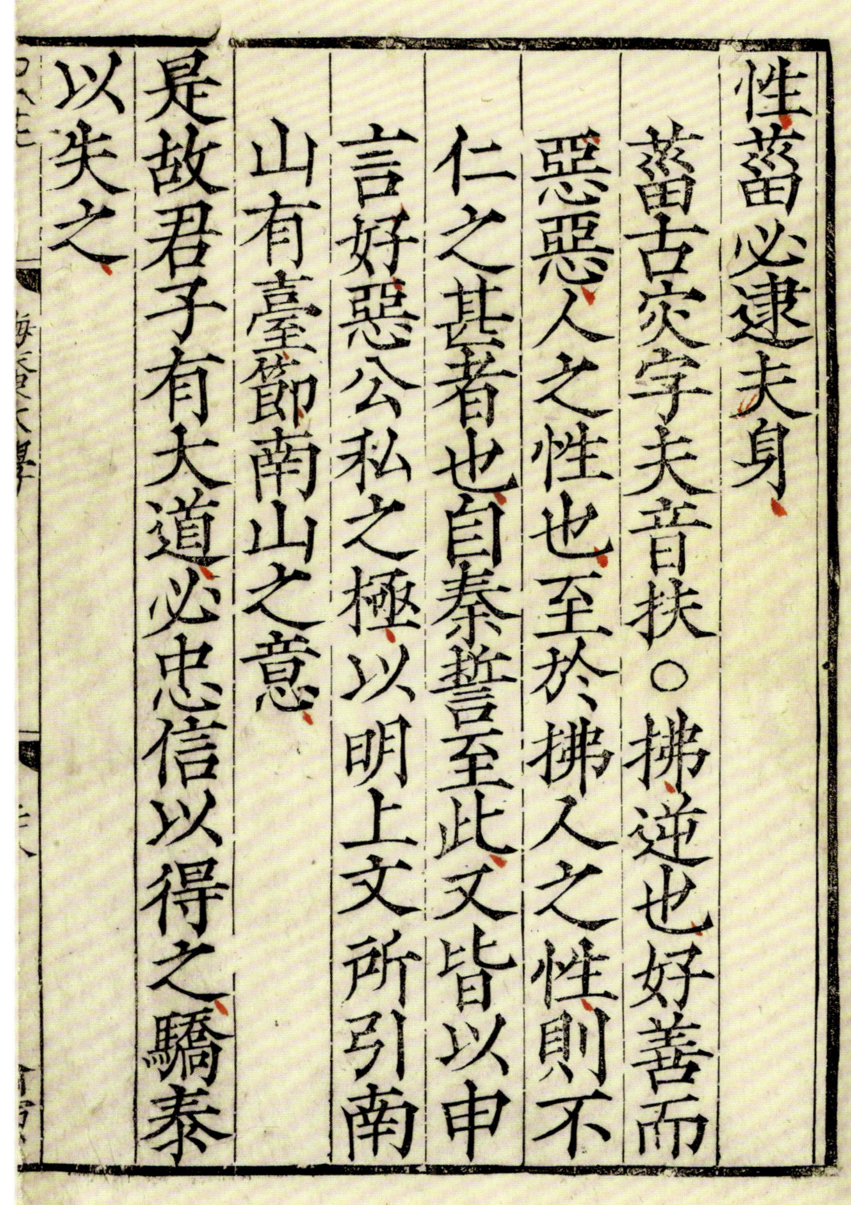

性菑必逮夫身

菑古灾字夫音扶○拂逆也好善而惡惡人之性也至於拂人之性則不仁之甚者也自秦誓至此又皆以申言好惡公私之極以明上文所引南山有臺節南山之意

是故君子有大道必忠信以得之驕泰以失之

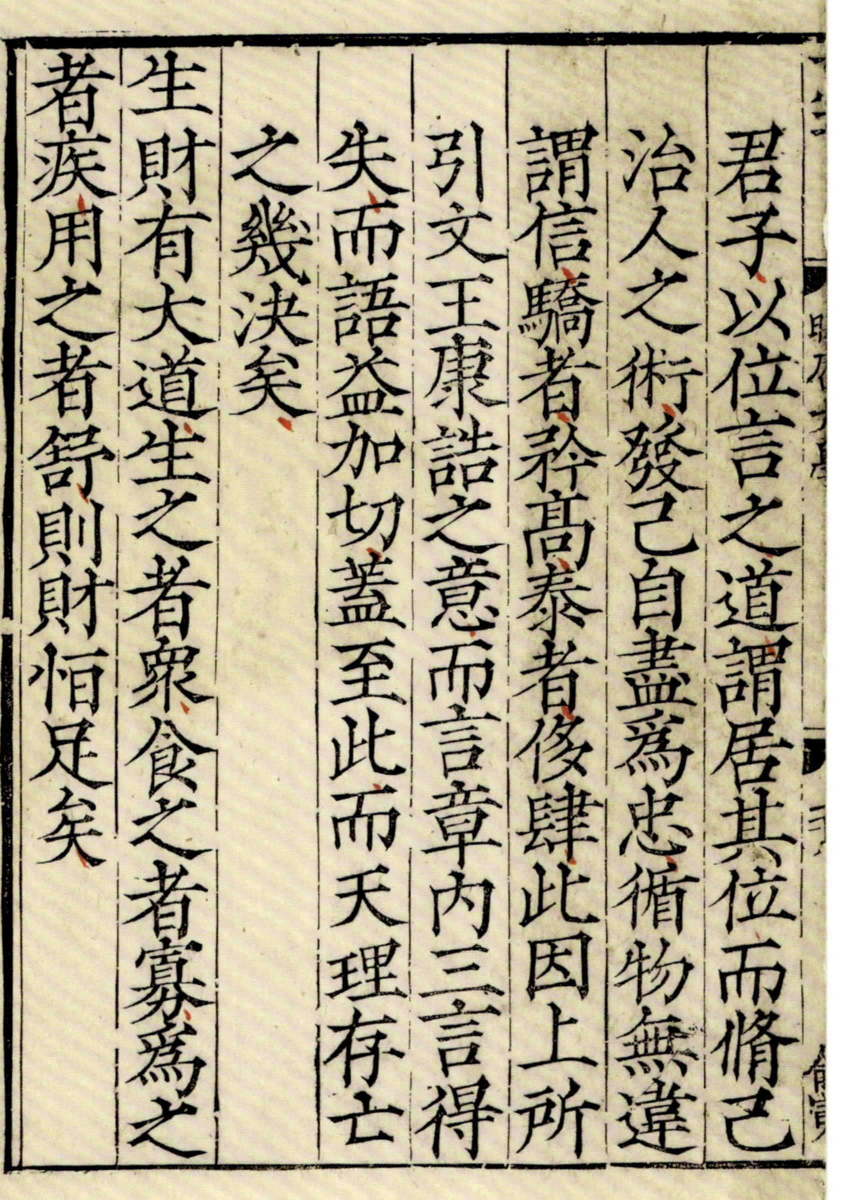

君子以位言之道謂居其位而脩己治人之術發己自盡爲忠循物無違謂信驕者矜高泰者侈肆此因上所引文王康誥之意而言章内三言得失而語益加切蓋至此而天理存亡之幾决矣

生財有大道生之者衆食之者寡爲之者疾用之者舒則財恒足矣

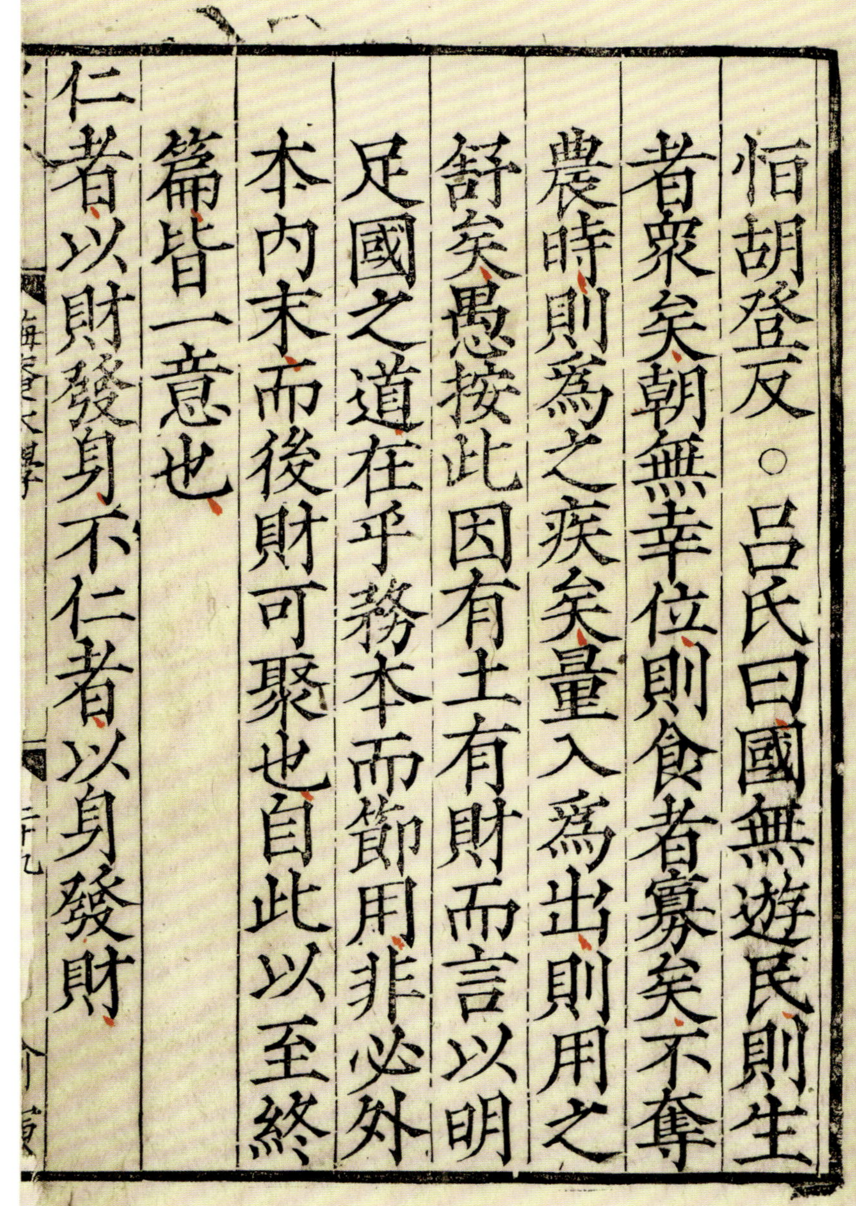

恒胡登反○呂氏曰國無遊民則生者衆矣朝無幸位則食者寡矣不奪農時則爲之疾矣量入爲出則用之舒矣愚按此因有土有財而言以明足國之道在乎務本而節用非必外本内末而後財可聚也自此以至終篇皆一意也

仁者以財發身不仁者以身發財

發猶起也仁者散財以得民不仁者

亡身以殖貨

未有上好仁而下不好義者也未有好

義其事不終者也未有府庫財非其財

者也

上好仁以愛其下則下好義以忠其

上所以事必有終而府庫之財無悖

出之患也

孟獻子曰畜馬乘不察於雞豚伐冰之家不畜牛羊百乘之家不畜聚斂之臣與其有聚斂之臣寧有盜臣此謂國不以利爲利以義爲利也

畜許六反乘斂並去聲○孟獻子魯之賢大夫仲孫蔑也畜馬乘士初試爲大夫者也伐冰之家卿大夫以上喪祭用冰者也百乘之家有采地者

也君子寧亡己之財而不忍傷民之力故寧有盜臣而不畜聚斂之臣此謂以下釋獻子之言也

長國家而務財用者必自小人矣彼爲善之小人之使爲國家菑害並至雖有善者亦無如之何矣此謂國不以利爲利以義爲利也

長上聲彼爲善之此句上下疑有闕

文誤字○自由也言由小人導之也

此一節深明以利爲利之害而重言以結之其丁寧之意切矣

右傳之十章釋治國平天下

此章之義務在與民同好惡而不專其利皆推廣絜矩之意也能如是則親賢樂利各得其所而天下平矣

凡傳十章前四章統論綱領指趣後六章細論條目功夫其第五章乃明善之要第六章乃誠身之本在初學尤爲當務之急讀者不可以其近而忽之也

大學章句畢

從政郎提領江淮茶鹽所準備差遣劉　校正

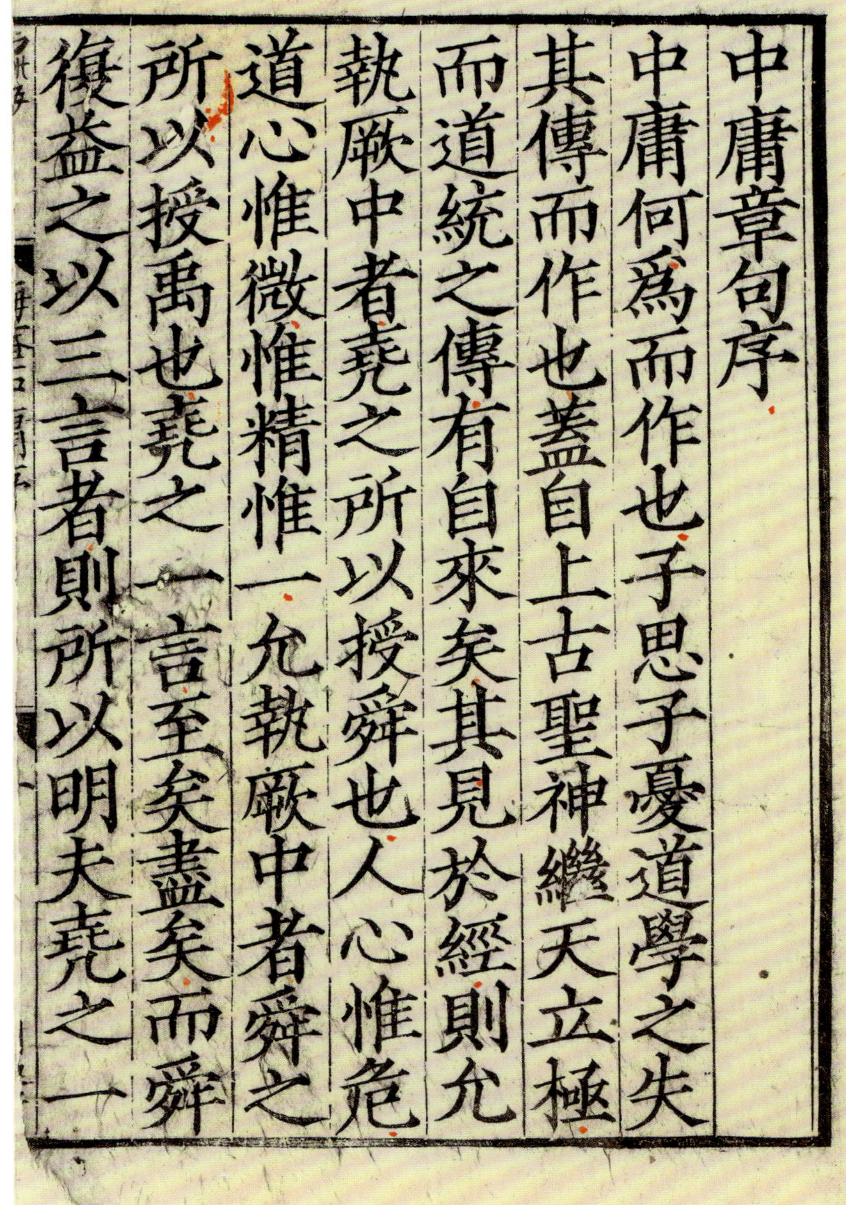

中庸章句序

中庸何爲而作也子思子憂道學之失其傳而作也蓋自上古聖神繼天立極而道統之傳有自來矣其見於經則允執厥中者堯之所以授舜也人心惟危道心惟微惟精惟一允執厥中者舜之所以授禹也堯之一言至矣盡矣而舜復益之以三言者則所以明夫堯之一

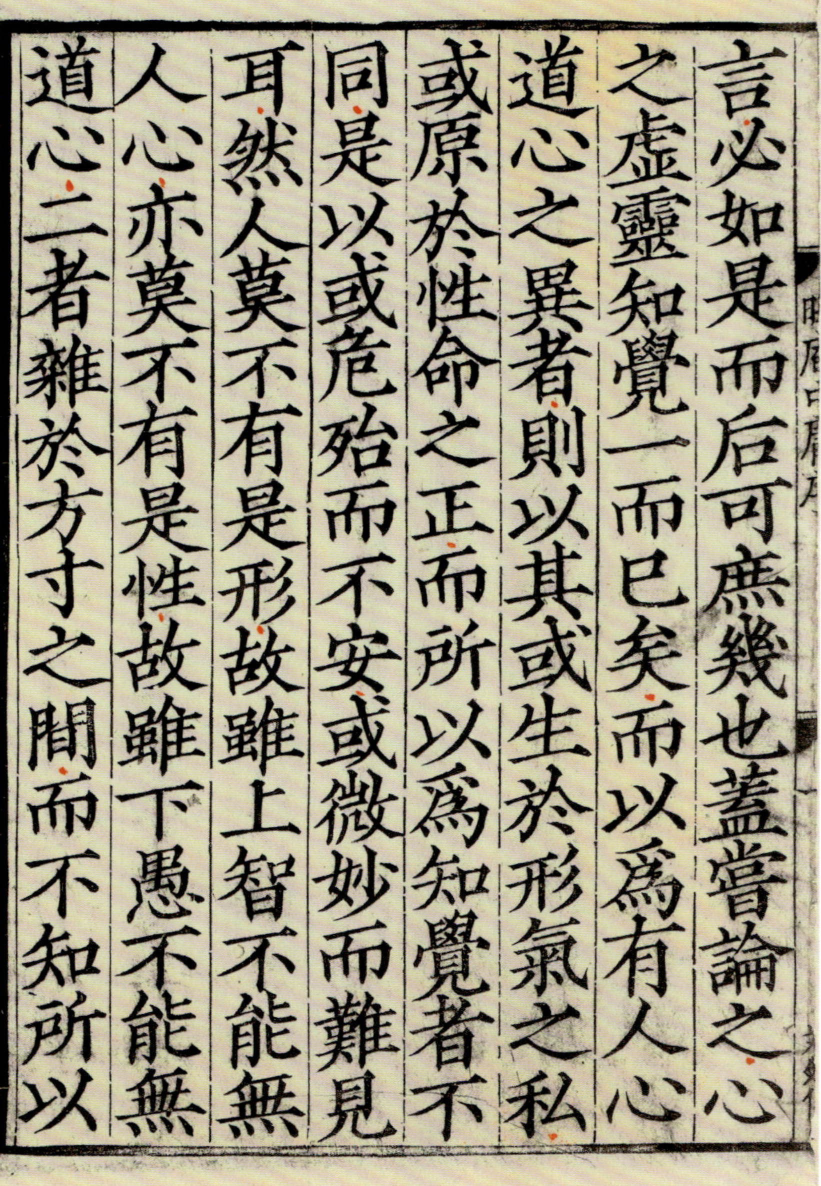

言必如是而后可庶幾也蓋嘗論之心之虛靈知覺一而已矣而以爲有人心道心之異者則以其或生於形氣之私或原於性命之正而所以爲知覺者不同是以或危殆而不安或微妙而難見耳然人莫不有是形故雖上智不能無人心亦莫不有是性故雖下愚不能無道心二者雜於方寸之閒而不知所以

治之則危者愈危微者愈微而天理之公卒無以勝夫人欲之私矣精則察夫二者之閒而不雜也一則守其本心之正而不離也從事於斯無少閒斷必使道心常爲一身之主而人心每聽命焉則危者安微者著而動靜云爲自無過不及之差矣夫堯舜禹天下之大聖也以天下相傳天下之大事也以天下之

大聖行天下之大事而其授受之際丁
寧告戒不過如此則天下之理豈有以
加於此哉自是以來聖聖相承若成湯
文武之爲君皐陶伊傅周召之爲臣既
皆以此而接夫道統之傳若吾夫子則
雖不得其位而所以繼往聖開來學其
功反有賢於堯舜者然當是時見而知
之者惟顔氏曾氏之傳得其宗及曾氏

之再傳而復得夫子之孫子思則去聖遠而異端起矣子思懼夫愈久而愈失其眞也於是推本堯舜以來相傳之意質以平日所聞父師之言更互演繹作爲此書以詔後之學者蓋其憂之也深故其言之也切其慮之也遠故其說之也詳其曰天命率性則道心之謂也其曰擇善固執則精一之謂也其曰君子

時中則執中之謂也世之相後千有餘
年而其言之不異如合符節歷選前聖
之書所以提挈綱維開示藴奥未有若
是其明且盡者也自是而又再傳以得
孟氏爲能推明是書以承先聖之統及
其没而遂失其傳焉則吾道之所寄不
越乎言語文字之閒而異端之説日新
月盛以至於老佛之徒出則彌近理而

大亂眞矣然而尚幸此書之不泯故程
夫子兄弟者出得有所考以續夫千載
不傳之緒得有所據以斥夫二家似是
之非蓋子思之功於是爲大而微程夫
子則亦莫能因其語而得其心也惜乎
其所以爲說者不傳而凡石氏之所輯
録僅出於其門人之所記是以大義雖
明而微言未析至其門人所自爲說則

雖頗詳盡而多所發明然倍其師說而淫於老佛者亦有之矣熹自蚤歲即嘗受讀而竊疑之沈潛反復蓋亦有年一旦恍然似有以得其要領者然後乃敢會衆說而折其中旣爲定著章句一篇以竢後之君子而一二同志復取石氏書刪其繁亂名以輯略且記所嘗論辯取舍之意别爲或問以附其後然後此

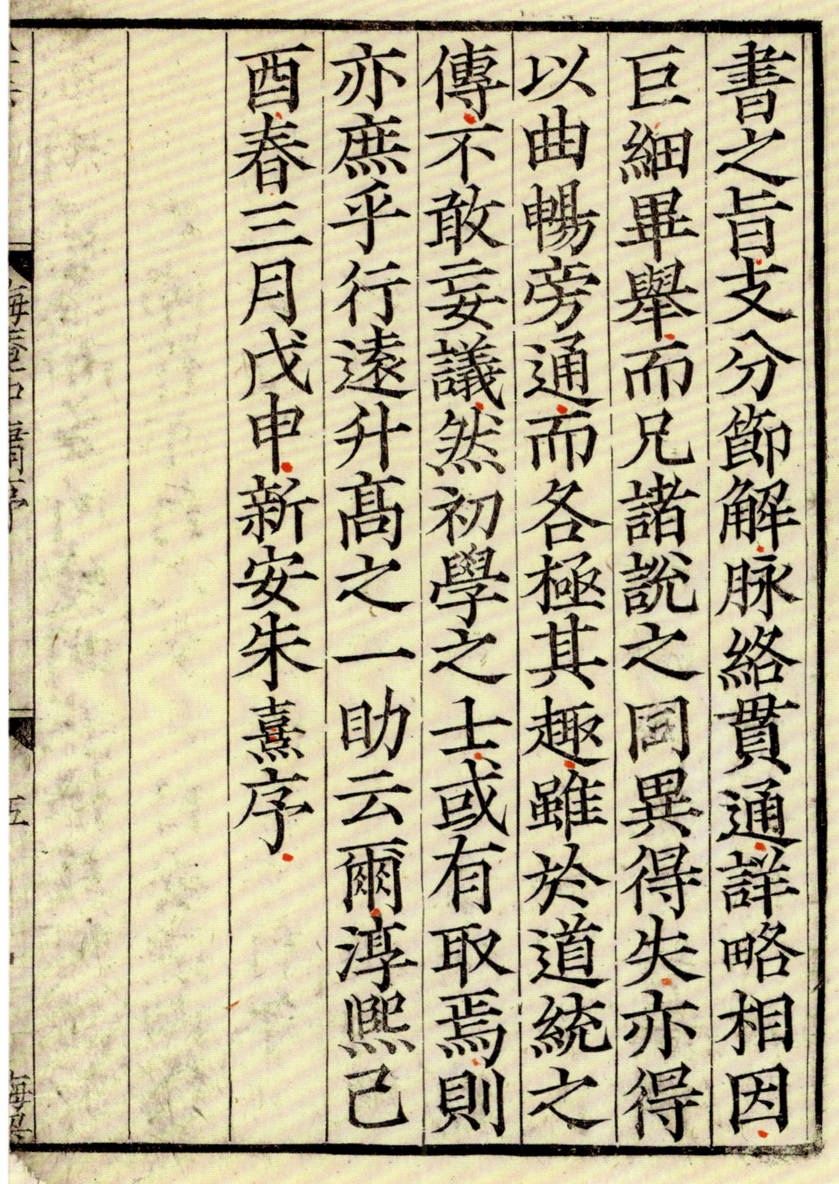

書之旨支分節解脉絡貫通詳略相因巨細畢舉而凡諸說之同異得失亦得以曲暢旁通而各極其趣雖於道統之傳不敢妄議然初學之士或有取焉則亦庶乎行遠升高之一助云爾淳熙己酉春三月戊申新安朱熹序

中庸　　朱熹章句

中者不偏不倚無過不及之名庸平常也

子程子曰不偏之謂中不易之謂庸中者天下之正道庸者天下之定理此篇乃孔門傳授心法子思恐其久而差也故筆之於書以授孟子其書始言一理中散爲萬事末復合爲一

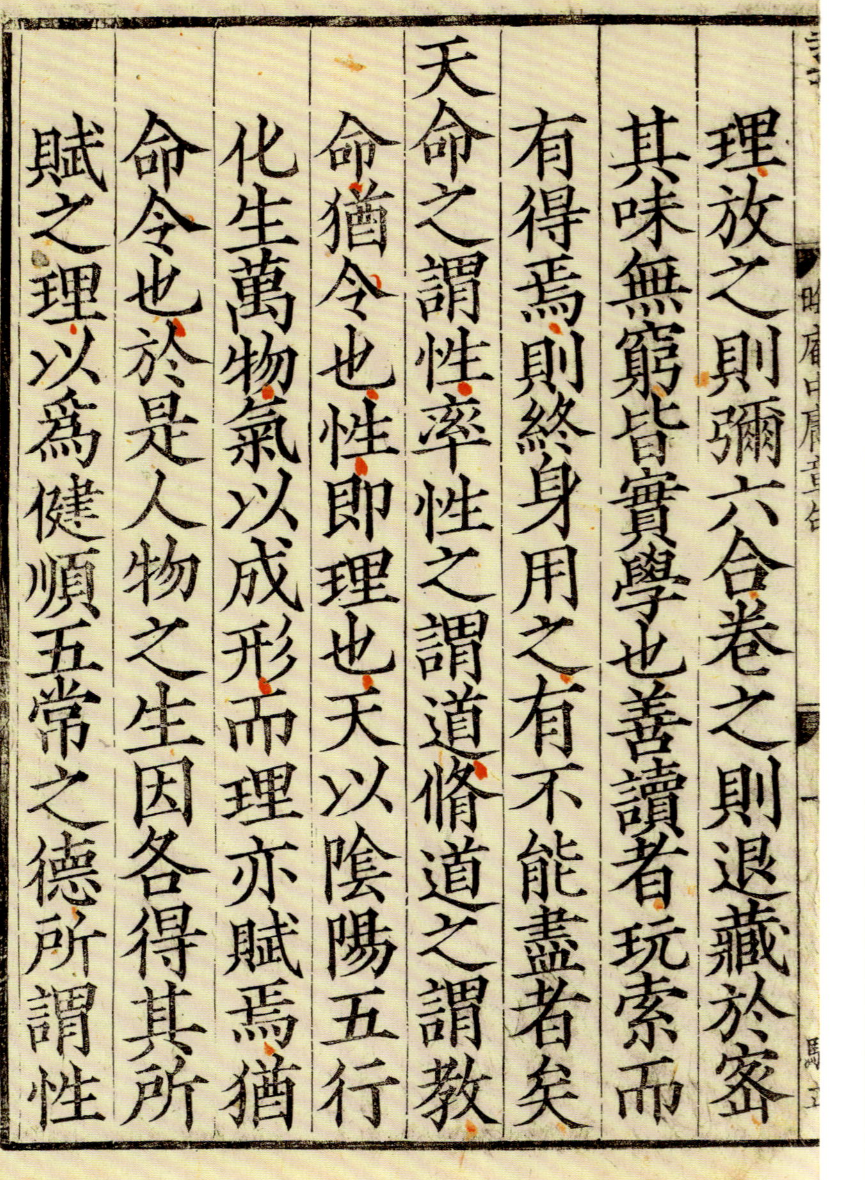
理放之則彌六合卷之則退藏於密其味無窮皆實學也善讀者玩索而有得焉則終身用之有不能盡者矣

天命之謂性率性之謂道脩道之謂教

命猶令也性即理也天以陰陽五行化生萬物氣以成形而理亦賦焉猶命令也於是人物之生因各得其所賦之理以爲健順五常之德所謂性

也率循也道猶路也人物各循其性之自然則其日用事物之閒莫不各有當行之路是則所謂道也脩品節之也性道雖同而氣禀或異故不能無過不及之差聖人因人物之所當行者而品節之以爲法於天下則謂之教若禮樂刑政之屬是也蓋人之所以爲人道之所以爲道聖人之所

以爲教原其所自無一不本於天而
備於我學者知之則其於學知所用
力而自不能已矣故子思於此首發
明之讀者所宜深體而默識也
道也者不可須臾離也可離非道也是
故君子戒慎乎其所不睹恐懼乎其所
不聞
離去聲○道者日用事物當行之理

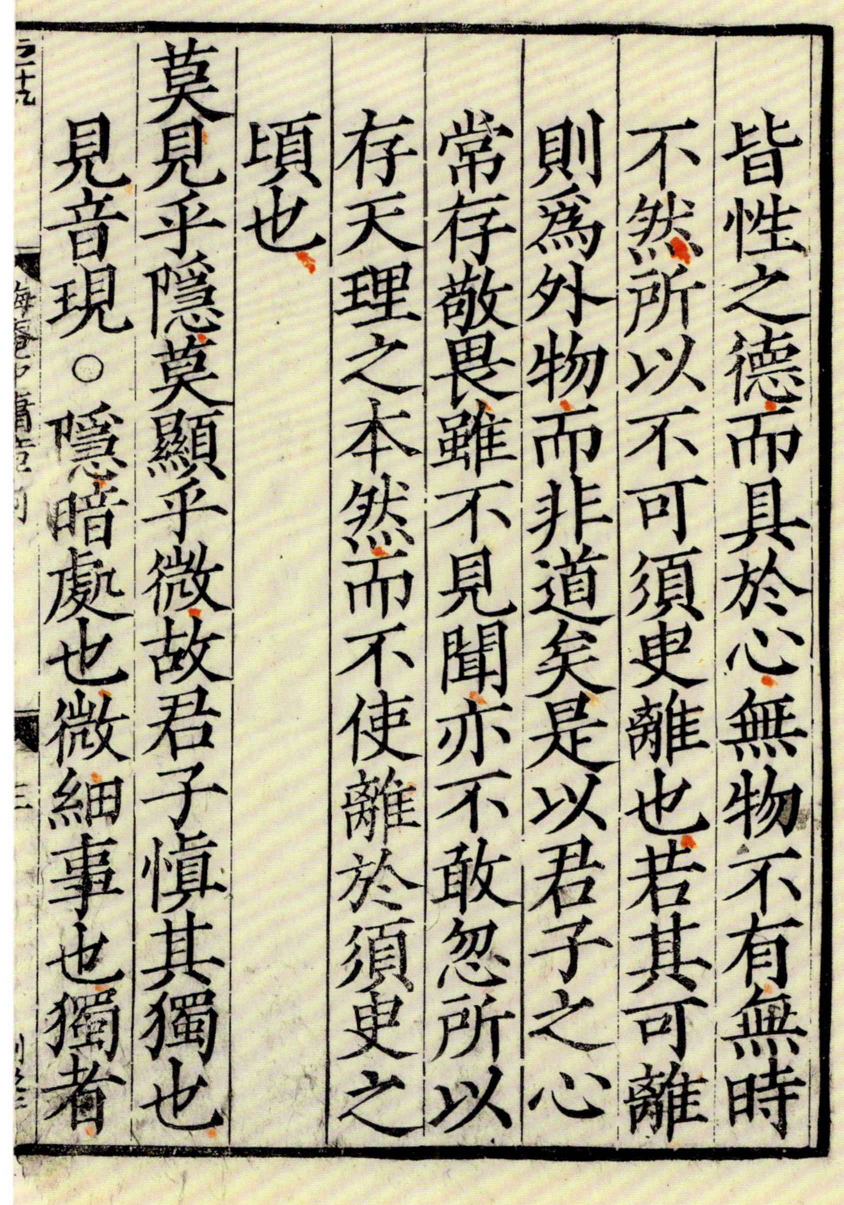

皆性之德而具於心無物不有無時不然所以不可須臾離也若其可離則爲外物而非道矣是以君子之心常存敬畏雖不見聞亦不敢忽所以存天理之本然而不使離於須臾之頃也

莫見乎隱莫顯乎微故君子愼其獨也

見音現○隱暗處也微細事也獨者

人所不知而己所獨知之地也言幽
暗之中細微之事跡雖未形而幾則
已動人雖不知而己獨知之則是天
下之事無有著見明顯而過於此者
是以君子既常戒懼而於此尤加謹
焉所以遏人欲於將萌而不使其滋
長於隱微之中以至離道之遠也
喜怒哀樂之未發謂之中發而皆中節

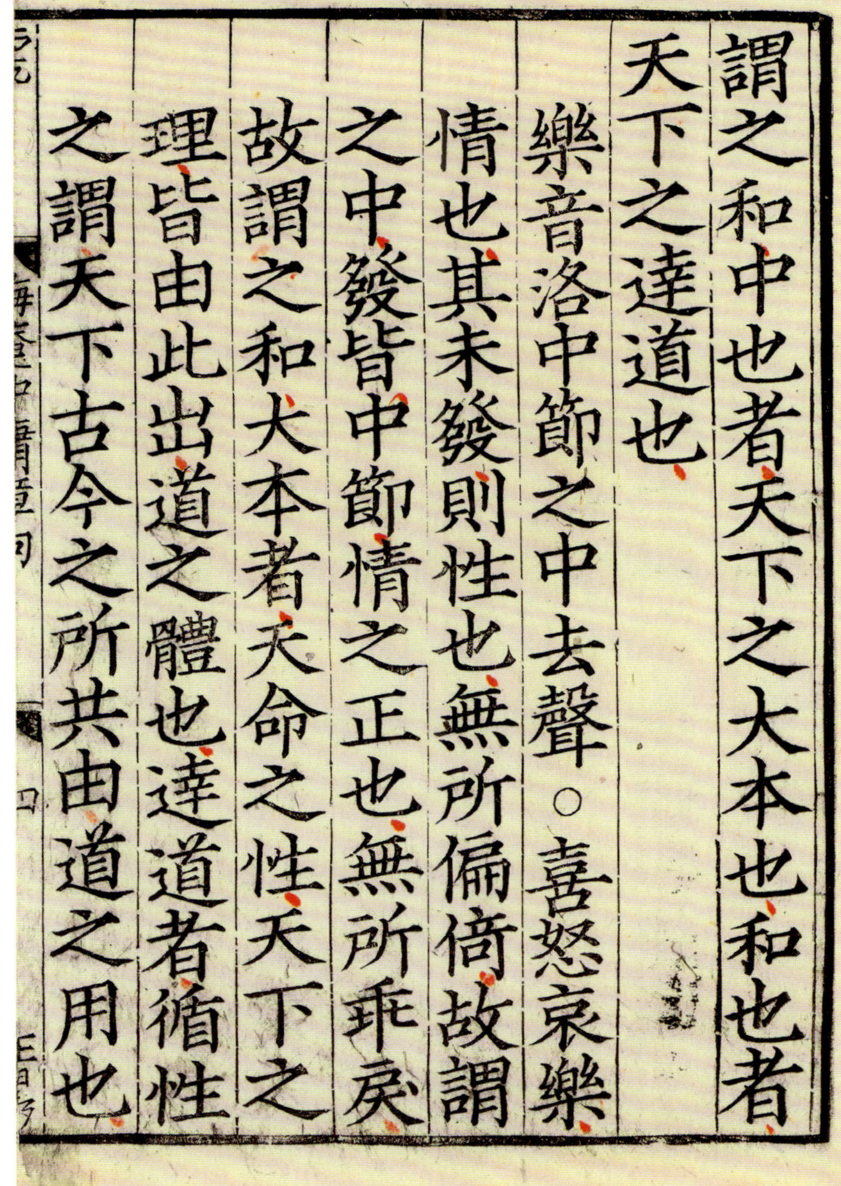

謂之和中也者天下之大本也和也者
天下之達道也
樂音洛中節之中去聲○喜怒哀樂
情也其未發則性也無所偏倚故謂
之中發皆中節情之正也無所乖戾
故謂之和大本者天命之性天下之
理皆由此出道之體也達道者循性
之謂天下古今之所共由道之用也

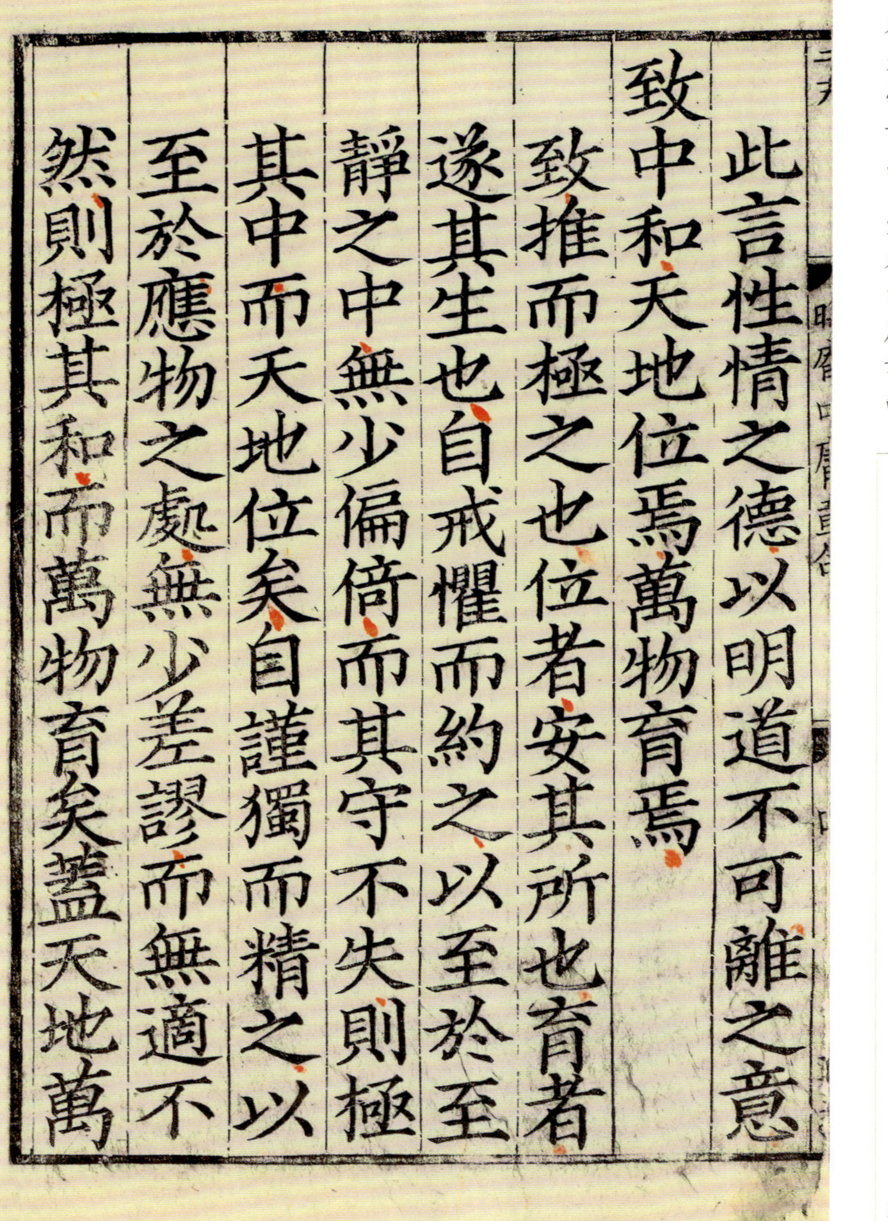

此言性情之德以明道不可離之意

致中和天地位焉萬物育焉

致推而極之也位者安其所也育者遂其生也自戒懼而約之以至於至靜之中無少偏倚而其守不失則極其中而天地位矣自謹獨而精之以至於應物之處無少差謬而無適不然則極其和而萬物育矣蓋天地萬

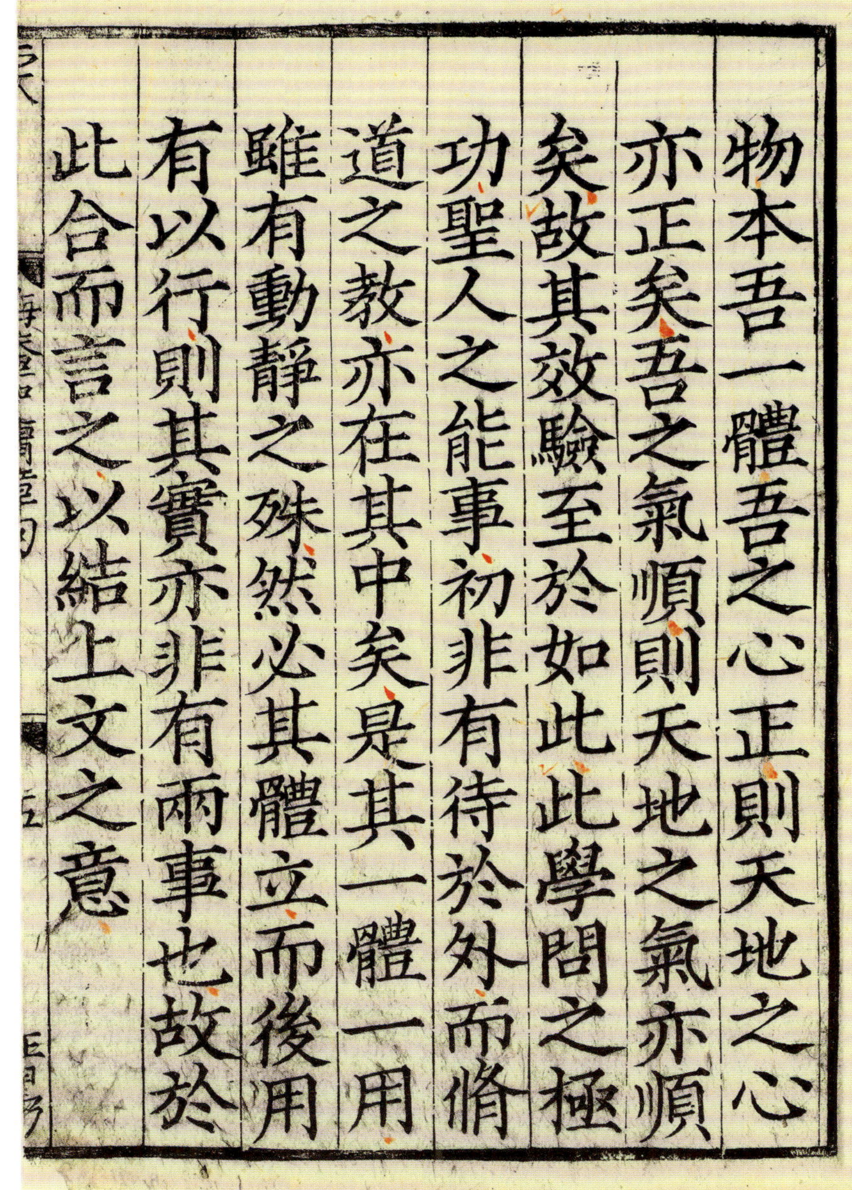

物本吾一體吾之心正則天地之心亦正矣吾之氣順則天地之氣亦順矣故其效驗至於如此此學問之極功聖人之能事初非有待於外而脩道之教亦在其中矣是其一體一用雖有動靜之殊然必其體立而後用有以行則其實亦非有兩事也故於此合而言之以結上文之意

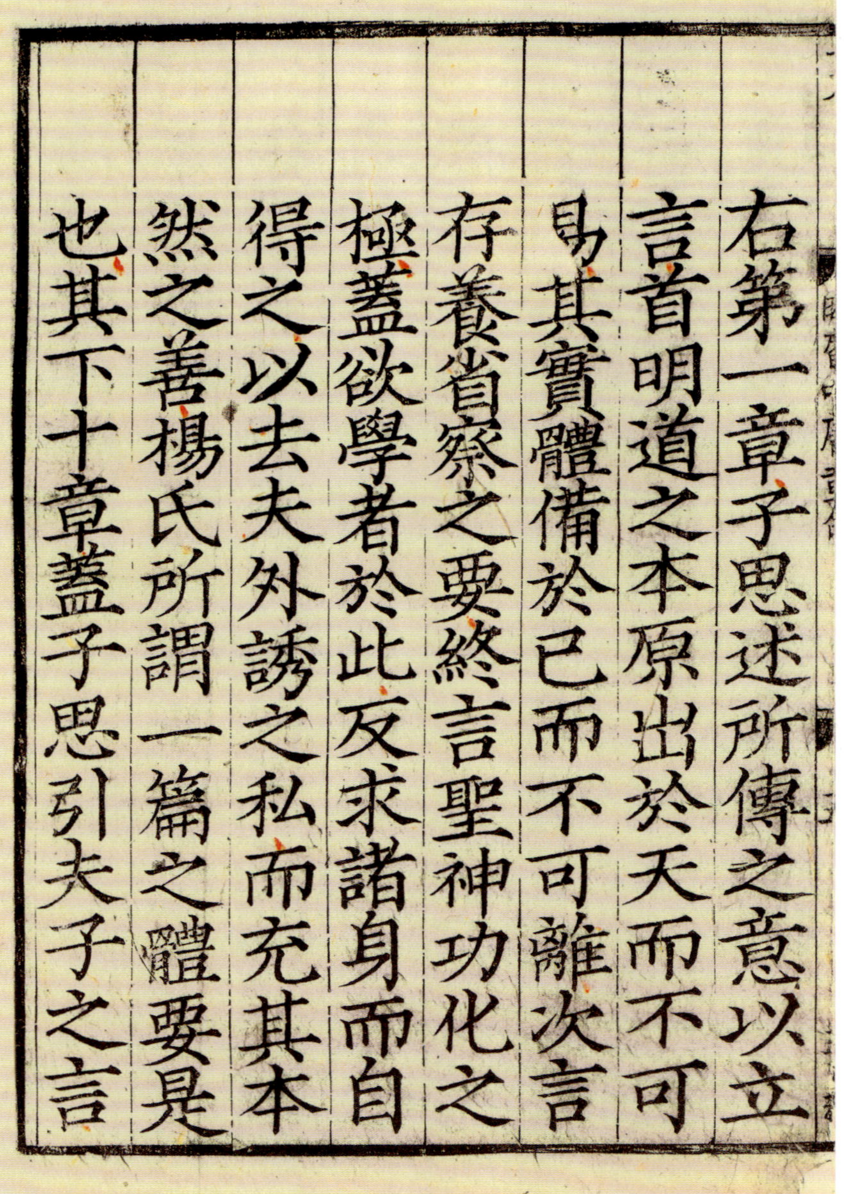

右第一章子思述所傳之意以立言首明道之本原出於天而不可易其實體備於已而不可離次言存養省察之要終言聖神功化之極蓋欲學者於此反求諸身而自得之以去夫外誘之私而充其本然之善楊氏所謂一篇之體要是也其下十章蓋子思引夫子之言

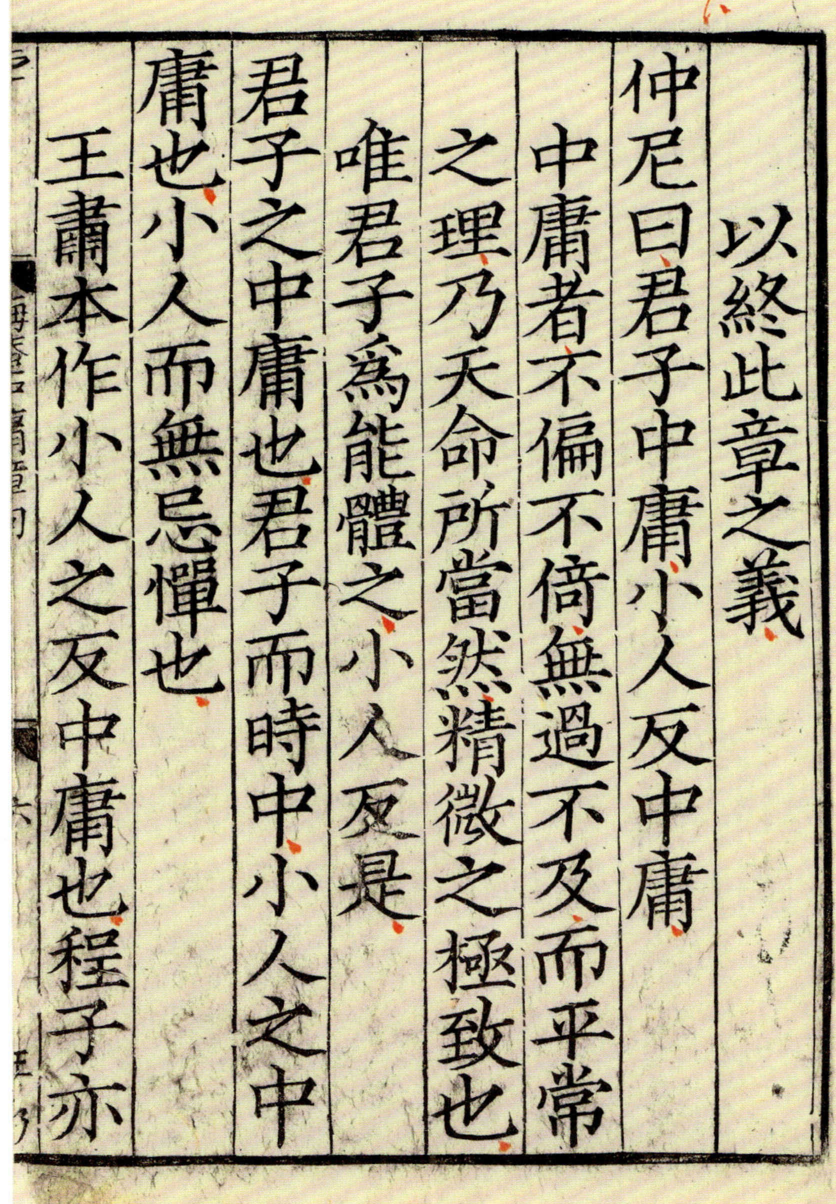

以終此章之義

仲尼曰君子中庸小人反中庸

中庸者不偏不倚無過不及而平常之理乃天命所當然精微之極致也唯君子爲能體之小人反是

君子之中庸也君子而時中小人之中庸也小人而無忌憚也

王肅本作小人之反中庸也程子亦

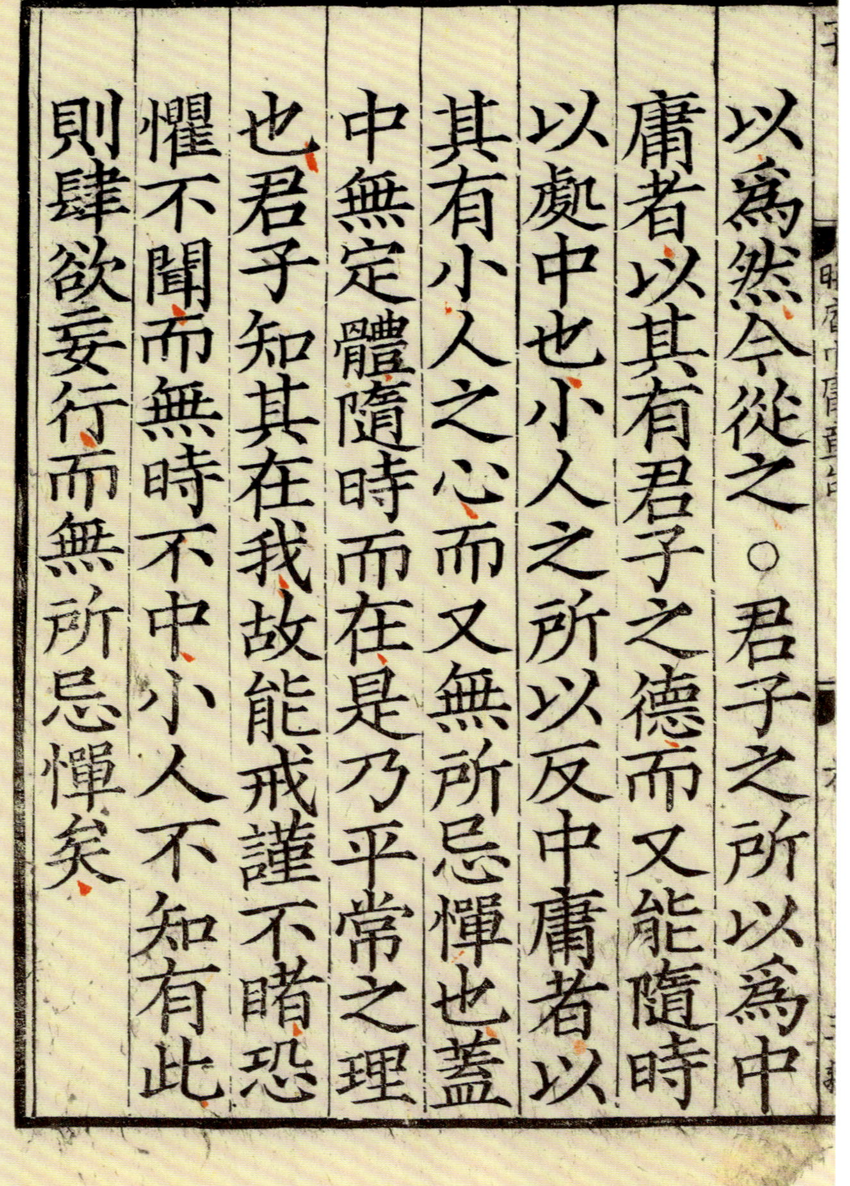

以爲然今從之○君子之所以爲中庸者以其有君子之德而又能隨時以處中也小人之所以反中庸者以其有小人之心而又無所忌憚也蓋中無定體隨時而在是乃平常之理也君子知其在我故能戒謹不睹恐懼不聞而無時不中小人不知有此則肆欲妄行而無所忌憚矣

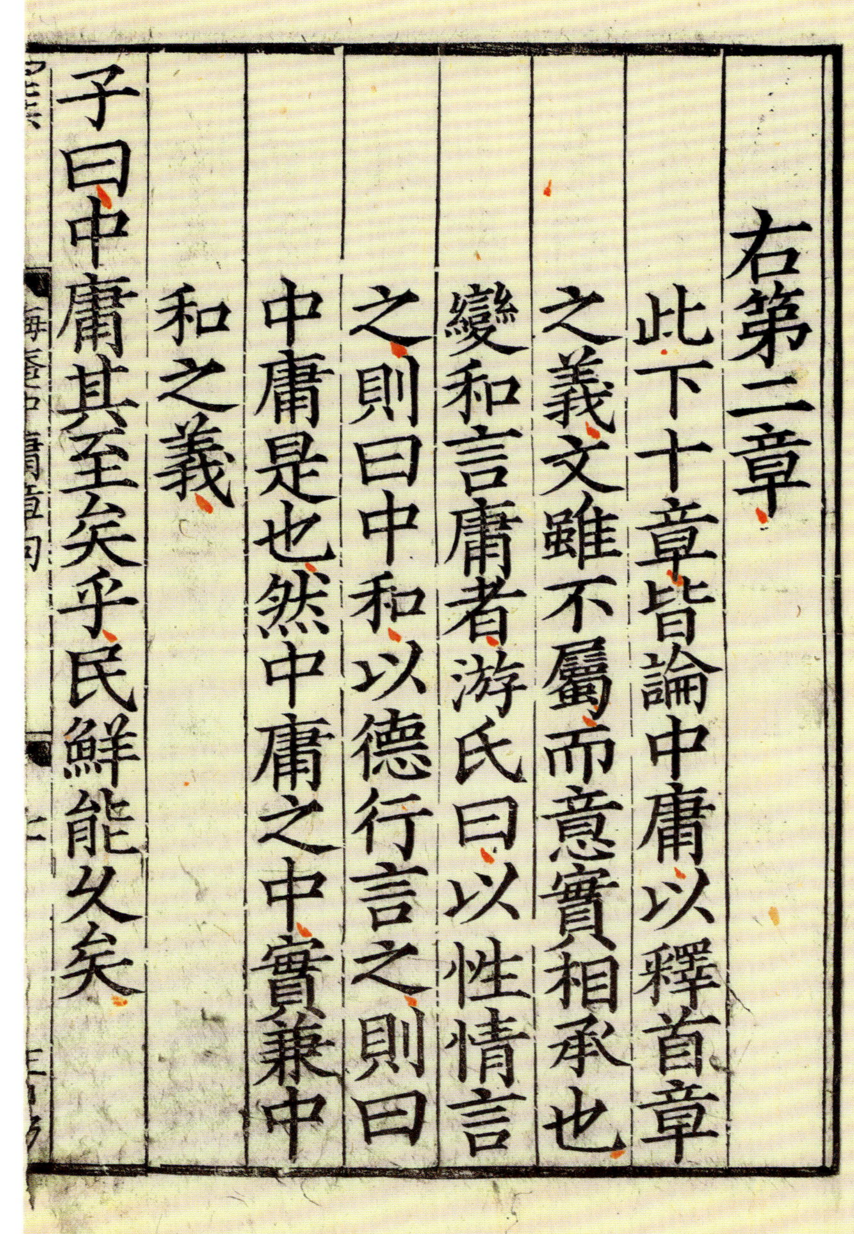

右第二章

此下十章皆論中庸以釋首章之義文雖不屬而意實相承也

變和言庸者游氏曰以性情言之則曰中和以德行言之則曰中庸是也然中庸之中實兼中和之義

子曰中庸其至矣乎民鮮能久矣

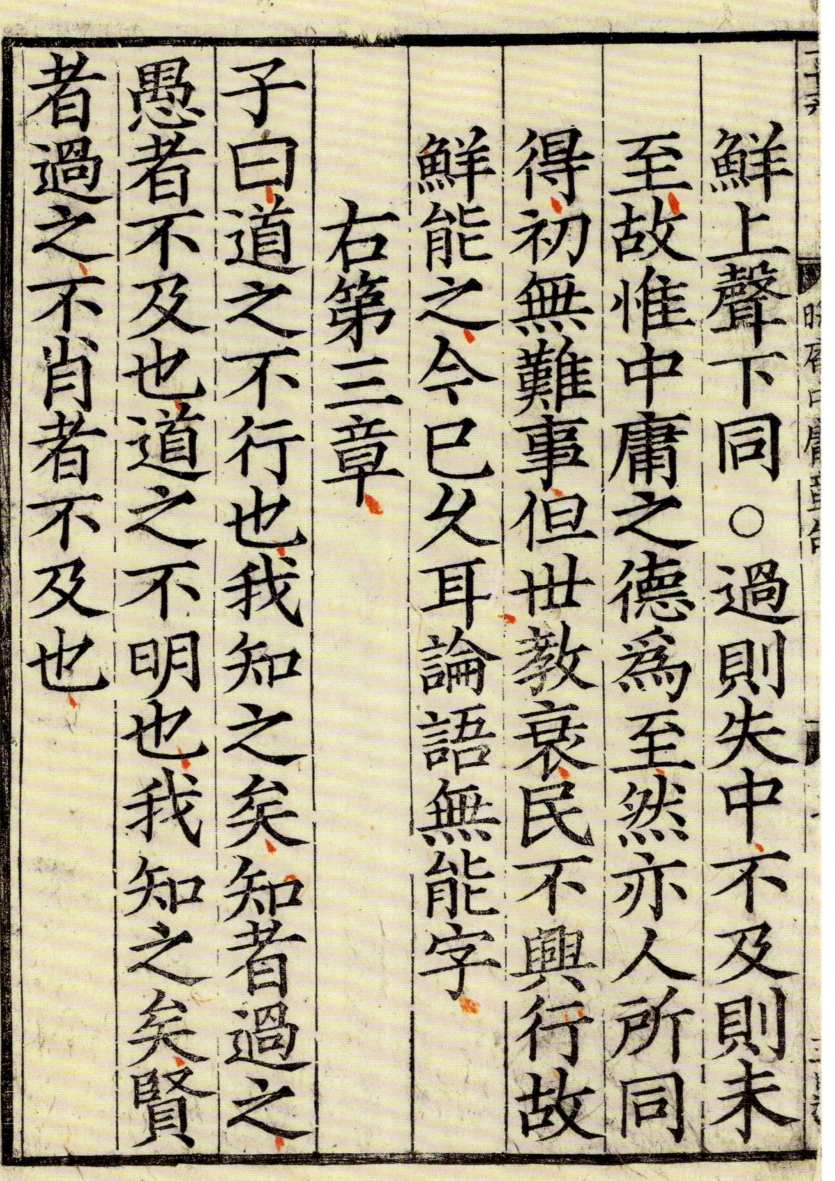

鮮上聲下同○過則失中不及則未至故惟中庸之德爲至然亦人所同得初無難事但世教衰民不興行故鮮能之今已久耳論語無能字

右第三章

子曰道之不行也我知之矣知者過之愚者不及也道之不明也我知之矣賢者過之不肖者不及也

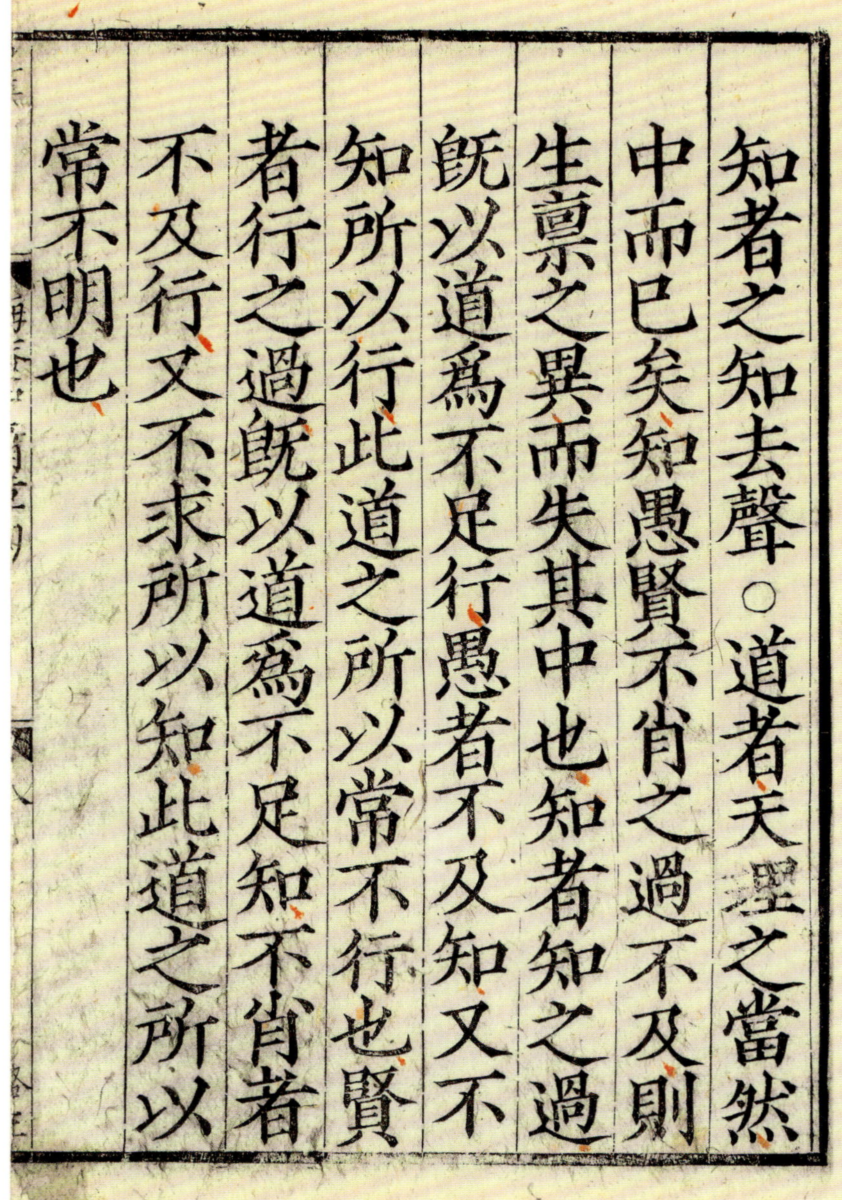

知者之知去聲○道者天理之當然中而已矣知愚賢不肖之過不及則生禀之異而失其中也知者知之過旣以道爲不足行愚者不及知又不知所以行此道之所以常不行也賢者行之過旣以道爲不足知不肖者不及行又不求所以知此道之所以常不明也

人莫不飲食也鮮能知味也

道不可離人自不察是以有過不及

之弊

右第四章

子曰道其不行矣夫

夫音扶○由不明故不行

右第五章

此章承上章而舉其不行之端

以起下章之意

子曰舜其大知也與舜好問而好察邇言隱惡而揚善執其兩端用其中於民其斯以爲舜乎

知去聲與平聲好去聲○舜之所以爲大知者以其不自用而取諸人也邇言者淺近之言猶必察焉其無遺善可知然於其言之未善者則隱而

不宣其善者則播而不匿其廣大光明又如此則人孰不樂告以善哉兩端謂衆論不同之極致蓋凡物皆有兩端如小大厚薄之類於善之中又執其兩端而量度以取中然後用之則其擇之審而行之至矣然非在我之權度精切不差何以與此此知之所以無過不及而道之所以行也

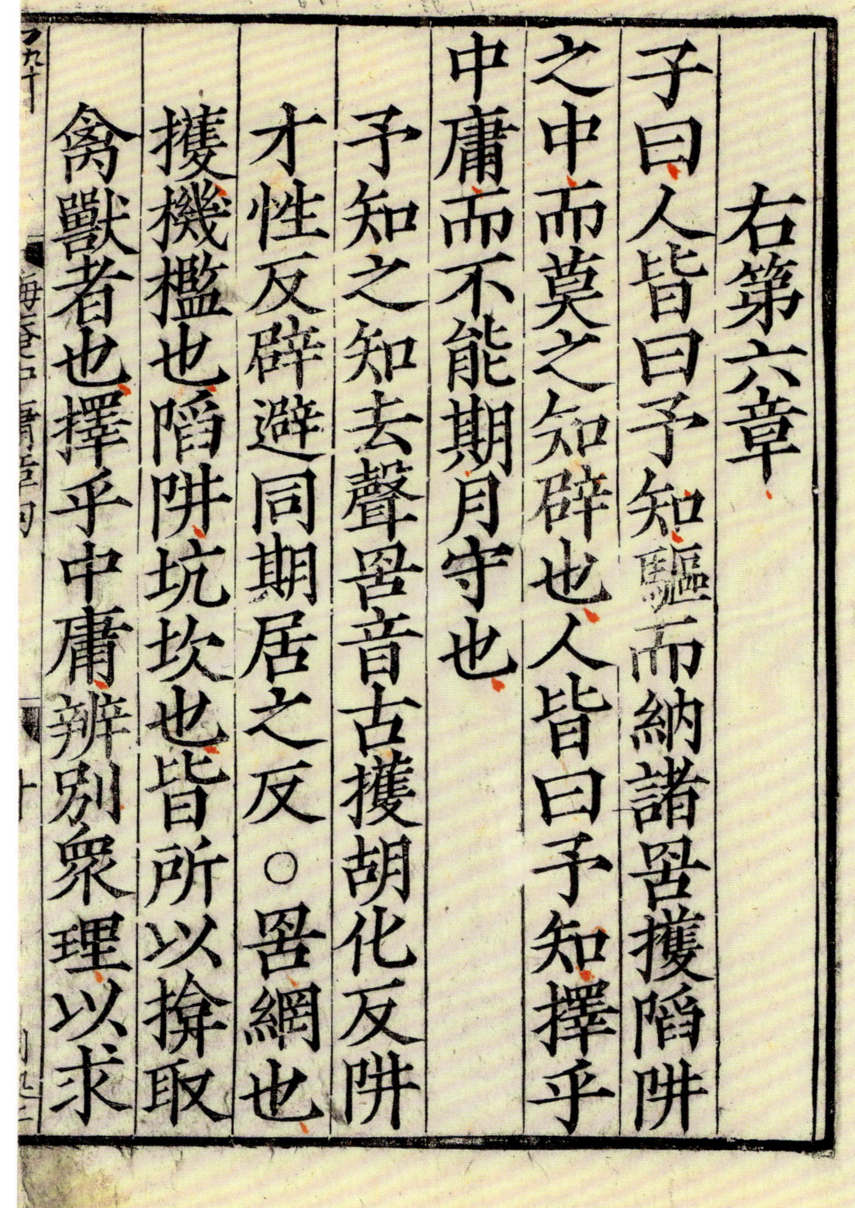

右第六章

子曰人皆曰予知驅而納諸罟擭陷阱之中而莫之知辟也人皆曰予知擇乎中庸而不能期月守也

予知之知去聲罟音古擭胡化反阱才性反辟避同期居之反○罟網也擭機檻也陷阱坑坎也皆所以揜取禽獸者也擇乎中庸辨別衆理以求

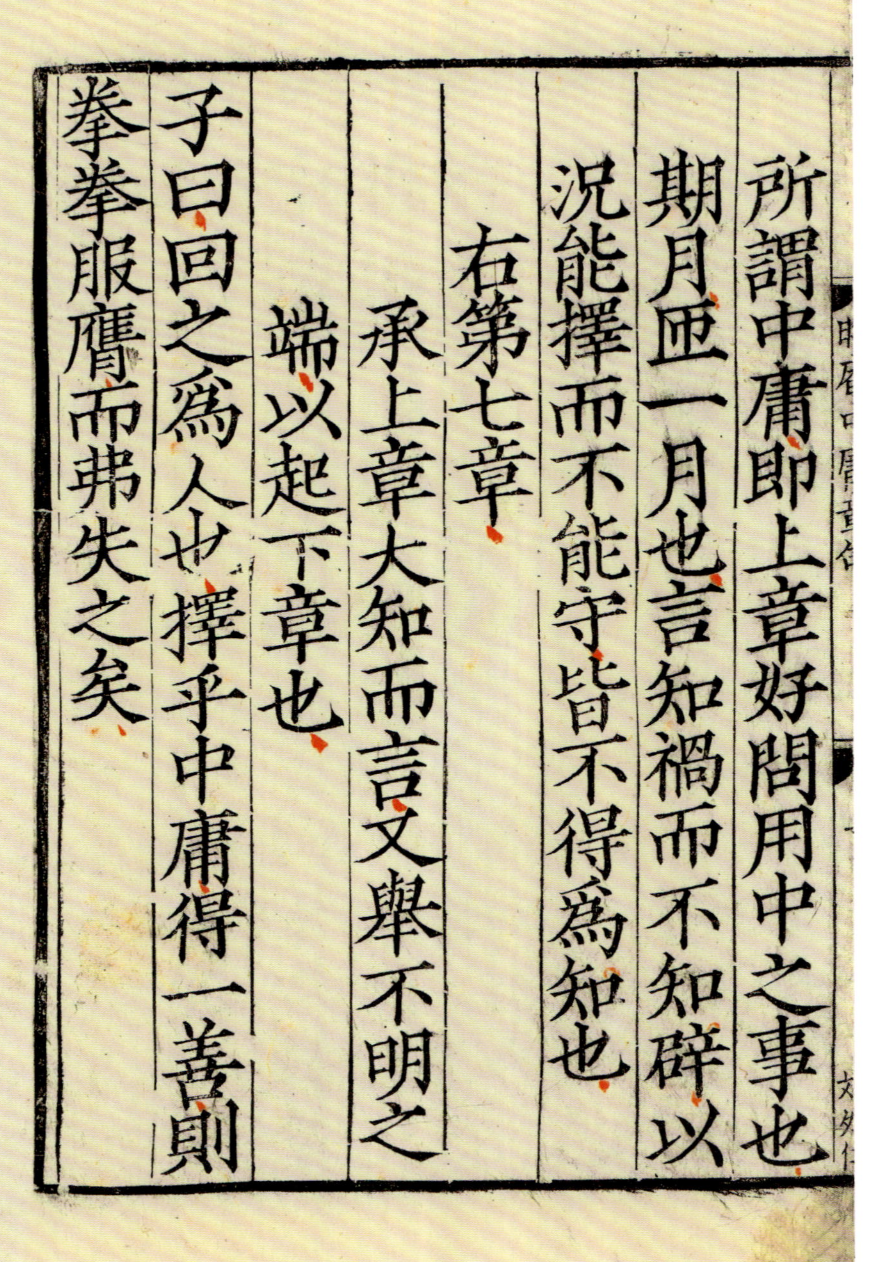

所謂中庸即上章好問用中之事也期月匝一月也言知禍而不知辟以況能擇而不能守皆不得為知也

右第七章

承上章大知而言又舉不明之端以起下章也

子曰回之為人也擇乎中庸得一善則拳拳服膺而弗失之矣

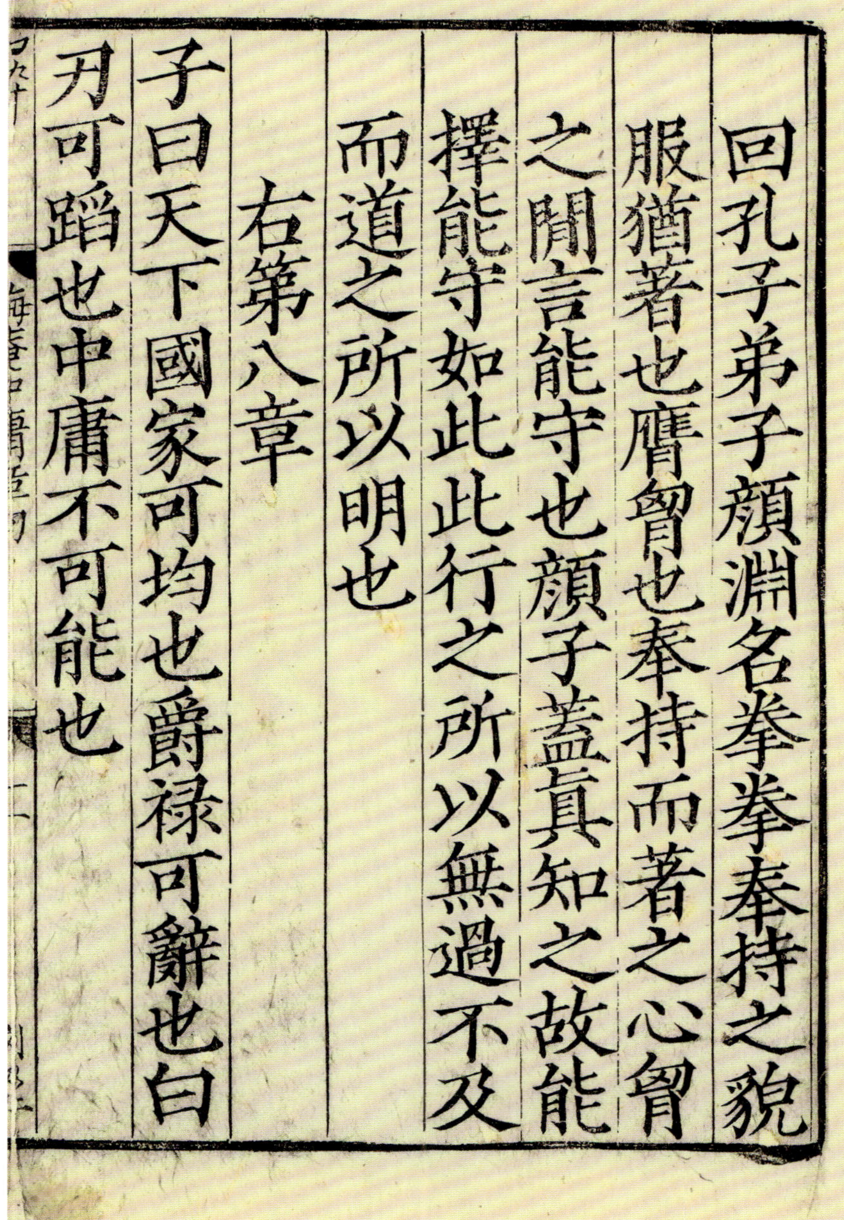

回孔子弟子顔淵名拳拳奉持之貌

服猶著也膺胷也奉持而著之心胷

之閒言能守也顔子蓋眞知之故能

擇能守如此此行之所以無過不及

而道之所以明也

右第八章

子曰天下國家可均也爵祿可辭也白

刃可蹈也中庸不可能也

均平治也三者亦知仁勇之事天下之至難也然不必其合於中庸則質之近似者皆能以力爲之若中庸則雖不必皆如三者之難然非義精仁熟而無一毫人欲之私者不能及也三者難而易中庸易而難此民之所以鮮能也

右第九章

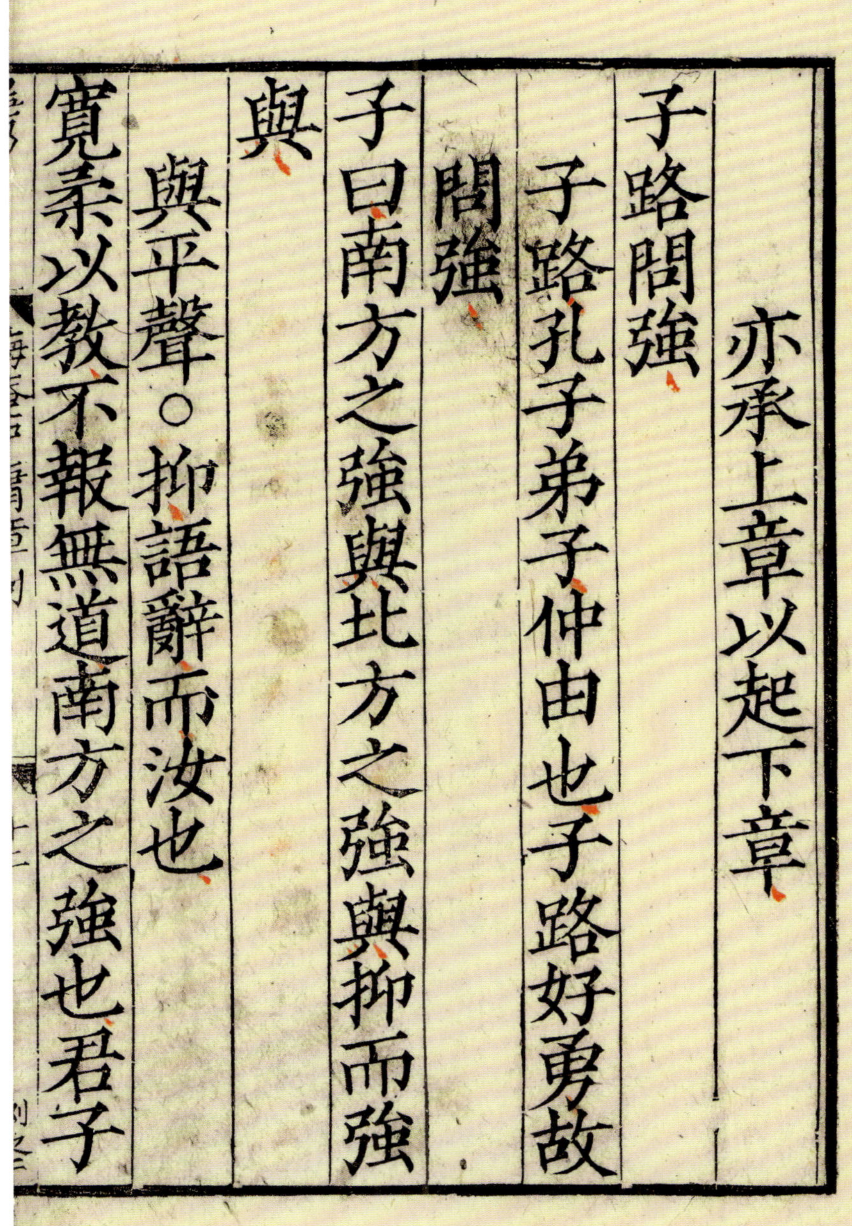

亦承上章以起下章

子路問強

子路孔子弟子仲由也子路好勇故

問強

子曰南方之強與北方之強與抑而強

與

與平聲○抑語辭而汝也

寬柔以教不報無道南方之強也君子

居之

寛柔以教謂含容巽順以誨人之不及也不報無道謂横逆之來直受之而不報也南方風氣柔弱故以含忍之力勝人爲強君子之道也

衽金革死而不厭北方之強也而強者居之

衽席也金戈兵之屬革甲冑之屬北

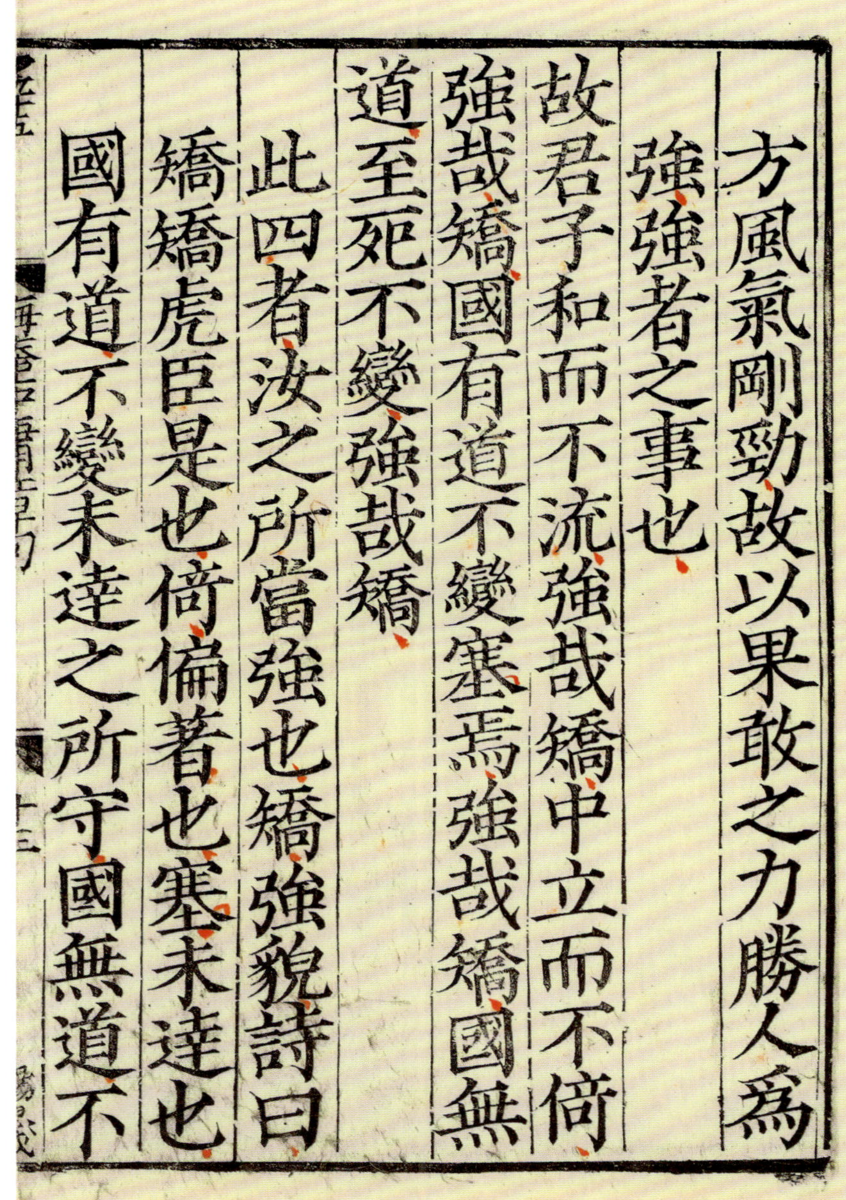

方風氣剛勁故以果敢之力勝人爲
强强者之事也
故君子和而不流强哉矯中立而不倚
强哉矯國有道不變塞焉强哉矯國無
道至死不變强哉矯
此四者汝之所當强也矯强貌詩曰
矯矯虎臣是也倚偏著也塞未達也
國有道不變未達之所守國無道不

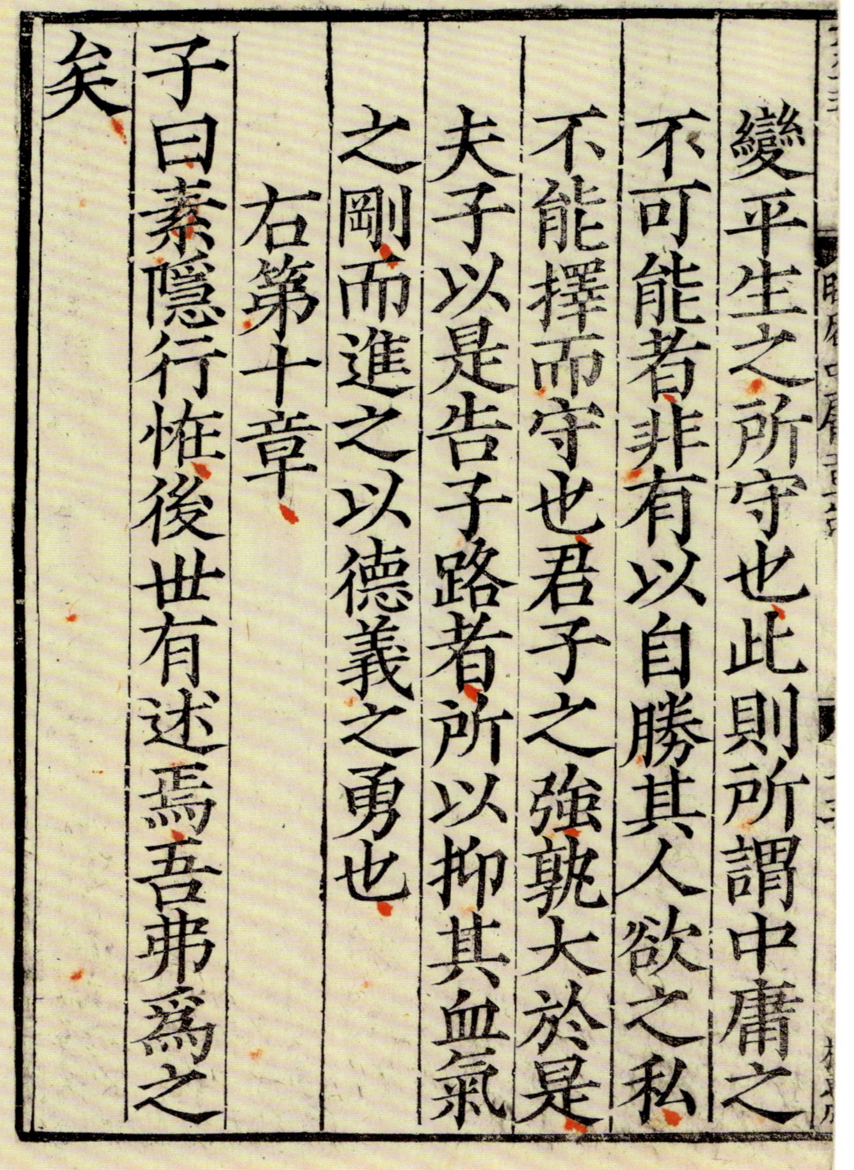

變平生之所守也此則所謂中庸之不可能者非有以自勝其人欲之私不能擇而守也君子之強孰大於是夫子以是告子路者所以抑其血氣之剛而進之以德義之勇也

右第十章

子曰素隱行恠後世有述焉吾弗爲之矣

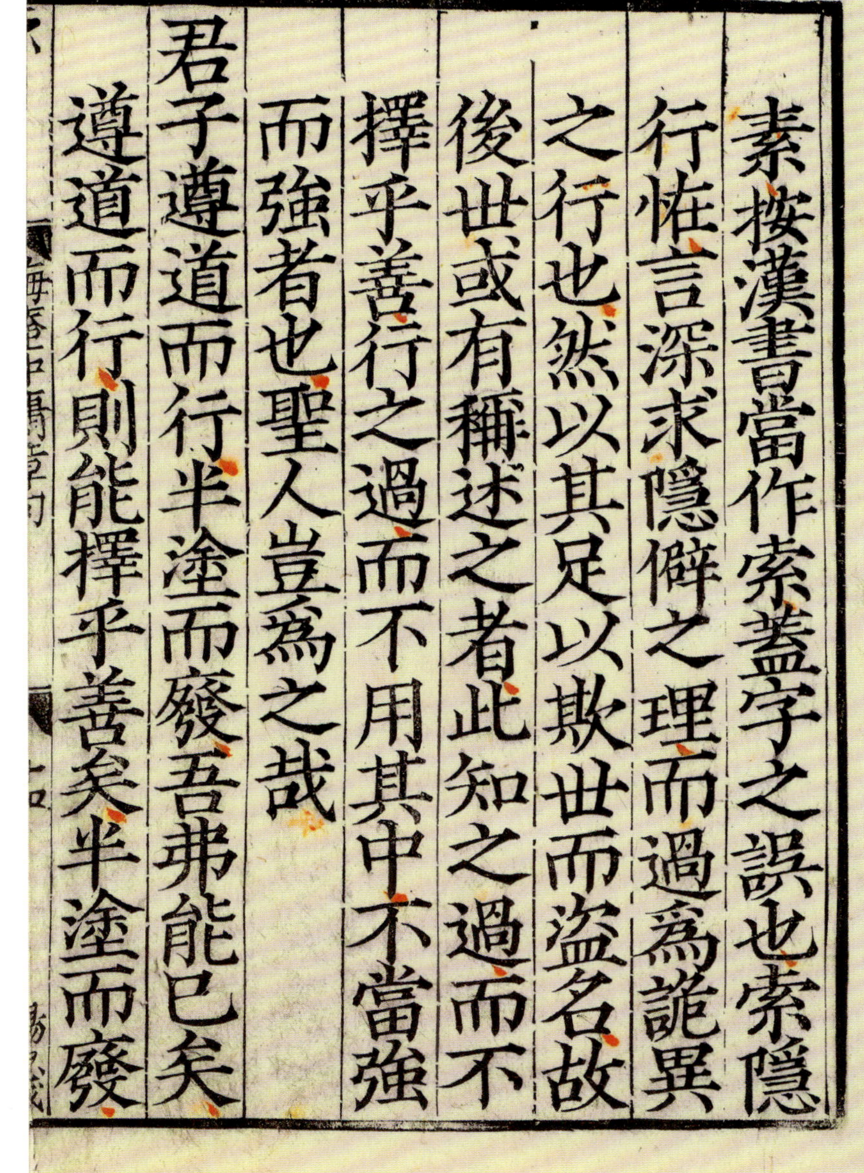

素按漢書當作索蓋字之誤也索隱行怪言深求隱僻之理而過爲詭異之行也然以其足以欺世而盜名故後世或有稱述之者此知之過而不擇乎善行之過而不用其中不當強而強者也聖人豈爲之哉

君子遵道而行半塗而廢吾弗能已矣

遵道而行則能擇乎善矣半塗而廢

則力之不足也此其知雖足以及之而行有不逮當強而不強者也已止也聖人於此非勉焉而不敢廢蓋至誠無息自有所不能止也

君子依乎中庸遯世不見知而不悔唯聖者能之

不爲索隱行恠則依乎中庸而已不能半塗而廢是以遯世不見知而不

悔也此中庸之成德知之盡仁之至不賴勇而裕如者正吾夫子之事而猶不自居也故曰唯聖者能之而已

右第十一章

子思所引夫子之言以明首章之義者止此蓋此篇大旨以知仁勇三達德爲入道之門故於篇首即以大舜顏淵子路之事

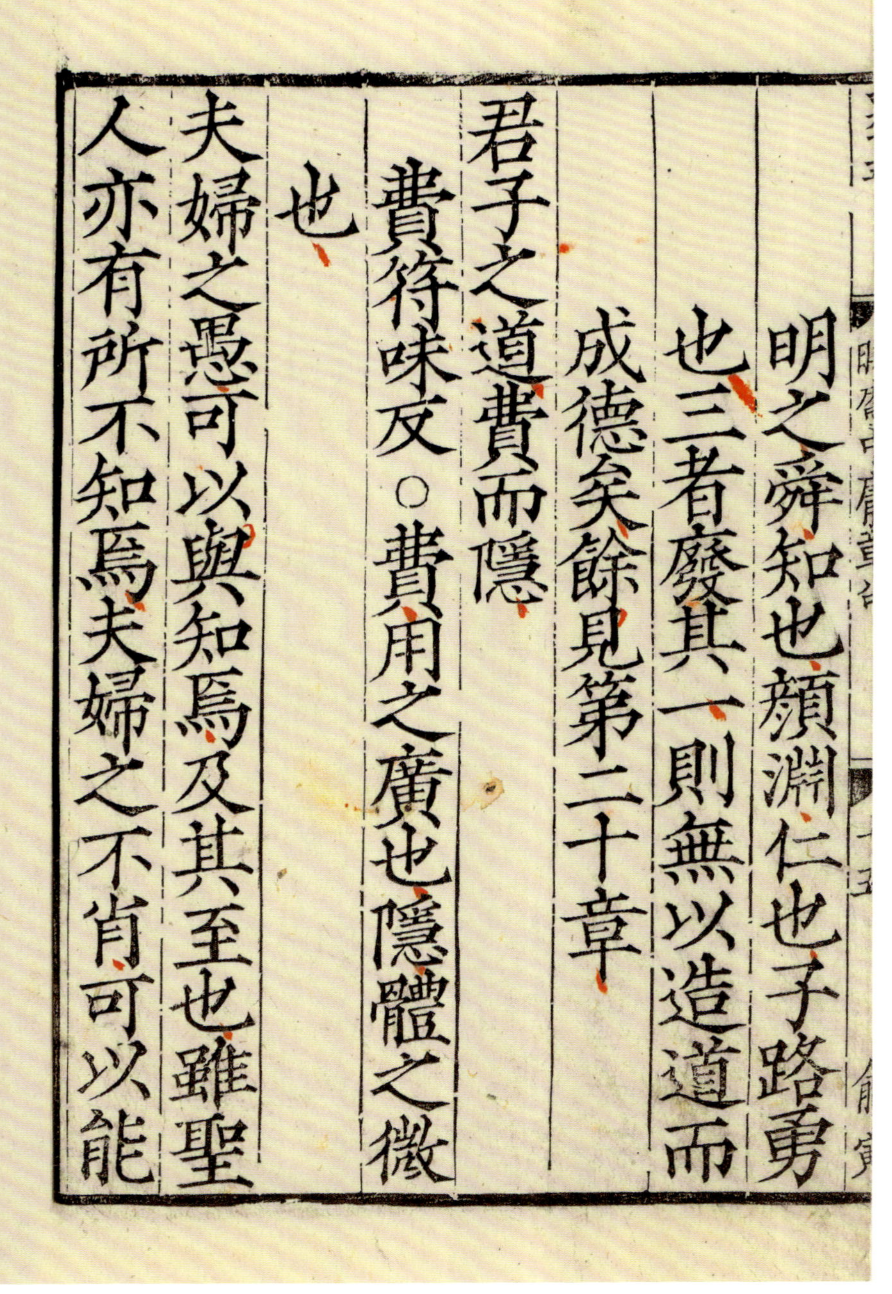

明之舜知也顔淵仁也子路勇
也三者廢其一則無以造道而
成德矣餘見第二十章

君子之道費而隱
費符味反○費用之廣也隱體之微
也

夫婦之愚可以與知焉及其至也雖聖
人亦有所不知焉夫婦之不肖可以能

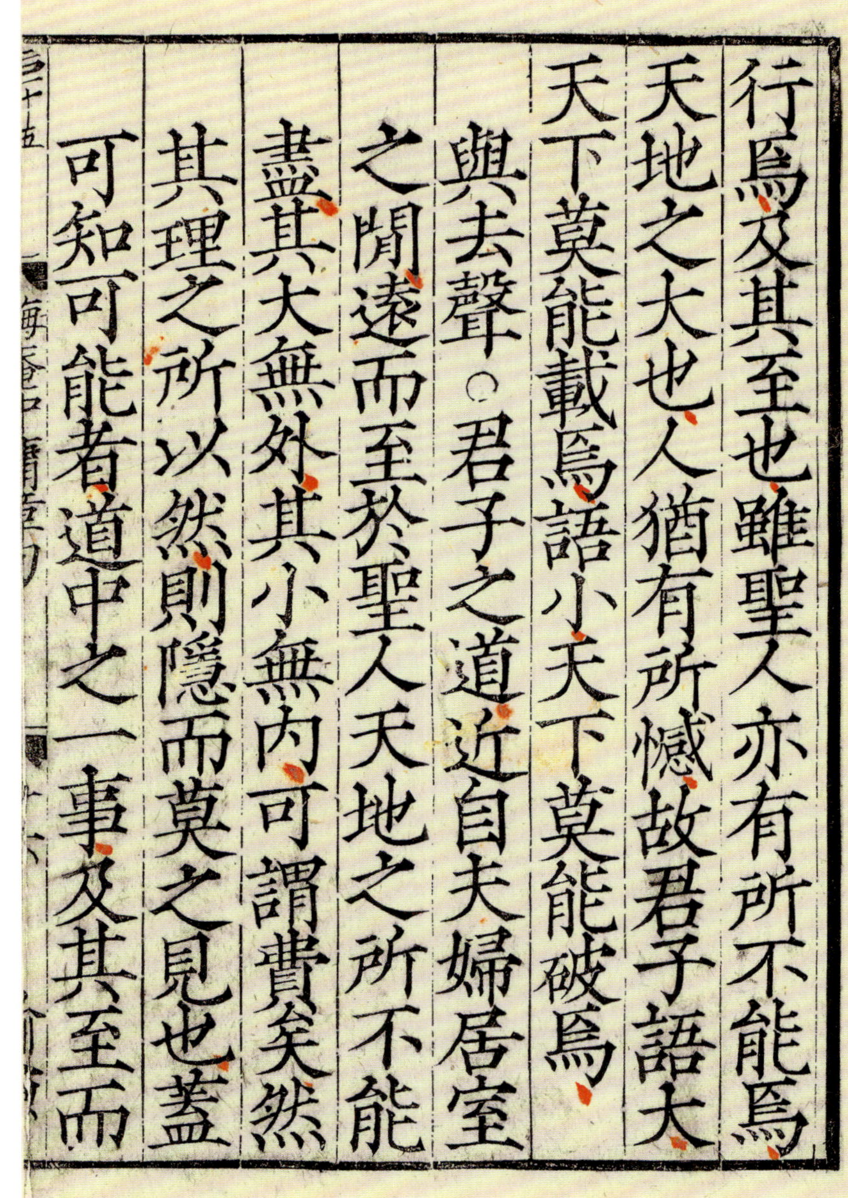

行焉及其至也雖聖人亦有所不能焉天地之大也人猶有所憾故君子語大天下莫能載焉語小天下莫能破焉與去聲○君子之道近自夫婦居室之閒遠而至於聖人天地之所不能盡其大無外其小無内可謂費矣然其理之所以然則隱而莫之見也蓋可知可能者道中之一事及其至而

聖人不知不能則舉全體而言聖人
固有所不能盡也侯氏曰聖人所不
知如孔子問禮問官之類所不能如
孔子不得位堯舜病博施之類愚謂
人所憾於天地如覆載生成之偏及
寒暑災祥之不得其正者
詩云鳶飛戾天魚躍于淵言其上下察
也

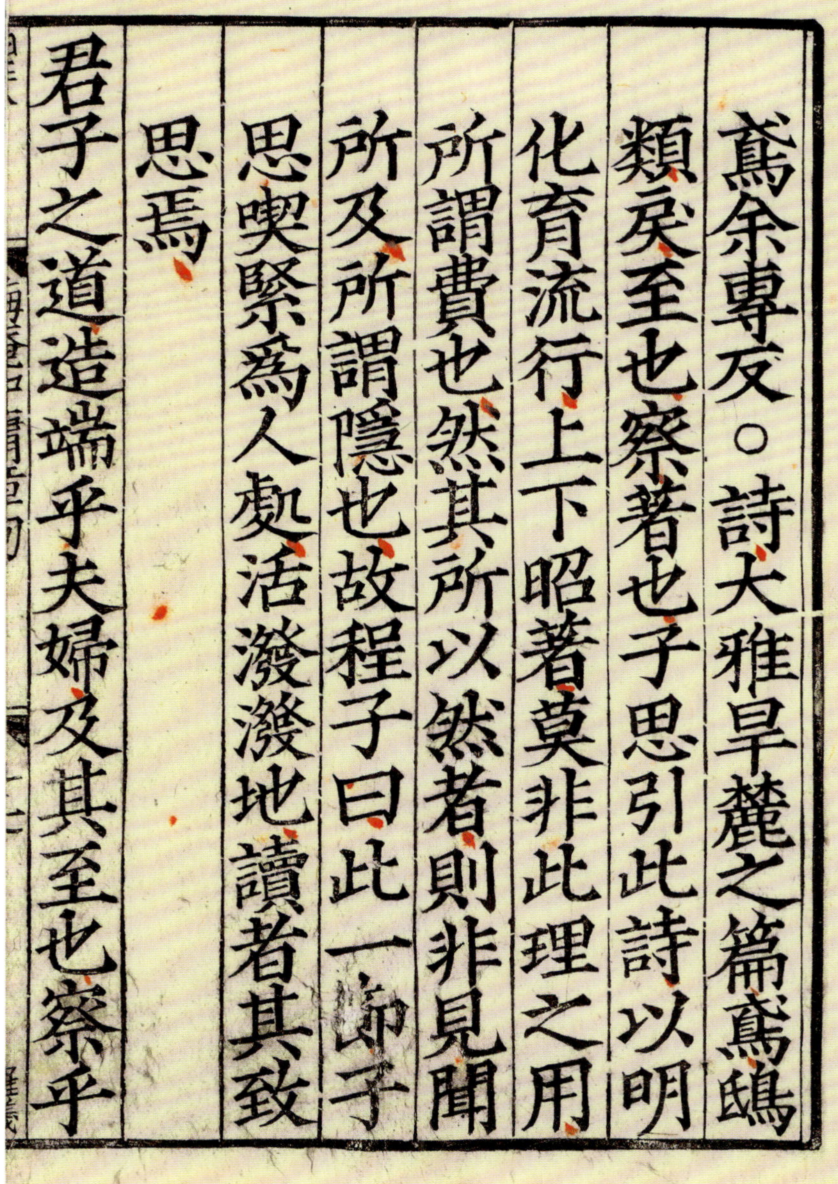

鳶余專反。○詩大雅旱麓之篇鳶鴟類戾至也察著也子思引此詩以明化育流行上下昭著莫非此理之用所謂費也然其所以然者則非見聞所及所謂隱也故程子曰此一節子思喫緊爲人處活潑潑地讀者其致思焉

君子之道造端乎夫婦及其至也察乎

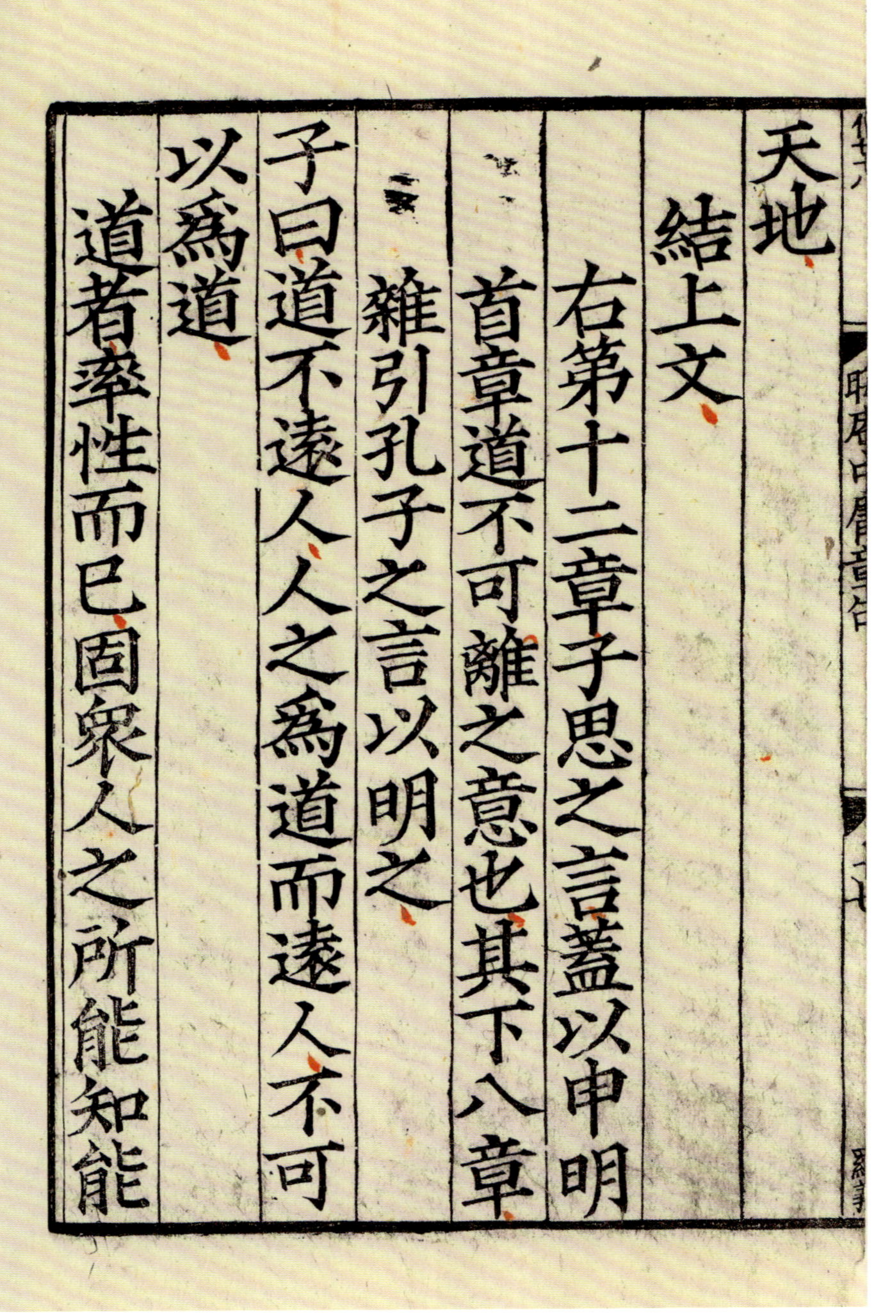

天地

結上文

右第十二章子思之言蓋以申明首章道不可離之意也其下八章雜引孔子之言以明之

子曰道不遠人人之爲道而遠人不可以爲道

道者率性而已固衆人之所能知能

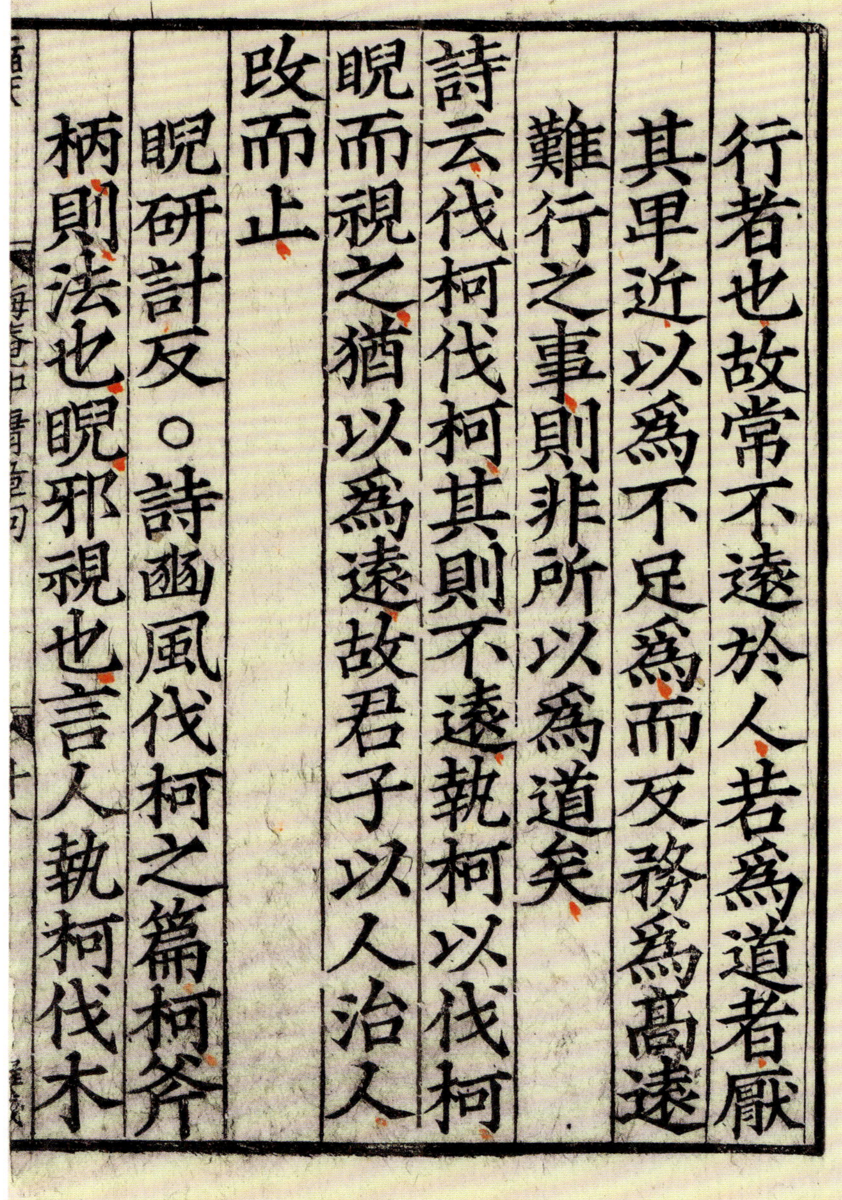

行者也故常不遠於人若爲道者厭其卑近以爲不足爲而反務爲高遠難行之事則非所以爲道矣

詩云伐柯伐柯其則不遠執柯以伐柯睨而視之猶以爲遠故君子以人治人攺而止

睨研計反○詩豳風伐柯之篇柯斧柄則法也睨邪視也言人執柯伐木

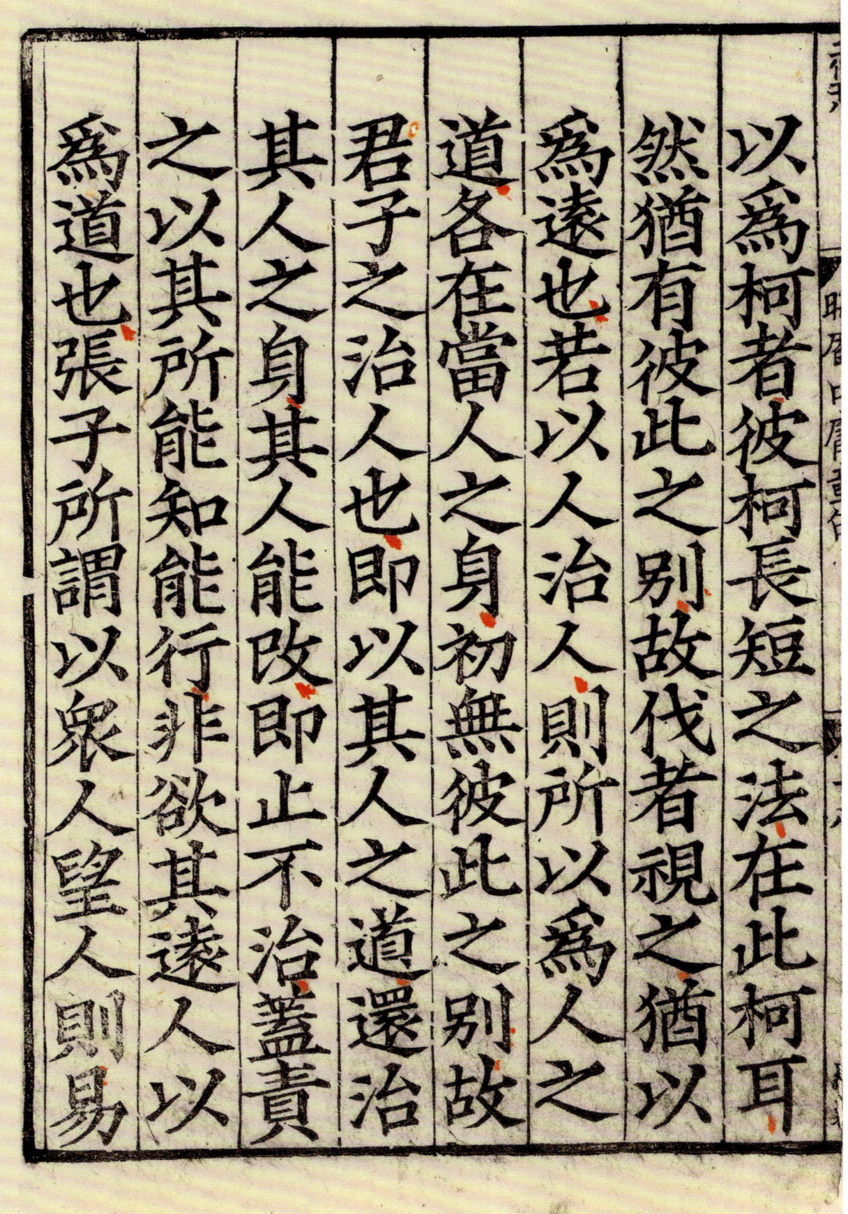

以爲柯者彼柯長短之法在此柯耳
然猶有彼此之别故伐者視之猶以
爲遠也若以人治人則所以爲人之
道各在當人之身初無彼此之别故
君子之治人也即以其人之道還治
其人之身其人能改即止不治蓋責
之以其所能知能行非欲其遠人以
爲道也張子所謂以衆人望人則易

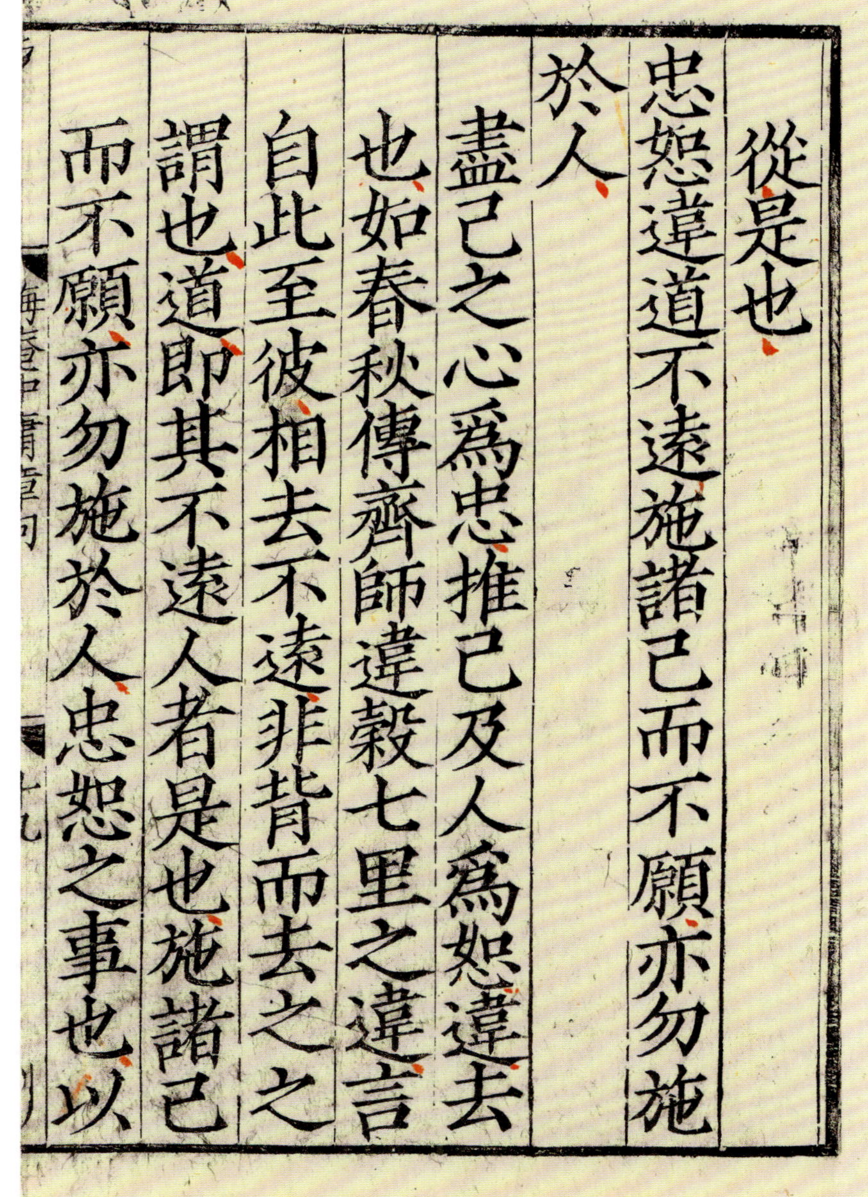

從是也

忠恕違道不遠施諸己而不願亦勿施於人

盡己之心爲忠推己及人爲恕違去也如春秋傳齊師違穀七里之違言自此至彼相去不遠非背而去之之謂也道卽其不遠人者是也施諸己而不願亦勿施於人忠恕之事也以

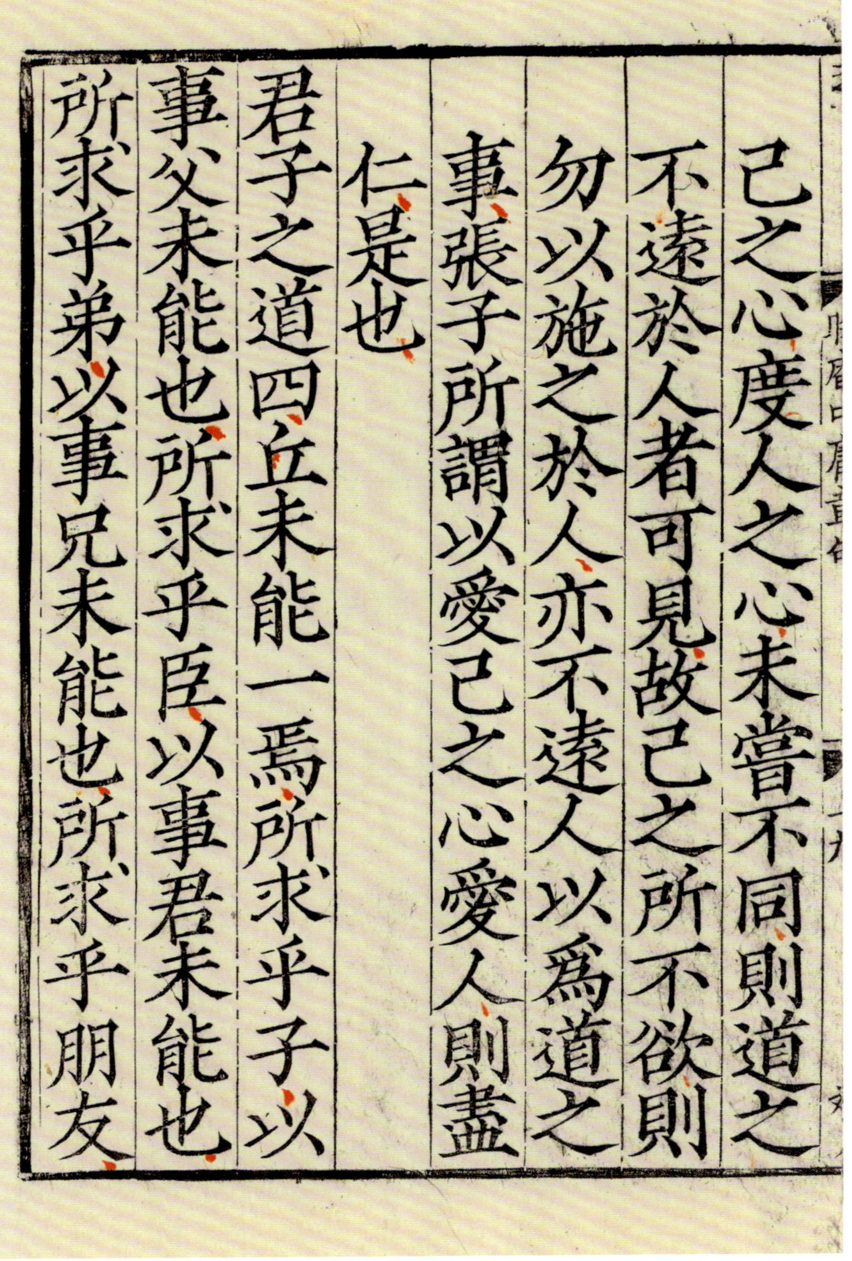

己之心度人之心未嘗不同則道之不遠於人者可見故己之所不欲則勿以施之於人亦不遠人以爲道之事張子所謂以愛己之心愛人則盡仁是也

君子之道四丘未能一焉所求乎子以事父未能也所求乎臣以事君未能也所求乎弟以事兄未能也所求乎朋友

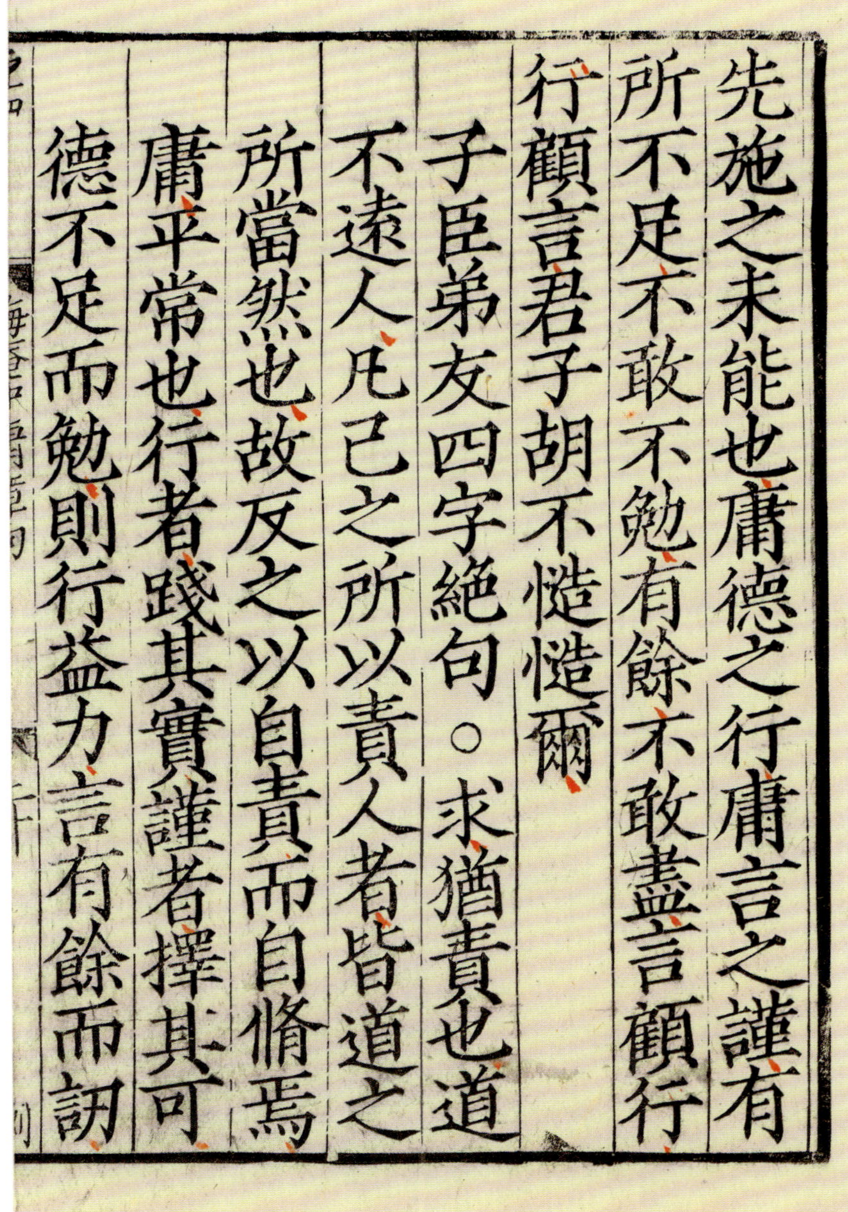

先施之未能也庸德之行庸言之謹有所不足不敢不勉有餘不敢盡言顧行行顧言君子胡不慥慥爾

子臣弟友四字絕句 ○ 求猶責也道不遠人凡己之所以責人者皆道之所當然也故反之以自責而自脩焉庸平常也行者踐其實謹者擇其可德不足而勉則行益力言有餘而訒

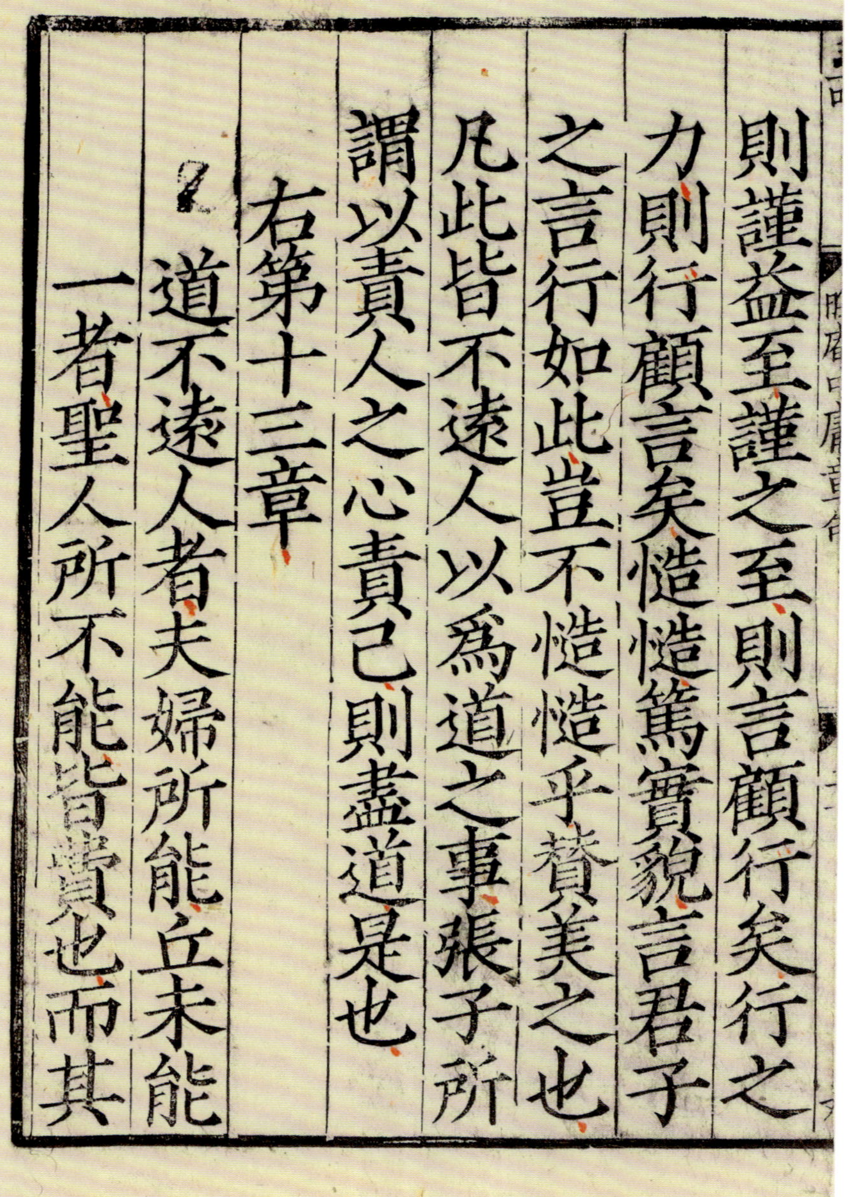

則謹益至謹之至則言顧行矣行之力則行顧言矣慥慥篤實貌言君子之言行如此豈不慥慥乎贊美之也凡此皆不遠人以爲道之事張子所謂以責人之心責己則盡道是也

右第十三章

道不遠人者夫婦所能丘未能一者聖人所不能皆費也而其

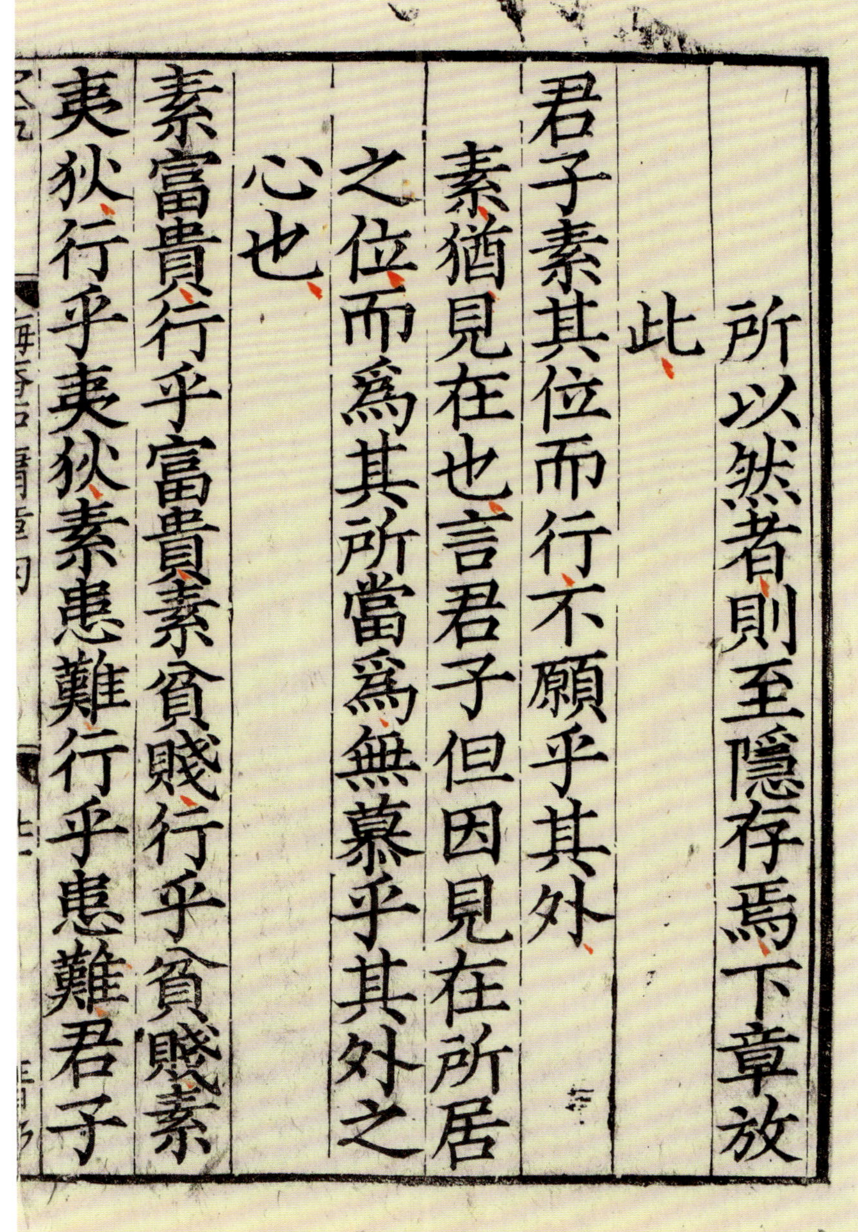

所以然者則至隱存焉下章放此

君子素其位而行不願乎其外

素猶見在也言君子但因見在所居之位而爲其所當爲無慕乎其外之心也

素富貴行乎富貴素貧賤行乎貧賤素夷狄行乎夷狄素患難行乎患難君子

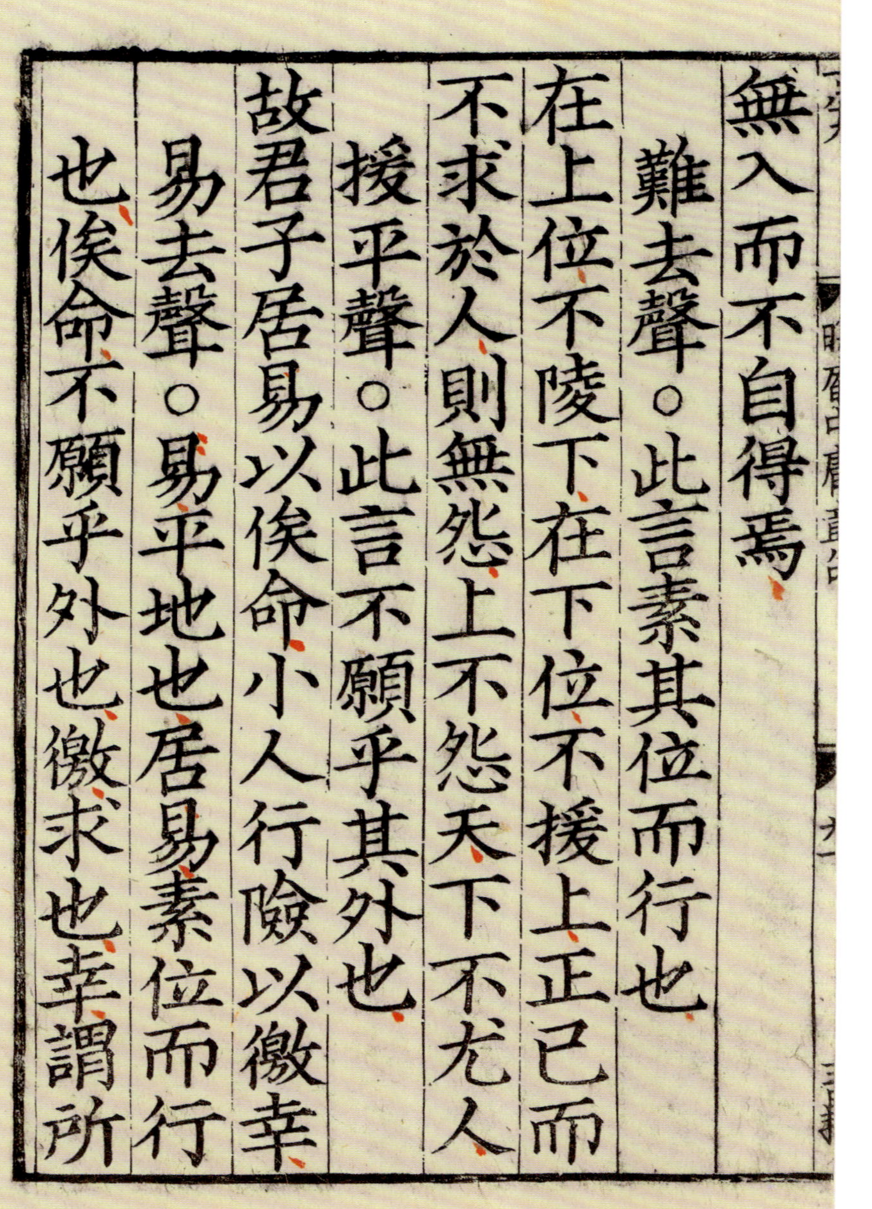

無入而不自得焉

難去聲。○此言素其位而行也

在上位不陵下在下位不援上正己而不求於人則無怨上不怨天下不尤人

援平聲。○此言不願乎其外也

故君子居易以俟命小人行險以徼幸

易去聲。○易平地也居易素位而行也俟命不願乎外也徼求也幸謂所

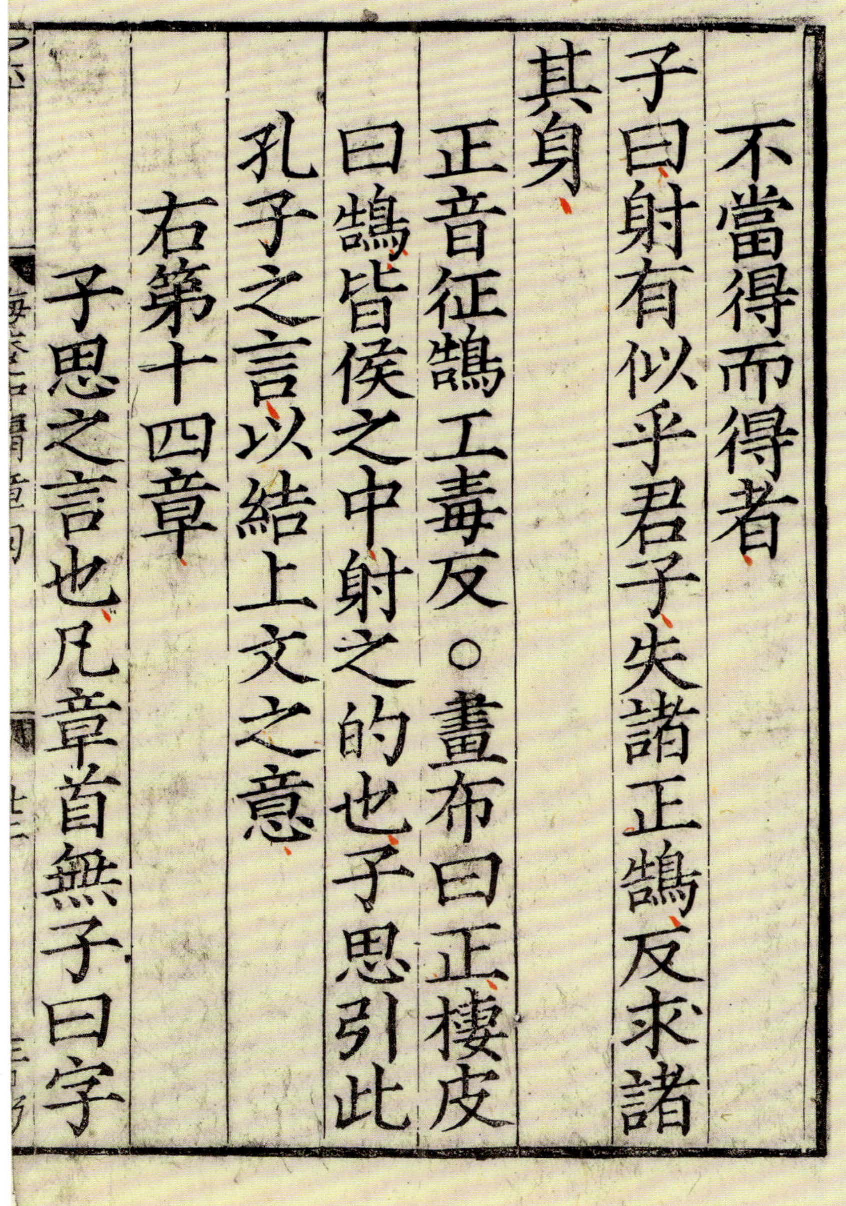

不當得而得者

子曰射有似乎君子失諸正鵠反求諸其身

正音征鵠工毒反○畫布曰正棲皮曰鵠皆侯之中射之的也子思引此孔子之言以結上文之意

右第十四章

子思之言也凡章首無子曰字

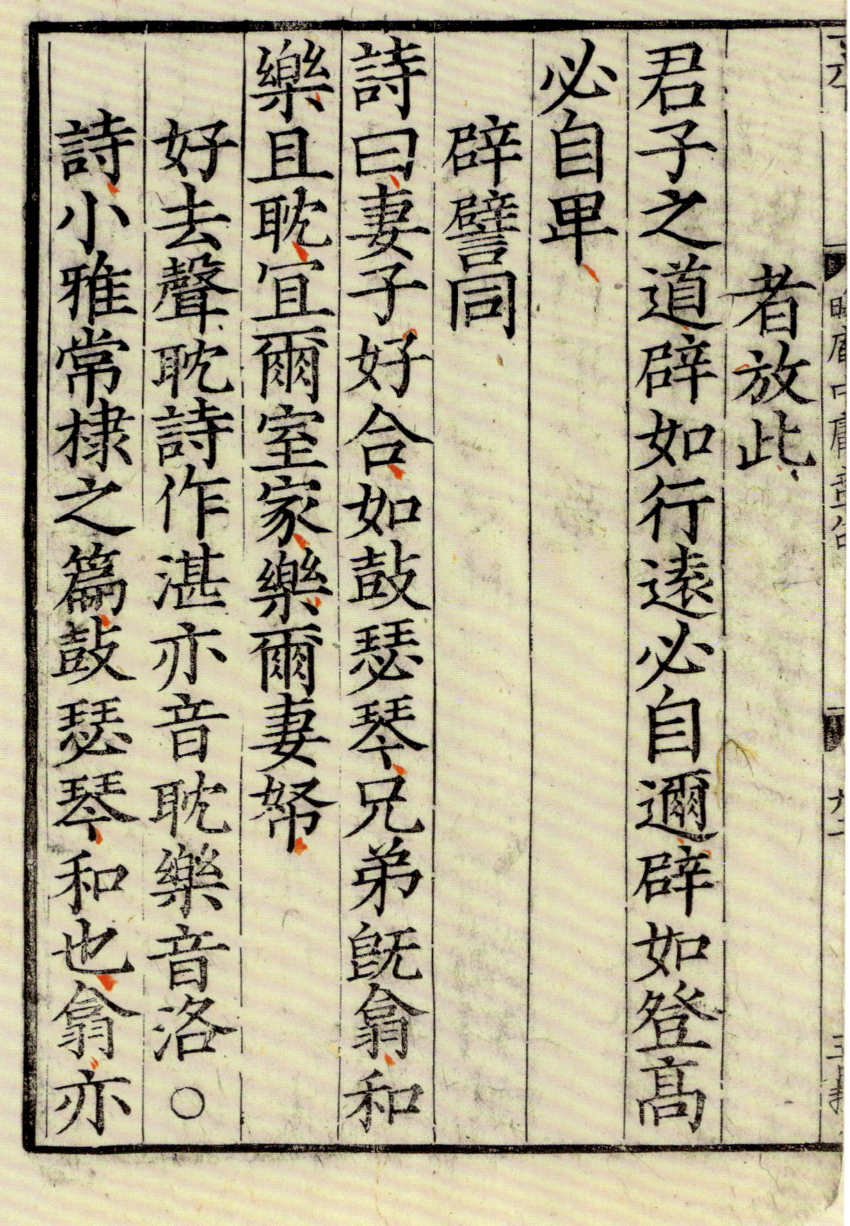
者放此。

君子之道辟如行遠必自邇辟如登高必自卑

辟譬同

詩曰妻子好合如鼓瑟琴兄弟既翕和樂且耽宜爾室家樂爾妻帑

好去聲耽詩作湛亦音耽樂音洛○

詩小雅常棣之篇鼓瑟琴和也翕亦

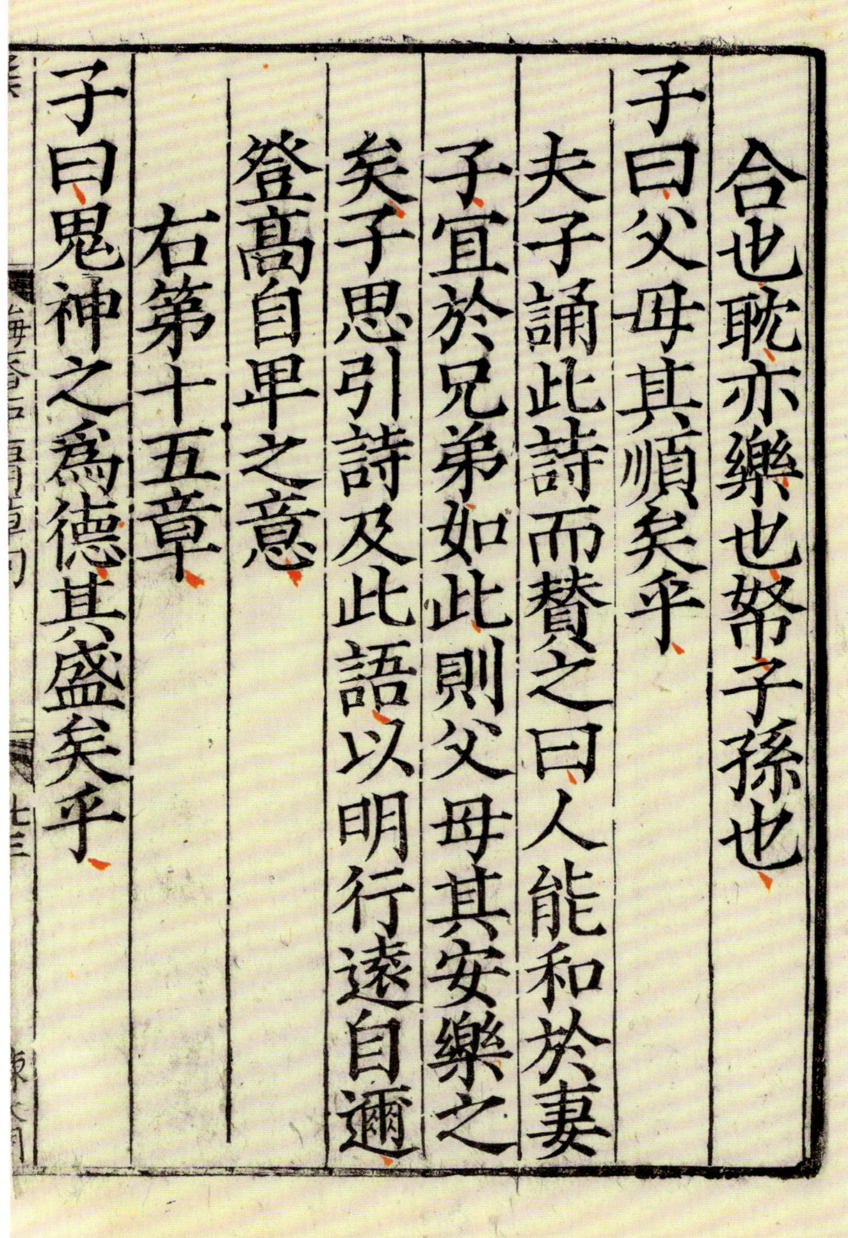

合也耽亦樂也帑子孫也

子曰父母其順矣乎

夫子誦此詩而賛之曰人能和於妻子宜於兄弟如此則父母其安樂之矣子思引詩及此語以明行遠自邇登高自卑之意

右第十五章

子曰鬼神之爲德其盛矣乎

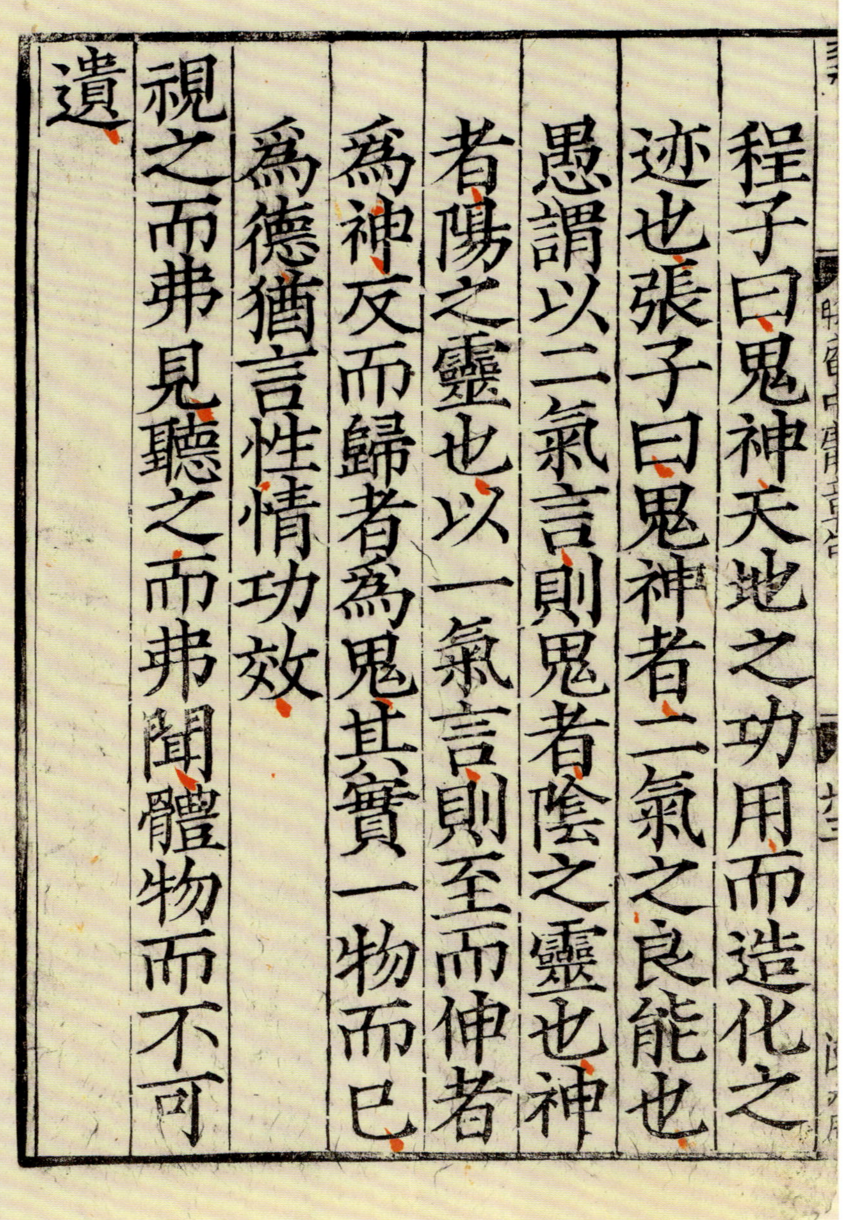

程子曰鬼神天地之功用而造化之迹也張子曰鬼神者二氣之良能也愚謂以二氣言則鬼者陰之靈也神者陽之靈也以一氣言則至而伸者爲神反而歸者爲鬼其實一物而已爲德猶言性情功效

視之而弗見聽之而弗聞體物而不可遺

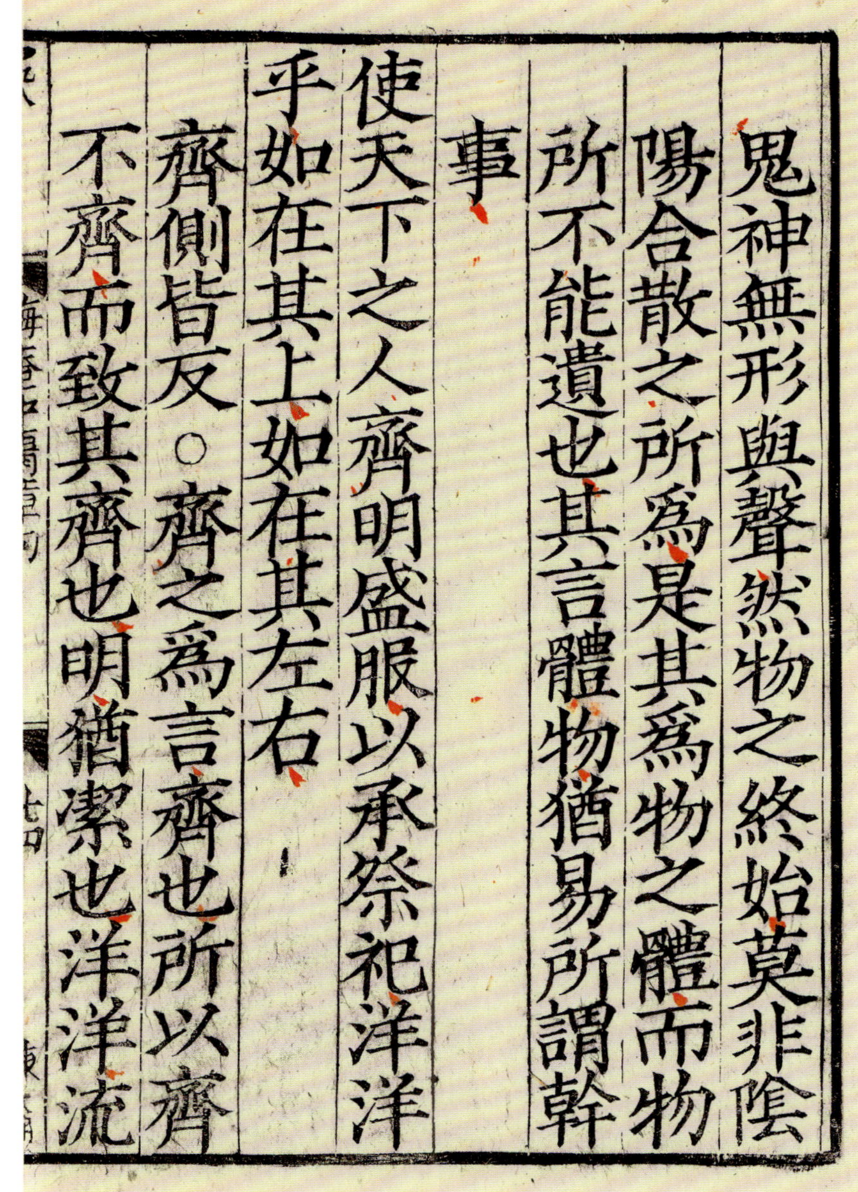

鬼神無形與聲然物之終始莫非陰陽合散之所爲是其爲物之體而物所不能遺也其言體物猶易所謂幹事

使天下之人齊明盛服以承祭祀洋洋乎如在其上如在其左右

齊側皆反○齊之爲言齊也所以齊不齊而致其齊也明猶潔也洋洋流

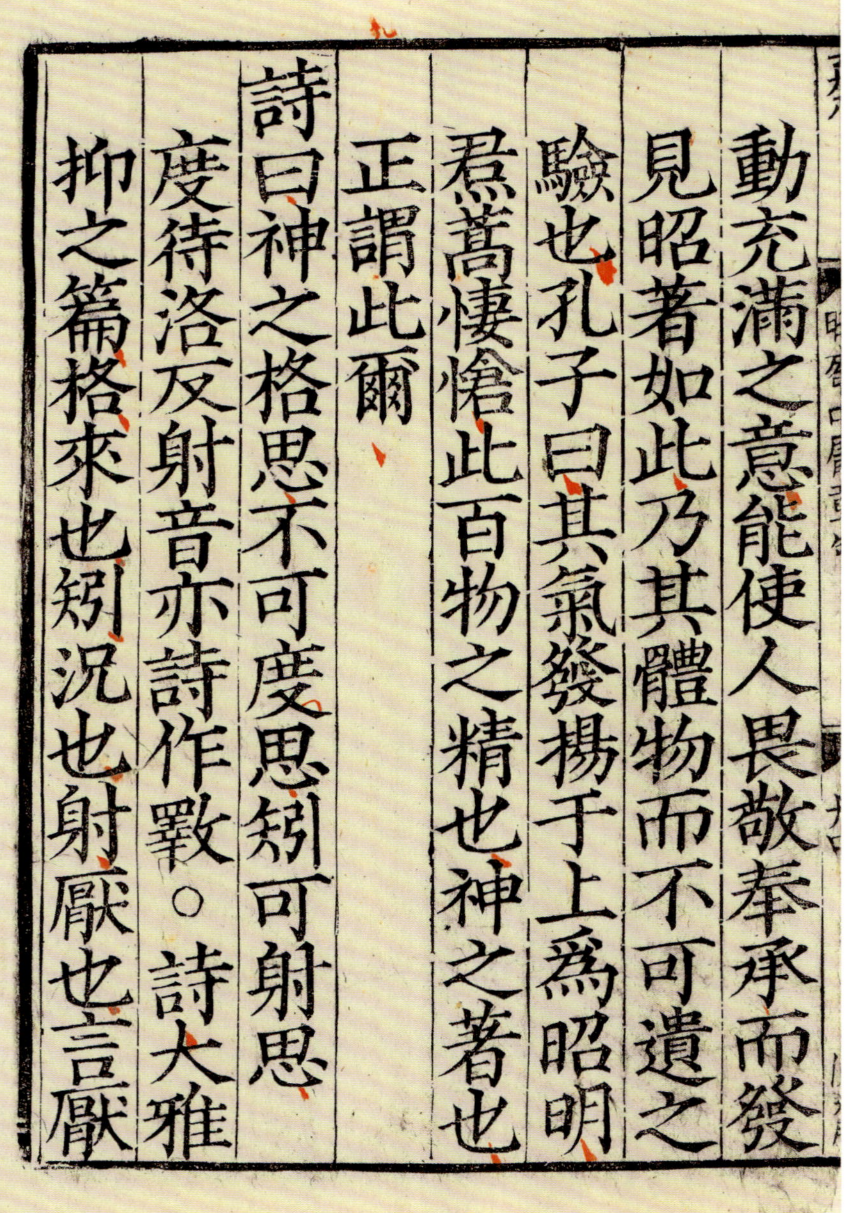

動充滿之意能使人畏敬奉承而發見昭著如此乃其體物而不可遺之驗也孔子曰其氣發揚于上爲昭明焄蒿悽愴此百物之精也神之著也正謂此爾

詩曰神之格思不可度思矧可射思度待洛反射音亦詩作斁。○詩大雅抑之篇格來也矧況也射厭也言厭

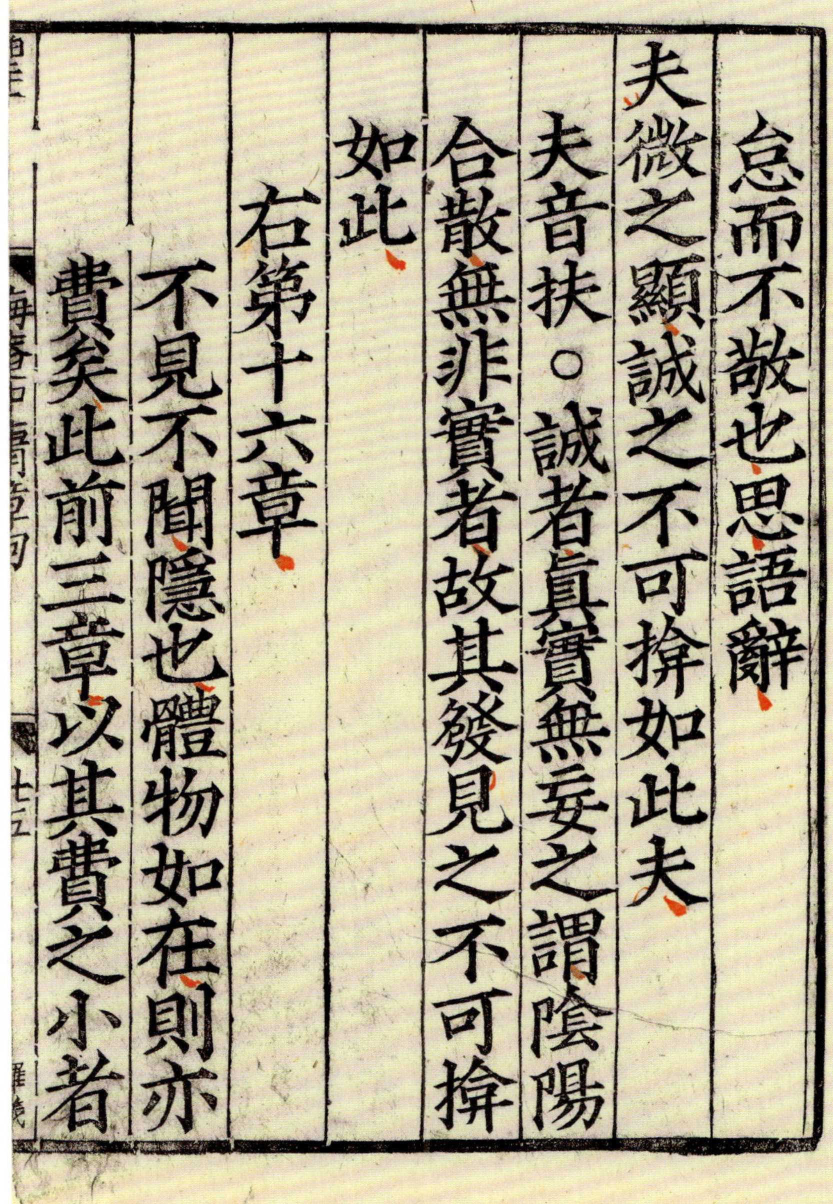

怠而不敬也思語辭

夫微之顯誠之不可揜如此夫

夫音扶○誠者眞實無妄之謂陰陽

合散無非實者故其發見之不可揜

如此

右第十六章

不見不聞隱也體物如在則亦

費矣此前三章以其費之小者

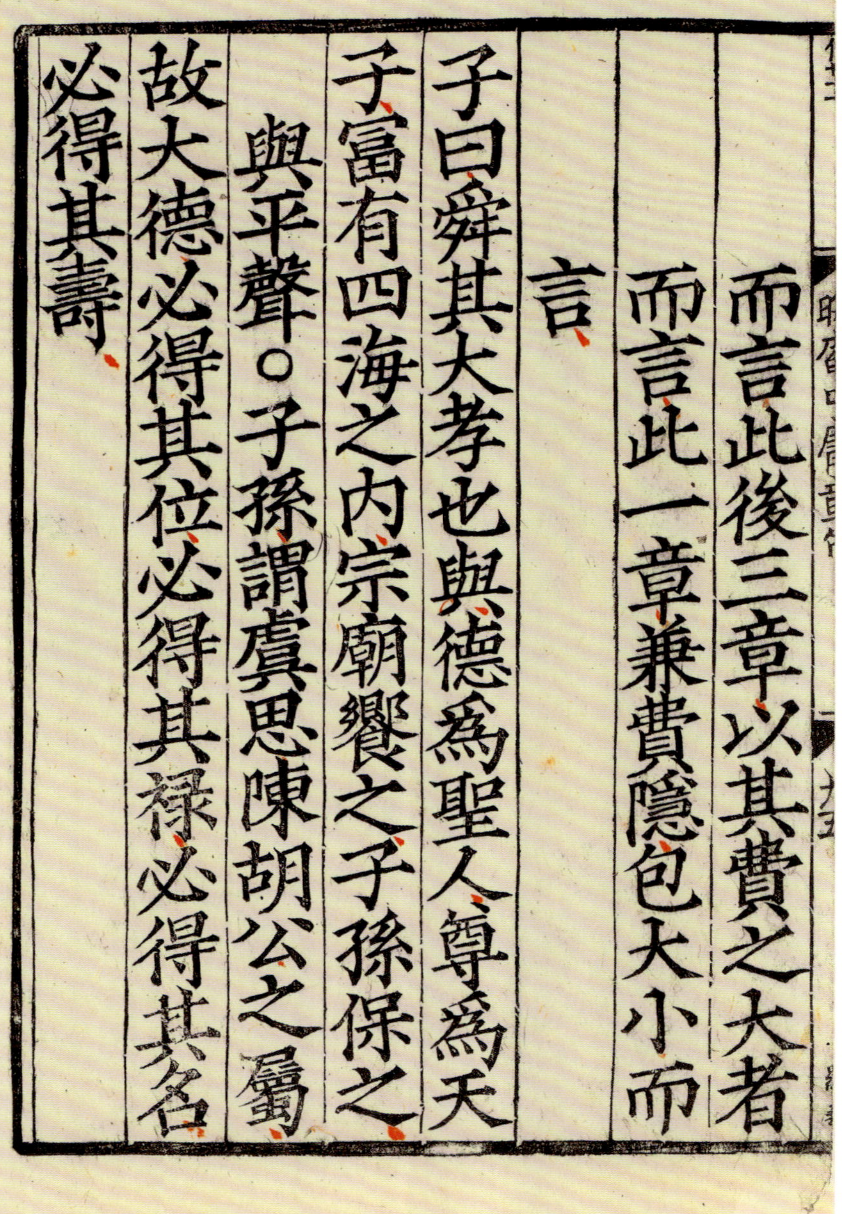

而言此後三章以其費之大者

而言此一章兼費隱包大小而

言

子曰舜其大孝也與德爲聖人尊爲天

子富有四海之内宗廟饗之子孫保之

與平聲○子孫謂虞思陳胡公之屬

故大德必得其位必得其禄必得其名

必得其壽

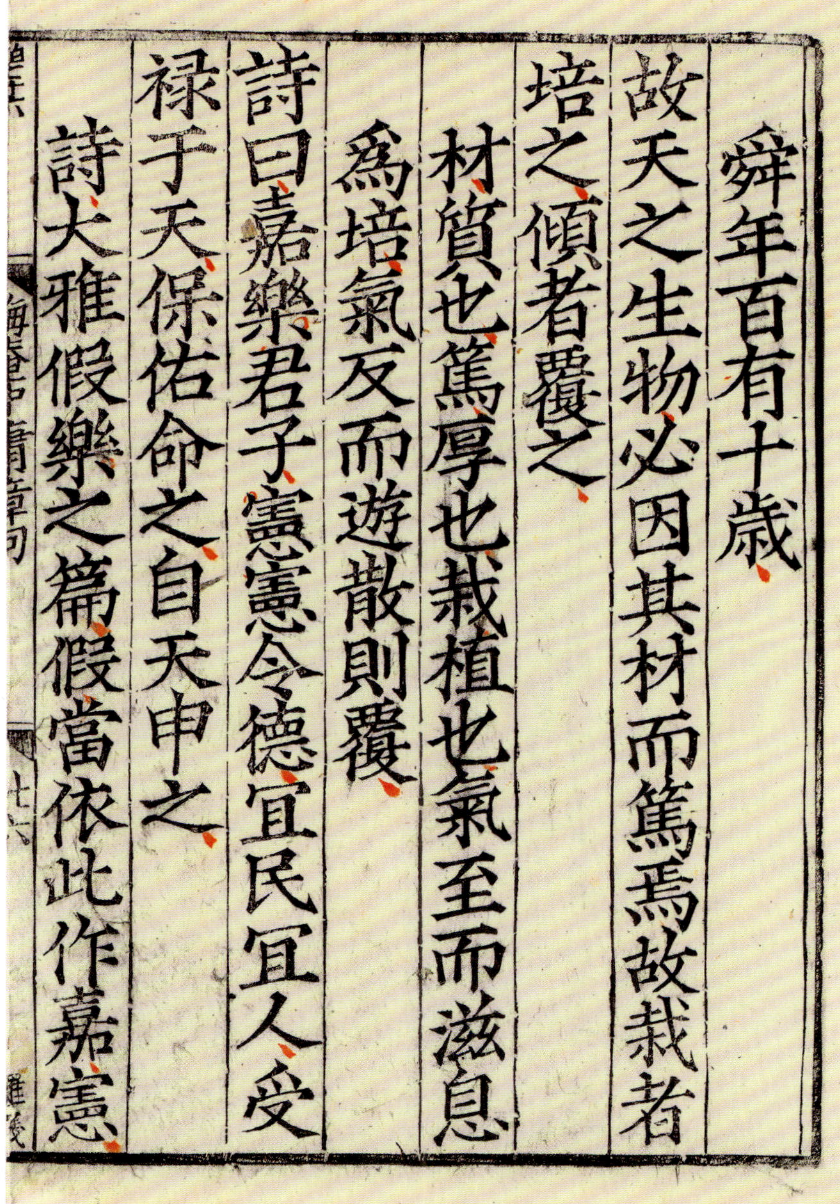

舜年百有十歲

故天之生物必因其材而篤焉故栽者培之傾者覆之

材質也篤厚也栽植也氣至而滋息爲培氣反而遊散則覆

詩曰嘉樂君子憲憲令德宜民宜人受祿于天保佑命之自天申之

詩大雅假樂之篇假當依此作嘉憲

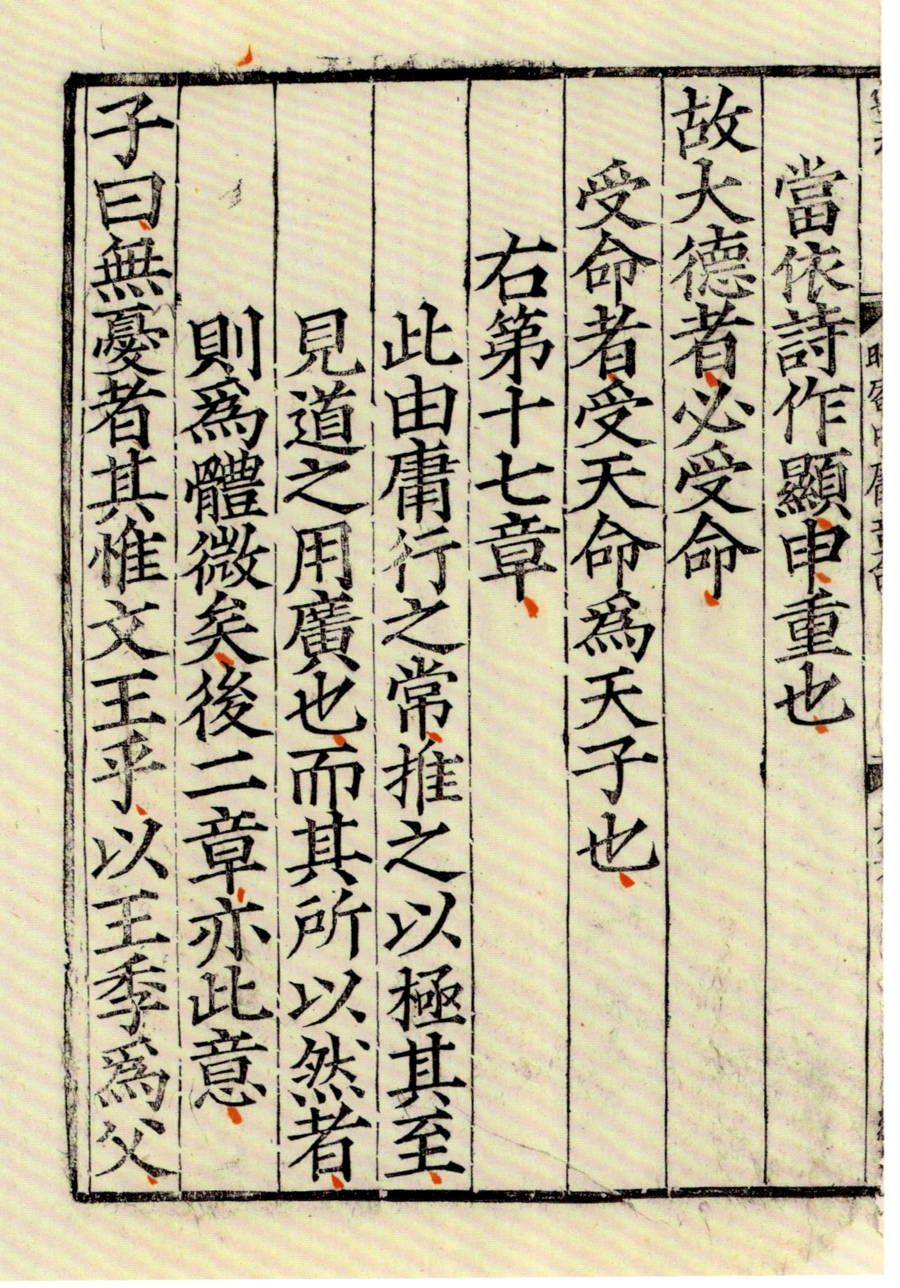

當依詩作顯申重也

故大德者必受命

受命者受天命爲天子也

右第十七章

此由庸行之常推之以極其至

見道之用廣也而其所以然者

則爲體微矣後二章亦此意

子曰無憂者其惟文王乎以王季爲父

以武王爲子父作之子述之
此言文王之事書言王季其勤王家
蓋其所作亦積功累仁之事也
武王纘大王王季文王之緒壹戎衣而
有天下身不失天下之顯名尊爲天子
富有四海之内宗廟饗之子孫保之
大音泰下同○此言武王之事纘繼
也大王王季之父也書云大王肇基

王迹詩云至于大王實始翦商緒業也戎衣甲冑之屬壹戎衣武成文言一著戎衣以伐紂也

武王末受命周公成文武之德追王大王王季上祀先公以天子之禮斯禮也達乎諸侯大夫及士庶人父爲大夫子爲士葬以大夫祭以士父爲士子爲大夫葬以士祭以大夫期之喪達乎大夫

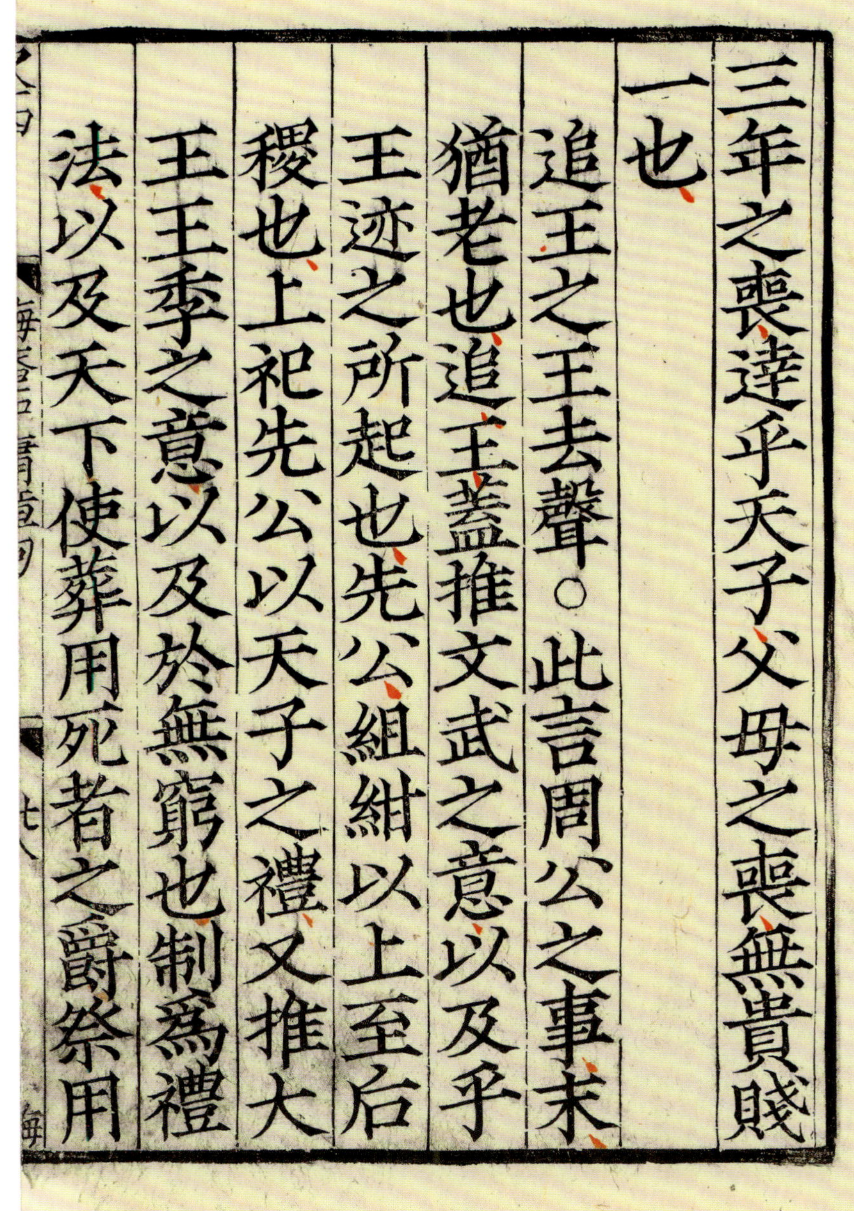

三年之喪達乎天子父母之喪無貴賤一也

追王之王去聲。○此言周公之事末猶老也追王蓋推文武之意以及乎王迹之所起也先公組紺以上至后稷也上祀先公以天子之禮又推大王王季之意以及於無窮也制爲禮法以及天下使葬用死者之爵祭用

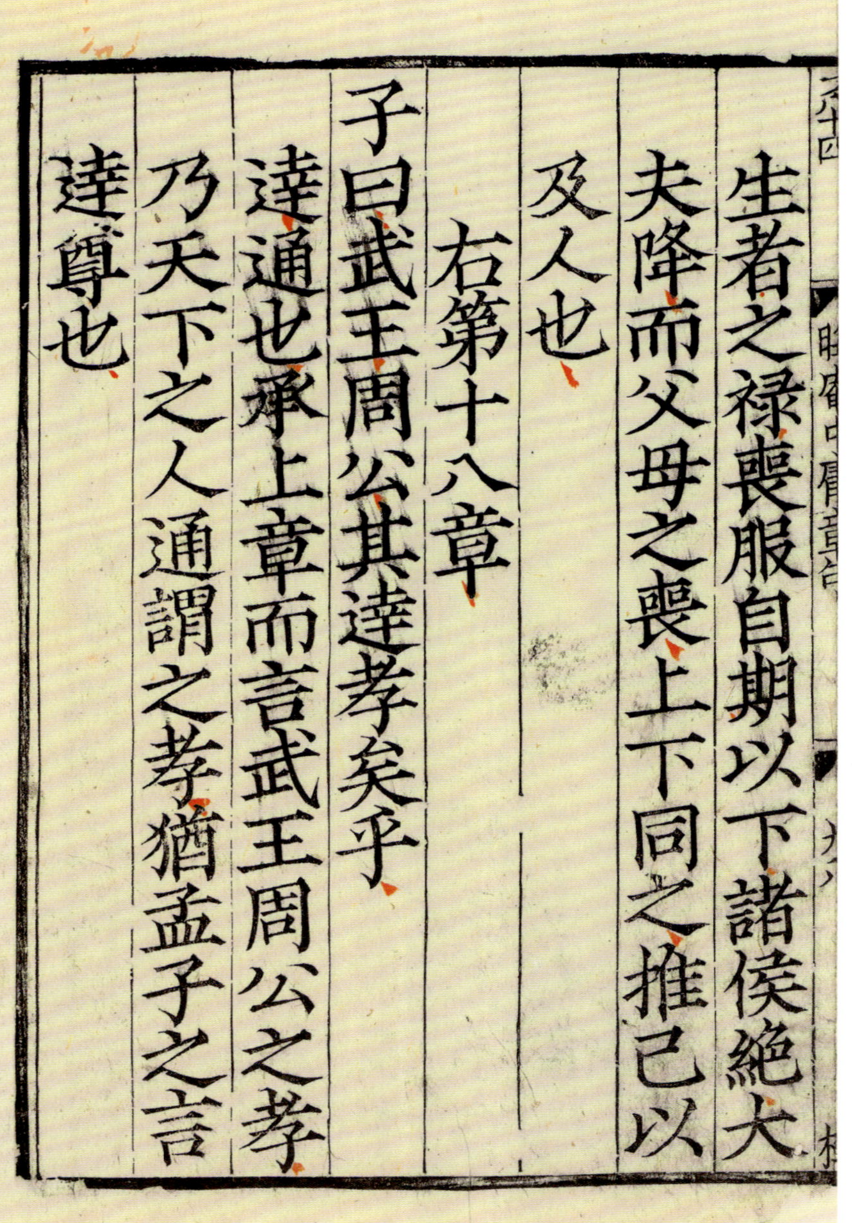

生者之禄喪服自期以下諸侯絶大
夫降而父母之喪上下同之推己以
及人也

右第十八章

子曰武王周公其達孝矣乎
達通也承上章而言武王周公之孝
乃天下之人通謂之孝猶孟子之言
達尊也

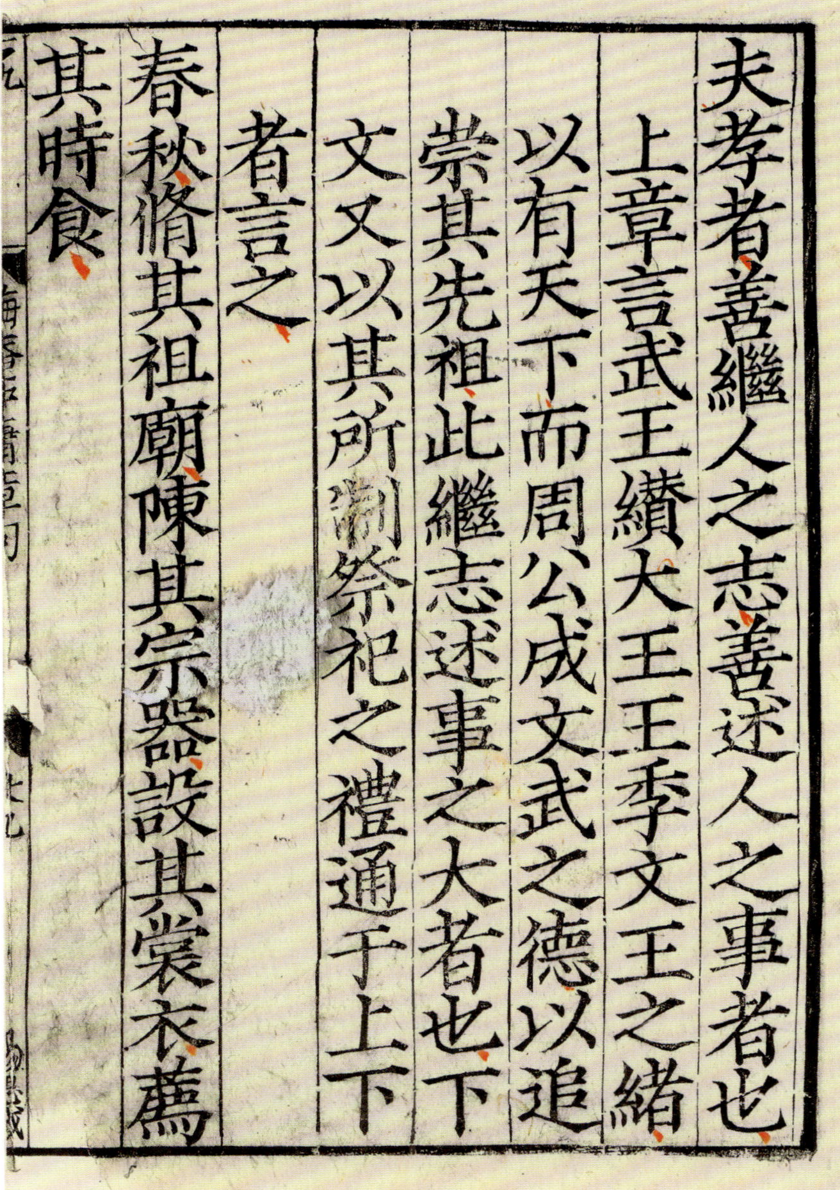

夫孝者善繼人之志善述人之事者也

上章言武王纘大王王季文王之緒以有天下而周公成文武之德以追崇其先祖此繼志述事之大者也下文又以其所制祭祀之禮通于上下者言之

春秋脩其祖廟陳其宗器設其裳衣薦其時食

祖廟天子七諸侯五大夫三適士二
官師一宗器先世所藏之重器若周
之赤刀大訓天球河圖之屬也裳衣
先祖之遺衣服祭則設之以授尸也
時食四時之食各有其物如春行羔
豚膳膏香之類是也

宗廟之禮所以序昭穆也序爵所以辨
貴賤也序事所以辨賢也旅酬下爲上

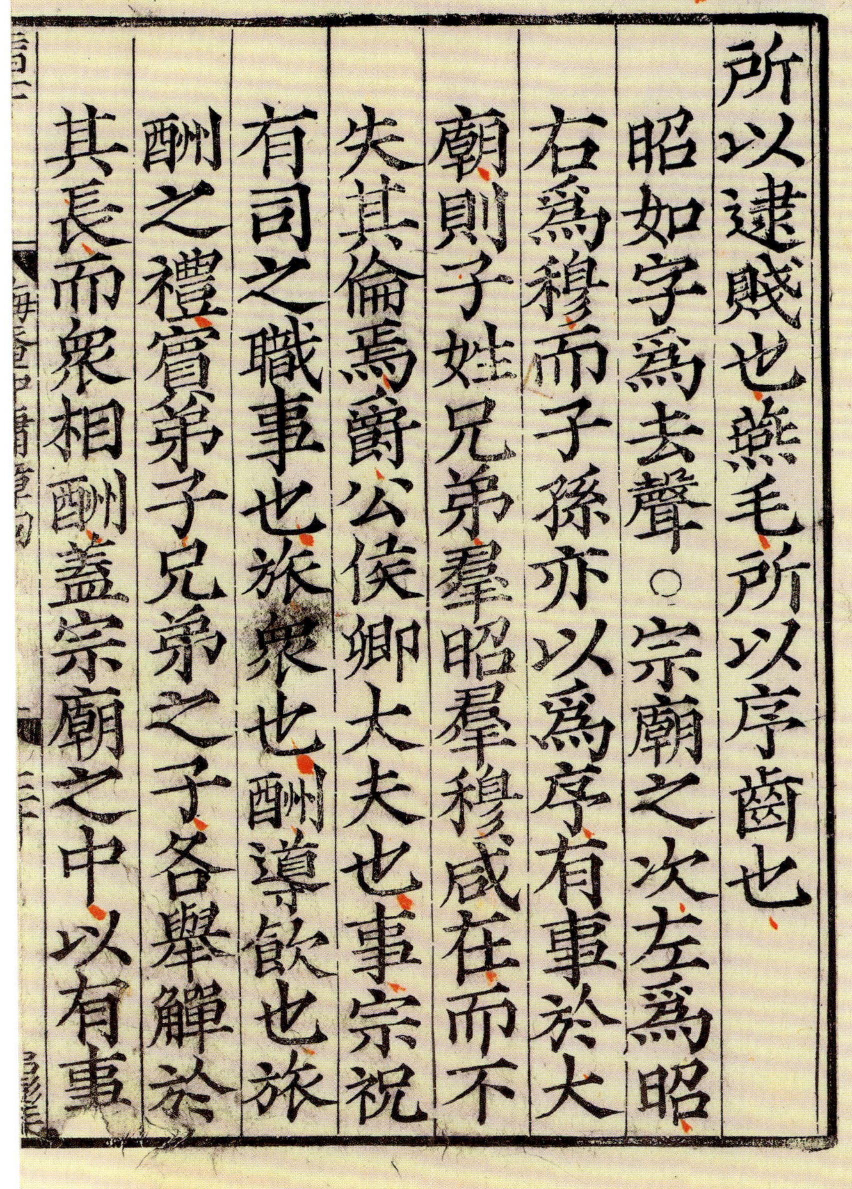

所以逮賤也燕毛所以序齒也

昭如字爲去聲○宗廟之次左爲昭右爲穆而子孫亦以爲序有事於大廟則子姓兄弟羣昭羣穆咸在而不失其倫焉爵公侯卿大夫也事宗祝有司之職事也旅衆也酬導飲也旅酬之禮賓弟子兄弟之子各舉觶於其長而衆相酬蓋宗廟之中以有事

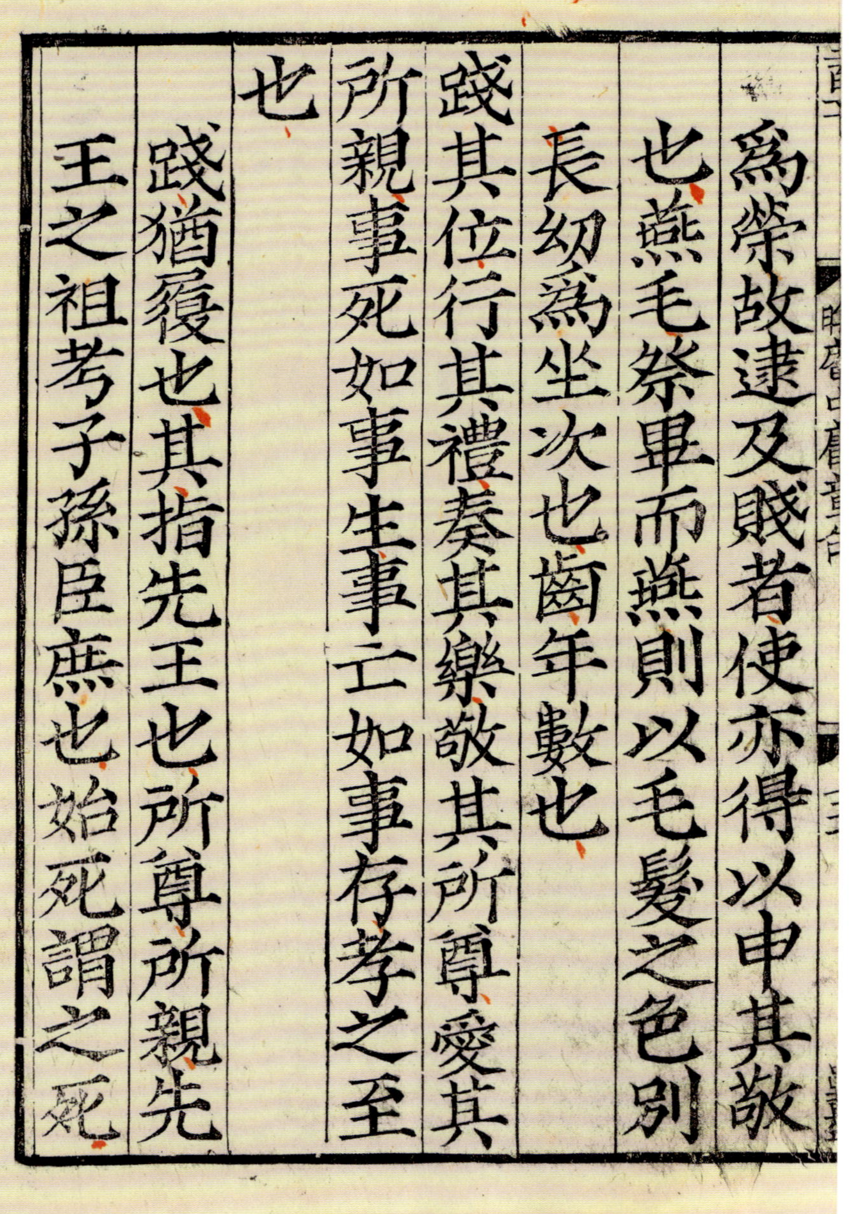

爲榮故逮及賤者使亦得以申其敬也燕毛祭畢而燕則以毛髮之色别長幼爲坐次也齒年數也

踐其位行其禮奏其樂敬其所尊愛其所親事死如事生事亡如事存孝之至也

踐猶履也其指先王也所尊所親先王之祖考子孫臣庶也始死謂之死

既葬則曰反而亡焉皆指先王也此結上文兩節皆繼志述事之意也

郊社之禮所以事上帝也宗廟之禮所以祀乎其先也明乎郊社之禮禘嘗之義治國其如示諸掌乎

郊祀天社祭地不言后土者省文也禘天子宗廟之大祭追祭太祖之所自出於太廟而以太祖配之也嘗秋

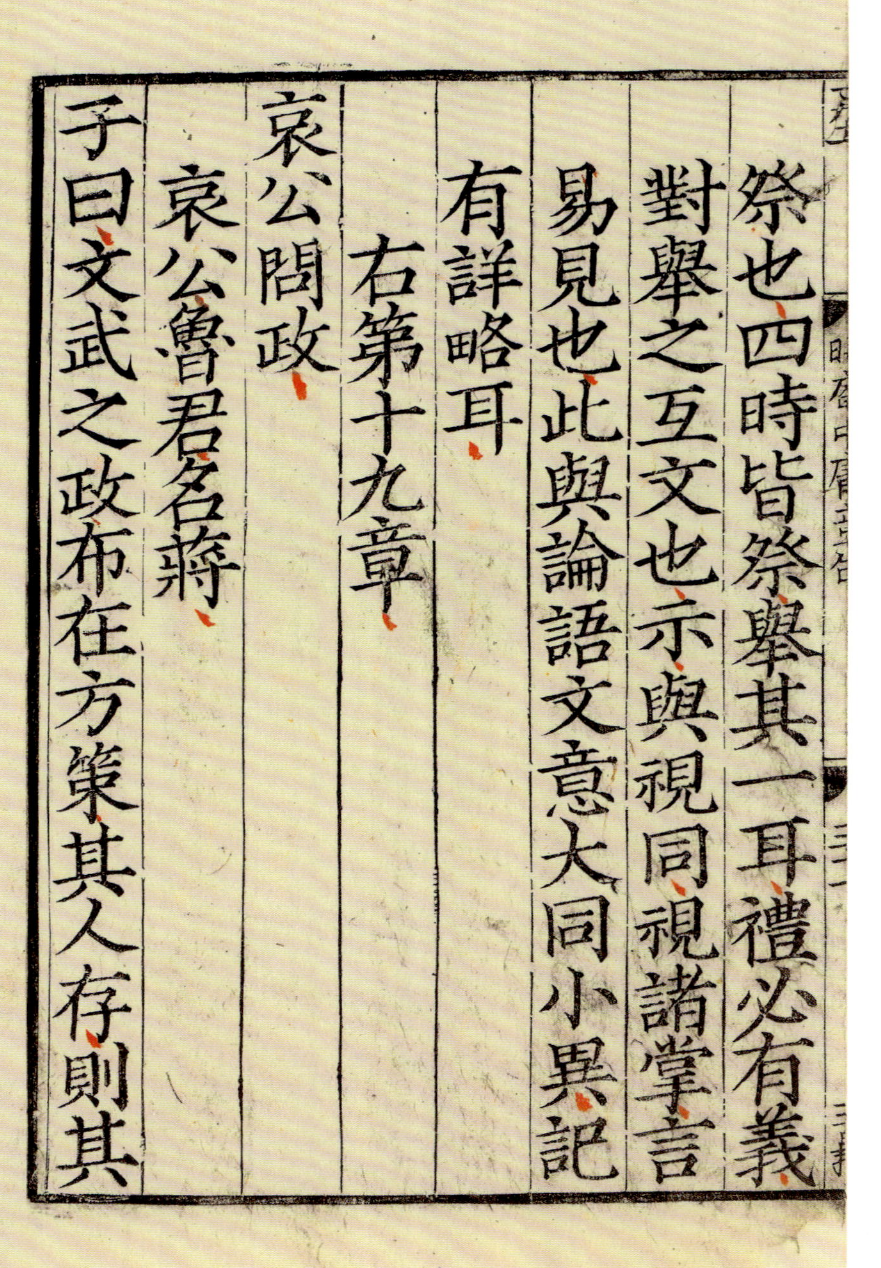

祭也四時皆祭舉其一耳禮必有義對舉之互文也亦與視同視諸掌言易見也此與論語文意大同小異記有詳略耳

右第十九章

哀公問政

哀公魯君名蔣

子曰文武之政布在方策其人存則其

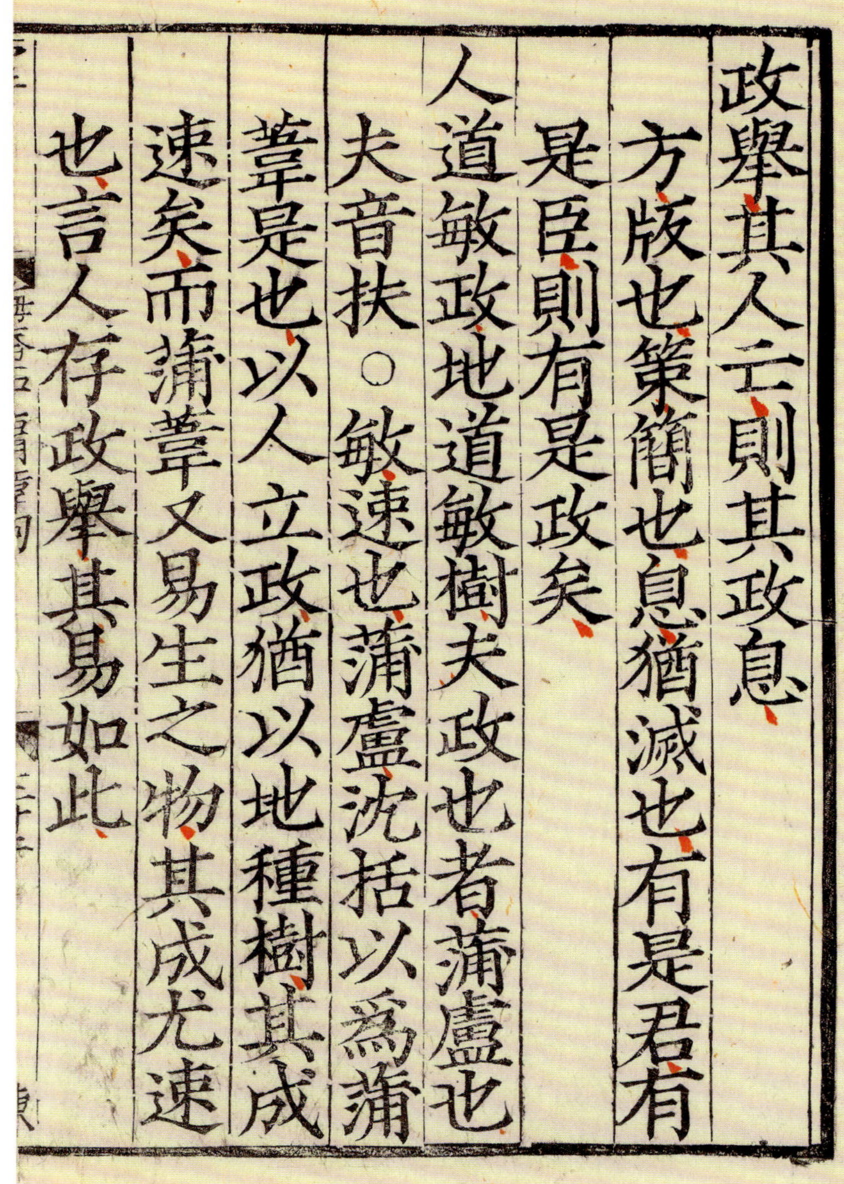

政舉其人亡則其政息

方版也策簡也息猶滅也有是君有是臣則有是政矣

人道敏政地道敏樹夫政也者蒲盧也

夫音扶○敏速也蒲盧沈括以爲蒲葦是也以人立政猶以地種樹其成速矣而蒲葦又易生之物其成尤速也言人存政舉其易如此

故爲政在人取人以身脩身以道脩道以仁

此承上文人道敏政而言也爲政在人家語作爲政在於得人語意尤備人謂賢臣身指君身道者天下之達道仁者天地生物之心而人得以生者所謂元者善之長也言人君爲政在於得人而取人之則又在脩身能

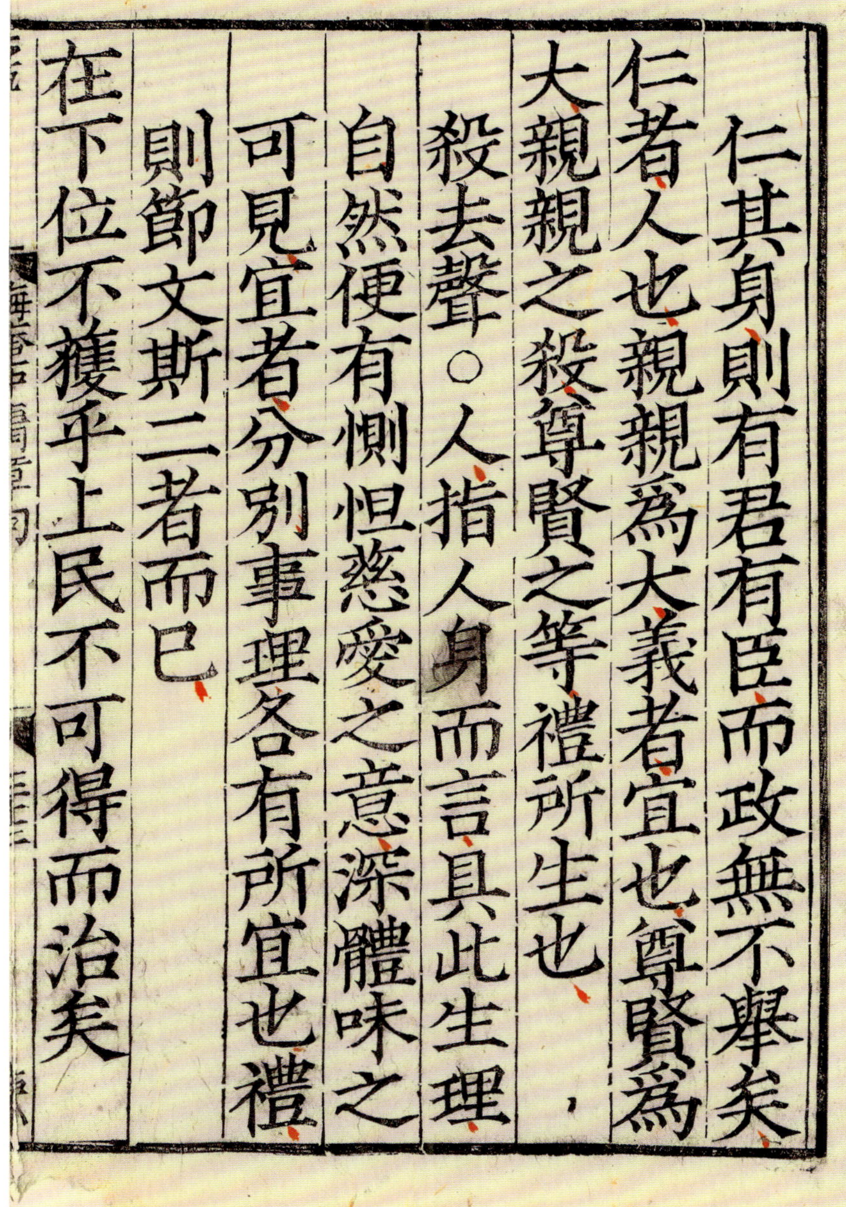

仁其身則有君有臣而政無不擧矣

仁者人也親親爲大義者宜也尊賢爲大親親之殺尊賢之等禮所生也

殺去聲○人指人身而言具此生理自然便有惻怛慈愛之意深體味之可見宜者分别事理各有所宜也禮則節文斯二者而已

在下位不獲乎上民不可得而治矣

鄭氏曰此句在下誤重在此

故君子不可以不脩身思脩身不可以不事親思事親不可以不知人思知人不可以不知天

爲政在人取人以身故不可以不脩身脩身以道脩道以仁故思脩身不可以不事親欲盡親親之仁必由尊賢之義故又當知人親親之殺尊賢

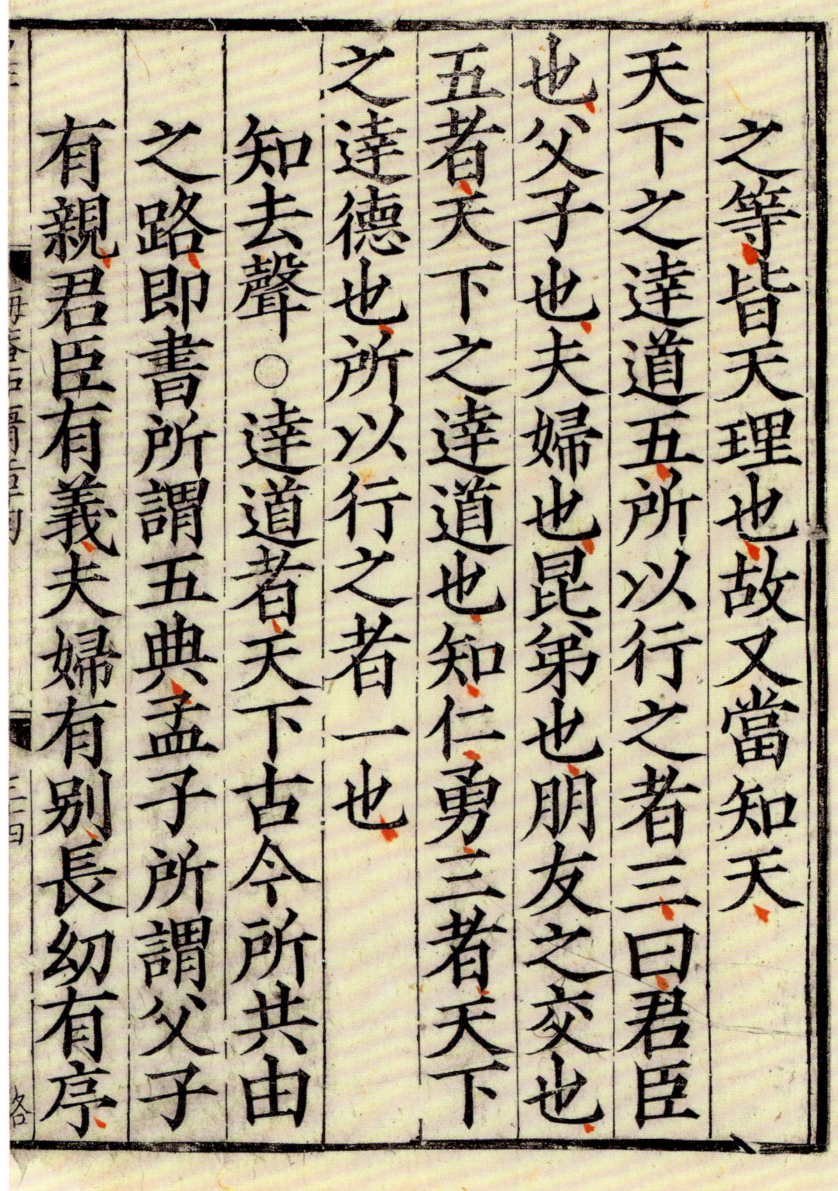

之等皆天理也故又當知天

天下之達道五所以行之者三曰君臣

也父子也夫婦也昆弟也朋友之交也

五者天下之達道也知仁勇三者天下

之達德也所以行之者一也

知去聲○達道者天下古今所共由

之路即書所謂五典孟子所謂父子

有親君臣有義夫婦有別長幼有序

朋友有信是也知所以知此也仁所以體此也勇所以強此也謂之達德者天下古今所同得之理也一則誠而已矣達道雖人所共由然無是三德則無以行之達德雖人所同得然一有不誠則人欲閒之而德非其德矣程子曰所謂誠者止是誠實此三者三者之外更別無誠

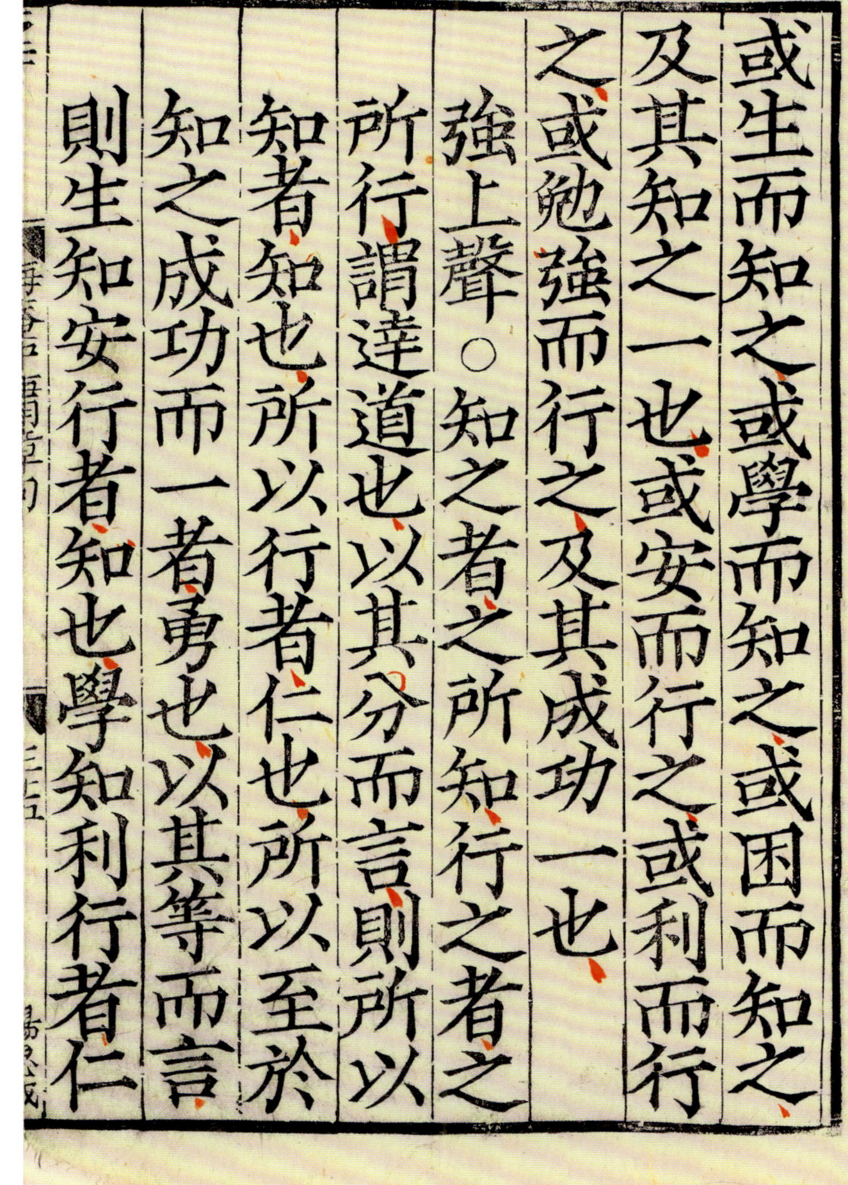

或生而知之或學而知之或困而知之及其知之一也或安而行之或利而行之或勉強而行之及其成功一也強上聲○知之者之所知行之者之所行謂達道也以其分而言則所以知者知也所以行者仁也所以至於知之成功而一者勇也以其等而言則生知安行者知也學知利行者仁

也困知勉行者勇也蓋人性雖無不善而氣稟有不同者故聞道有蚤莫行道有難易然能自強不息則其至一也呂氏曰所入之塗雖異而所至之域則同此所以爲中庸若乃企生知安行之資爲不可幾及輕困知勉行謂不能有成此道之所以不明不行也

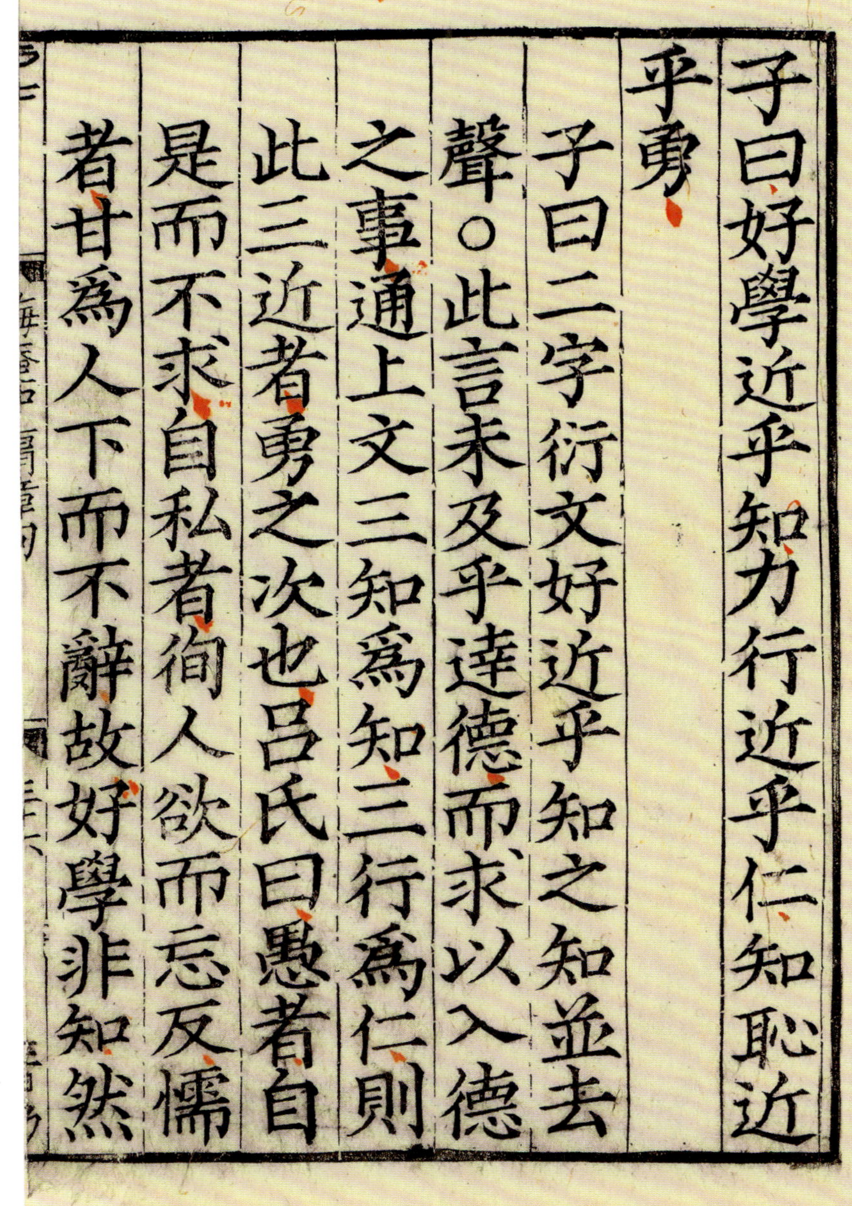

子曰好學近乎知力行近乎仁知恥近乎勇

子曰二字衍文好近乎知之知並去聲○此言未及乎達德而求以入德之事通上文三知爲知三行爲仁則此三近者勇之次也吕氏曰愚者自是而不求自私者徇人欲而忘反懦者甘爲人下而不辭故好學非知然

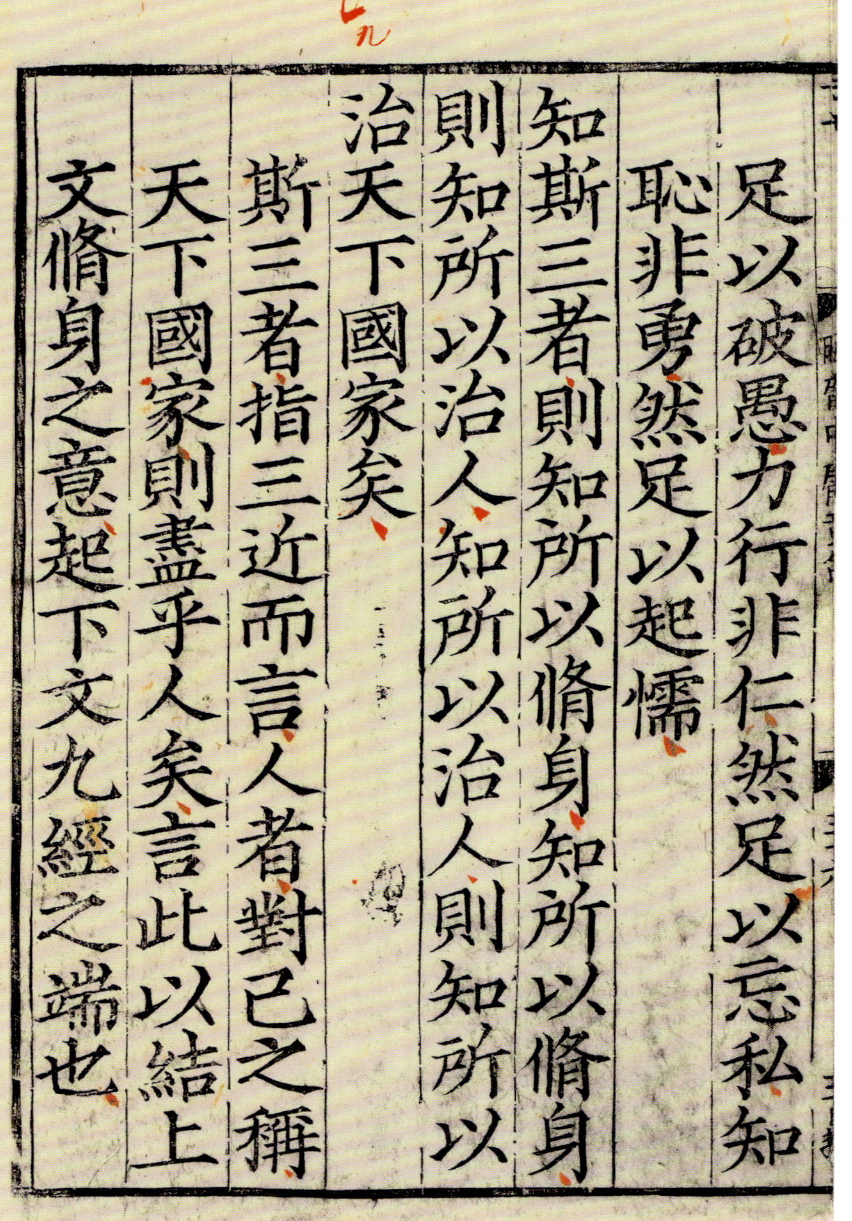

足以破愚力行非仁然足以忘私知恥非勇然足以起懦

知斯三者則知所以脩身知所以脩身則知所以治人知所以治人則知所以治天下國家矣

斯三者指三近而言人者對己之稱天下國家則盡乎人矣言此以結上文脩身之意起下文九經之端也

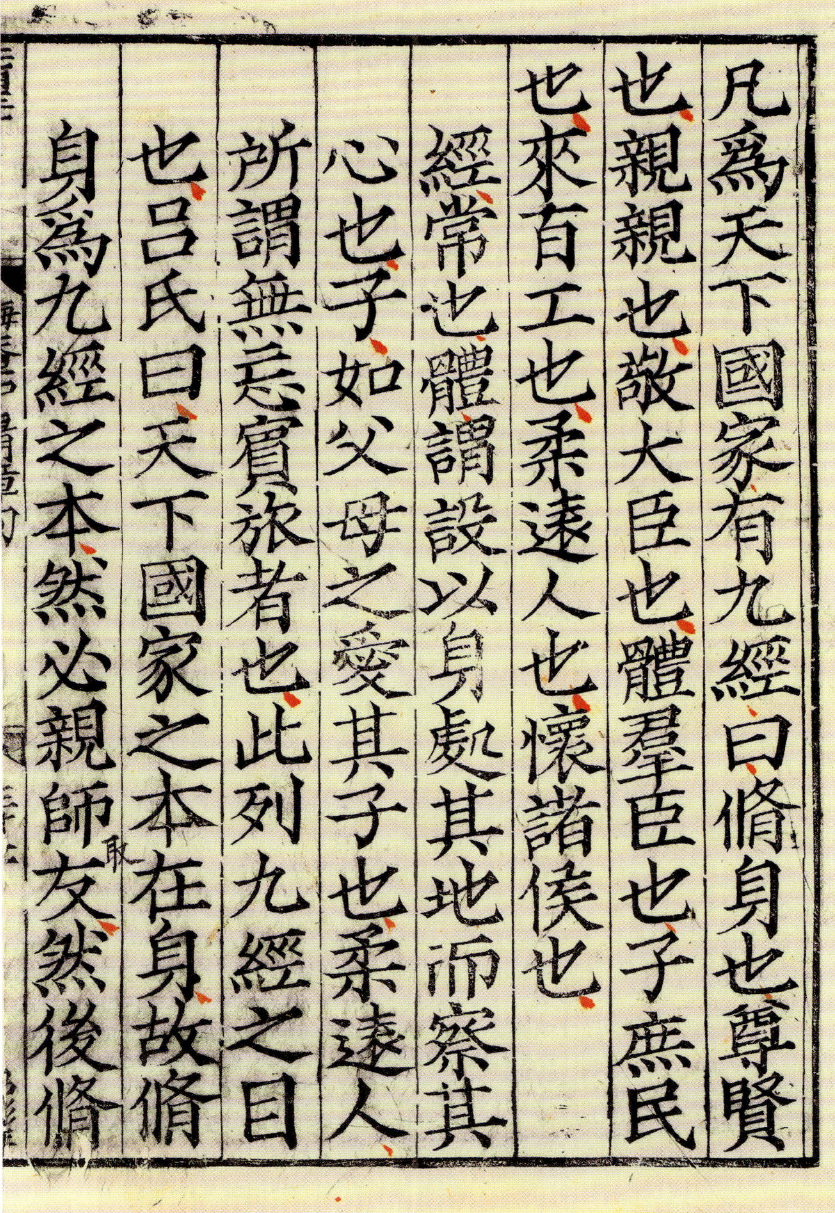

凡為天下國家有九經曰脩身也尊賢也親親也敬大臣也體羣臣也子庶民也來百工也柔遠人也懷諸侯也

經常也體謂設以身處其地而察其心也子如父母之愛其子也柔遠人所謂無忘賓旅者也此列九經之目也吕氏曰天下國家之本在身故脩身為九經之本然必親師取友然後脩

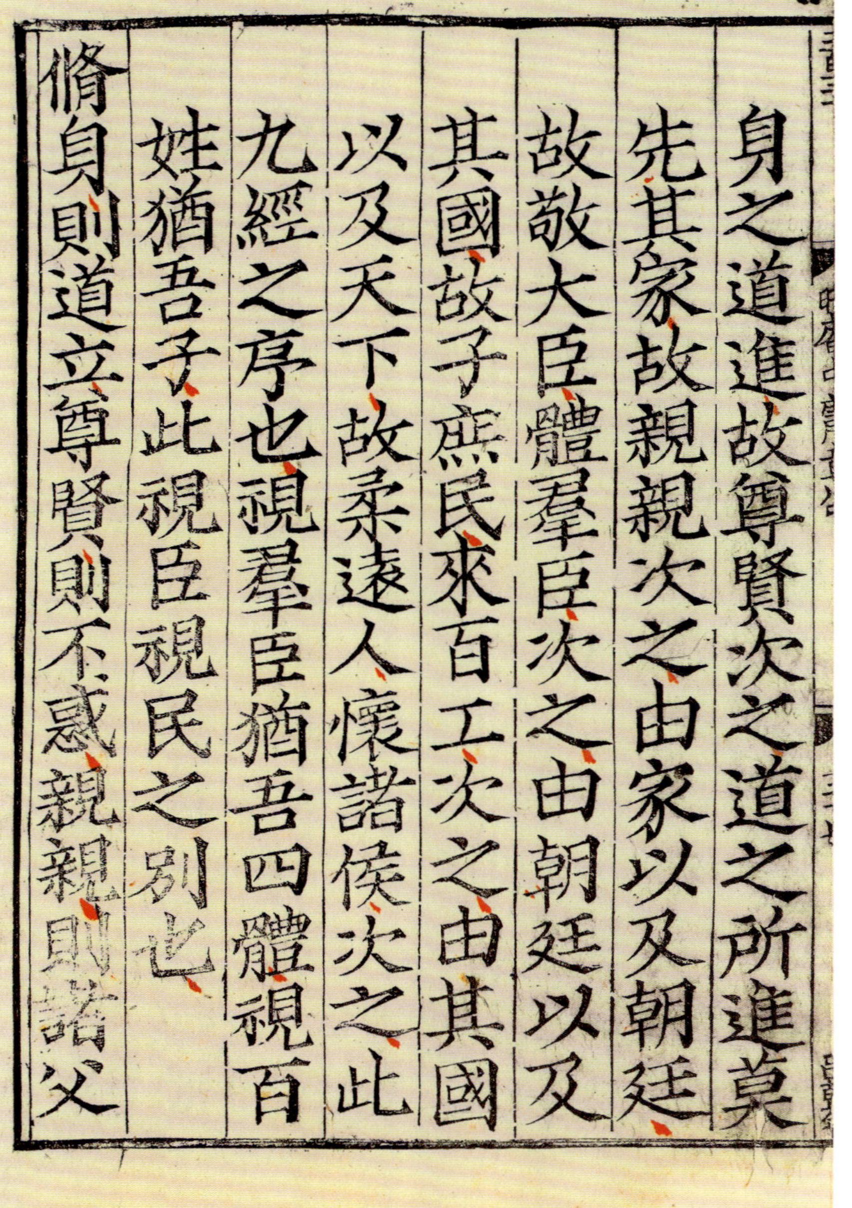

身之道進故尊賢次之道之所進莫
先其家故親親次之由家以及朝廷
故敬大臣體羣臣次之由朝廷以及
其國故子庶民來百工次之由其國
以及天下故柔遠人懷諸侯次之此
九經之序也視羣臣猶吾四體視百
姓猶吾子此視臣視民之别也
脩身則道立尊賢則不惑親親則諸父

昆弟不怨敬大臣則不眩體羣臣則士之報禮重子庶民則百姓勸來百工則財用足柔遠人則四方歸之懷諸侯則天下畏之

此言九經之效也道立謂道成於己而可爲民表所謂建其有極是也不惑謂不疑於理不眩謂不迷於事敬大臣則信任專而小臣不得以閒之

故臨事而不眩也來百工則通功易
事農末相資故財用足柔遠人則天
下之旅皆悅而願出於其塗故四方
歸懷諸侯則德之所施者愽而威之
所制者廣矣故曰天下畏之
齊明盛服非禮不動所以脩身也去讒
遠色賤貨而貴德所以勸賢也尊其位
重其禄同其好惡所以勸親親也官盛

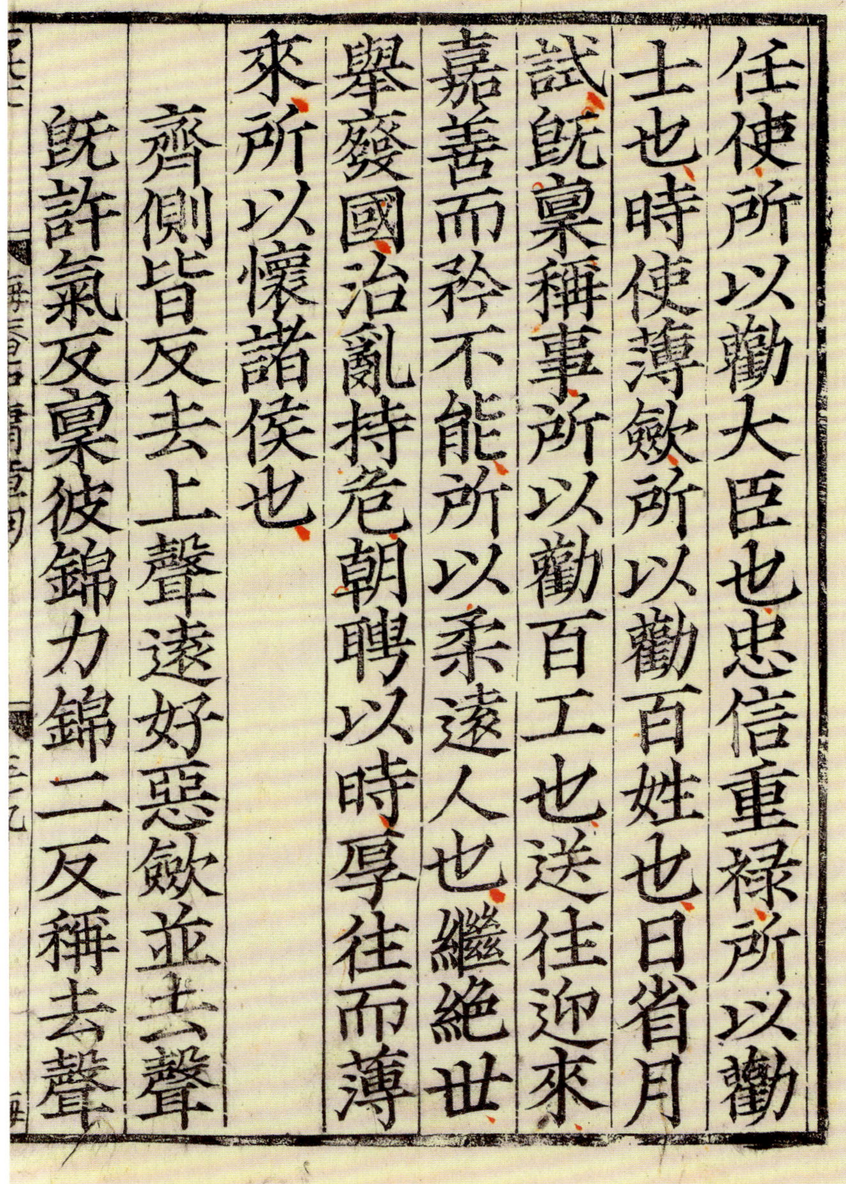

任使所以勸大臣也忠信重祿所以勸士也時使薄斂所以勸百姓也日省月試既稟稱事所以勸百工也送往迎來嘉善而矜不能所以柔遠人也繼絕世舉廢國治亂持危朝聘以時厚往而薄來所以懷諸侯也

齊側皆反去上聲遠好惡斂並去聲既許氣反稟彼錦力錦二反稱去聲

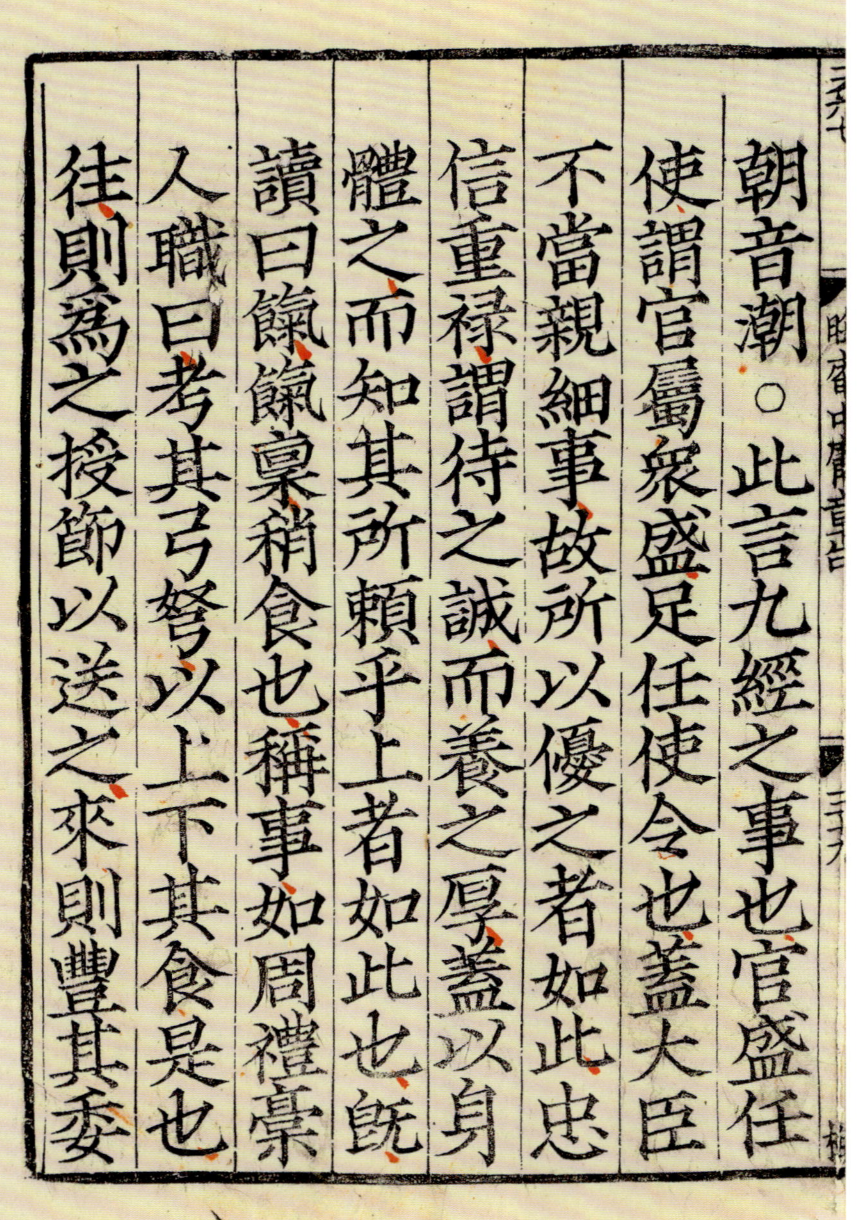

朝音潮○此言九經之事也官盛任使謂官屬衆盛足任使令也蓋大臣不當親細事故所以優之者如此忠信重祿謂待之誠而養之厚蓋以身體之而知其所賴乎上者如此也既讀曰餼餼稟稍食也稱事如周禮稾人職曰考其弓弩以上下其食是也往則爲之授節以送之來則豐其委

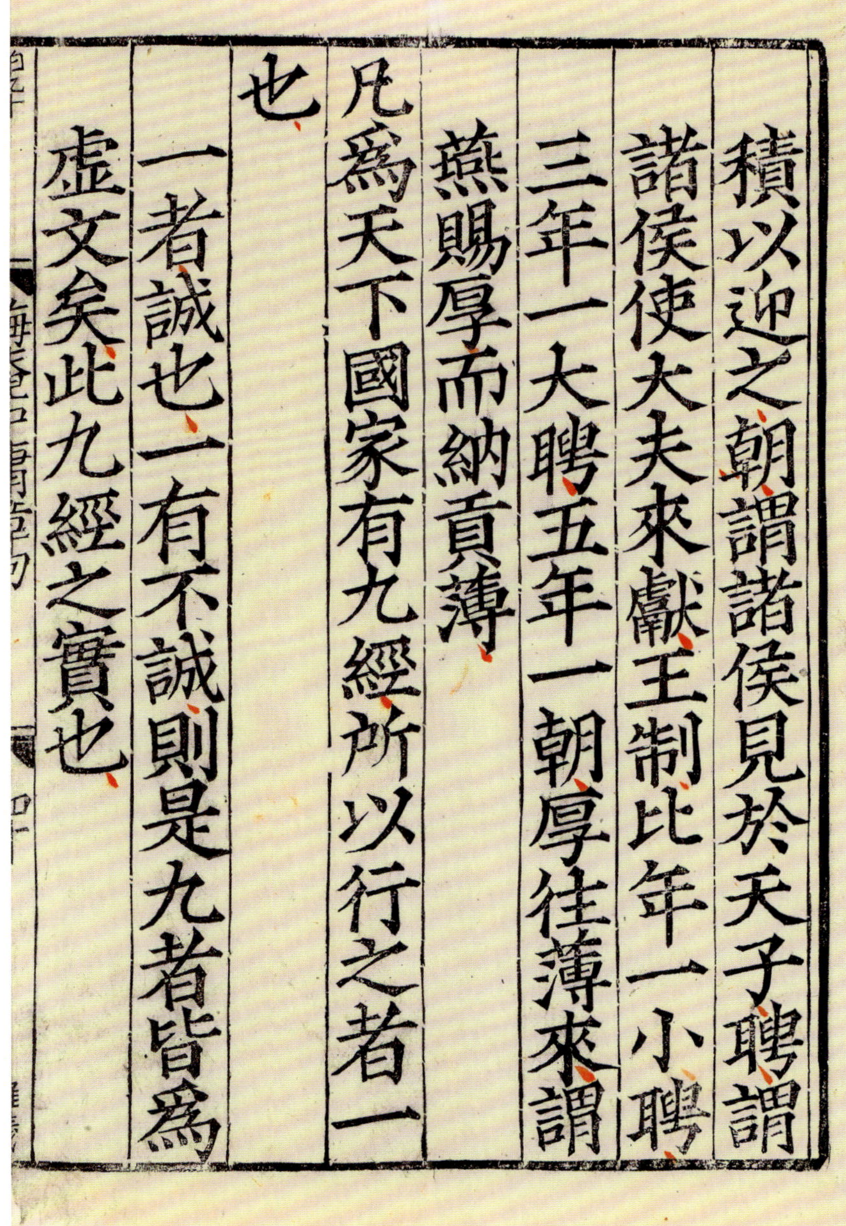

積以迎之朝謂諸侯見於天子聘謂諸侯使大夫來獻王制比年一小聘三年一大聘五年一朝厚往薄來謂燕賜厚而納貢薄

凡爲天下國家有九經所以行之者一也

一者誠也一有不誠則是九者皆爲虛文矣此九經之實也

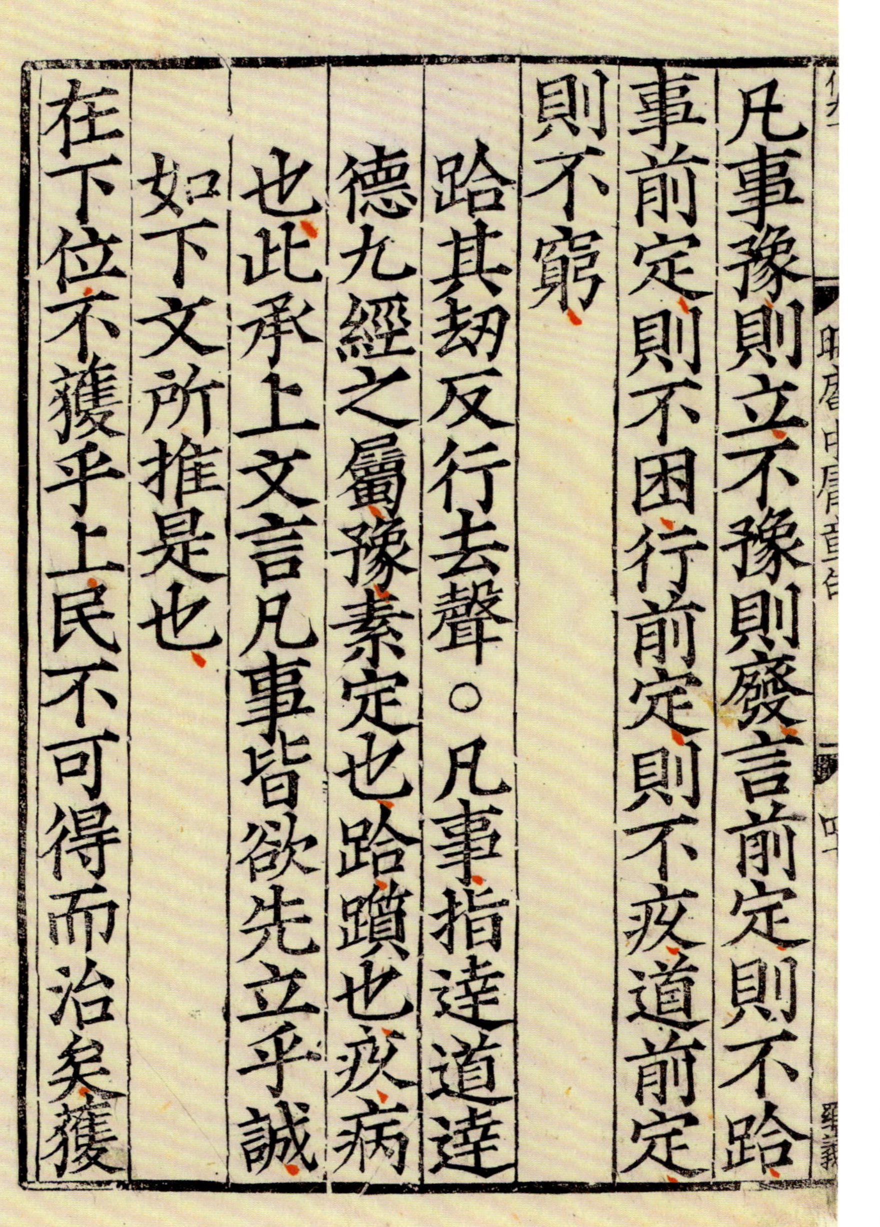

凡事豫則立不豫則廢言前定則不跲事前定則不困行前定則不疚道前定則不窮

跲其劫反行去聲○凡事指達道達德九經之屬豫素定也跲躓也疚病也此承上文言凡事皆欲先立乎誠如下文所推是也

在下位不獲乎上民不可得而治矣獲

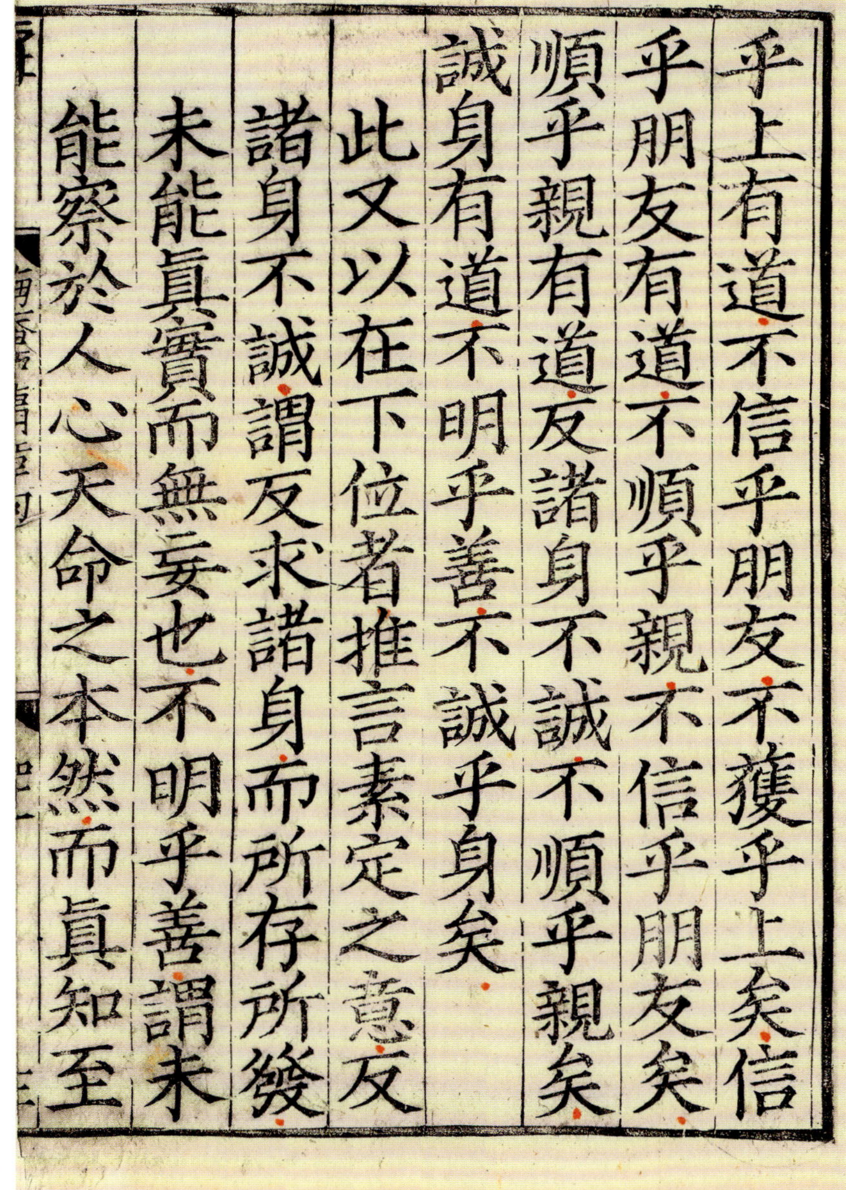

乎上有道不信乎朋友不獲乎上矣信乎朋友有道不順乎親不信乎朋友矣順乎親有道反諸身不誠不順乎親矣誠身有道不明乎善不誠乎身矣

此又以在下位者推言素定之意反諸身不誠謂反求諸身而所存所發未能眞實而無妄也不明乎善謂未能察於人心天命之本然而眞知至

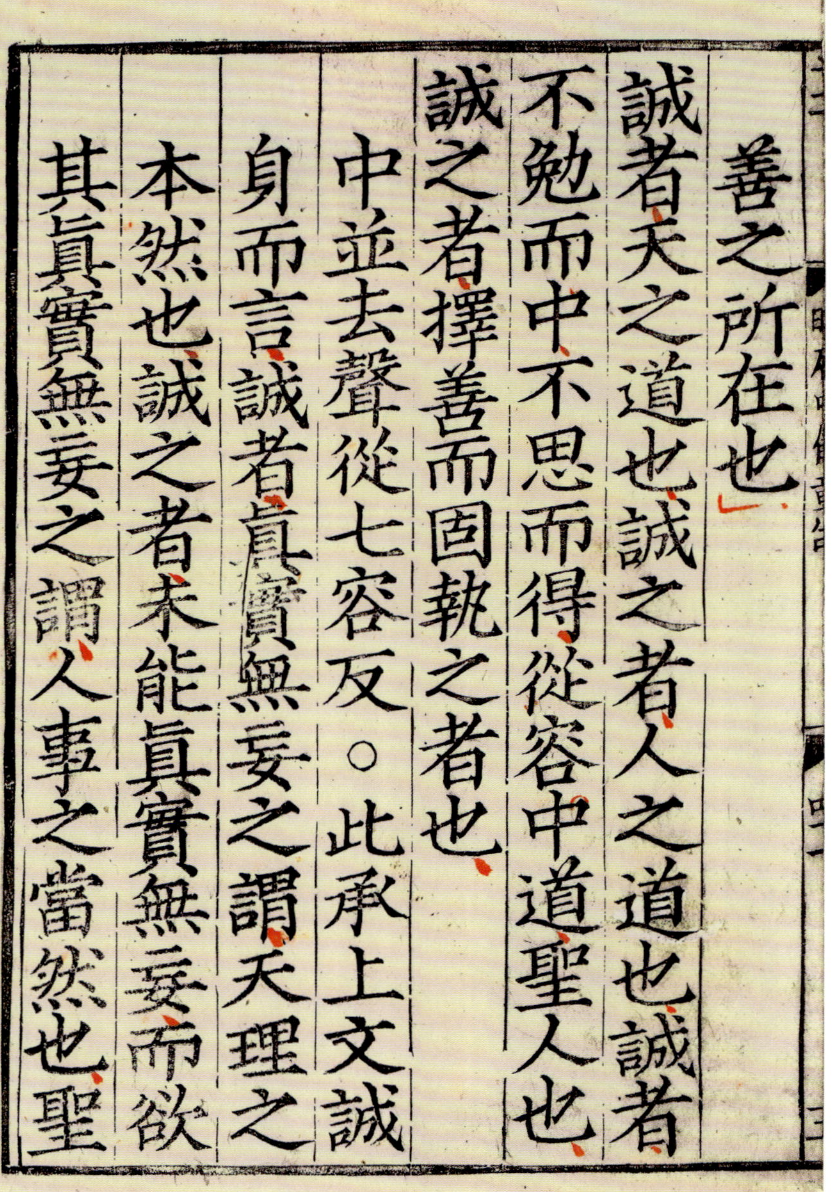

善之所在也」

誠者天之道也誠之者人之道也誠者不勉而中不思而得從容中道聖人也誠之者擇善而固執之者也

中並去聲從七容反○此承上文誠身而言誠者眞實無妄之謂天理之本然也誠之者未能眞實無妄而欲其眞實無妄之謂人事之當然也聖

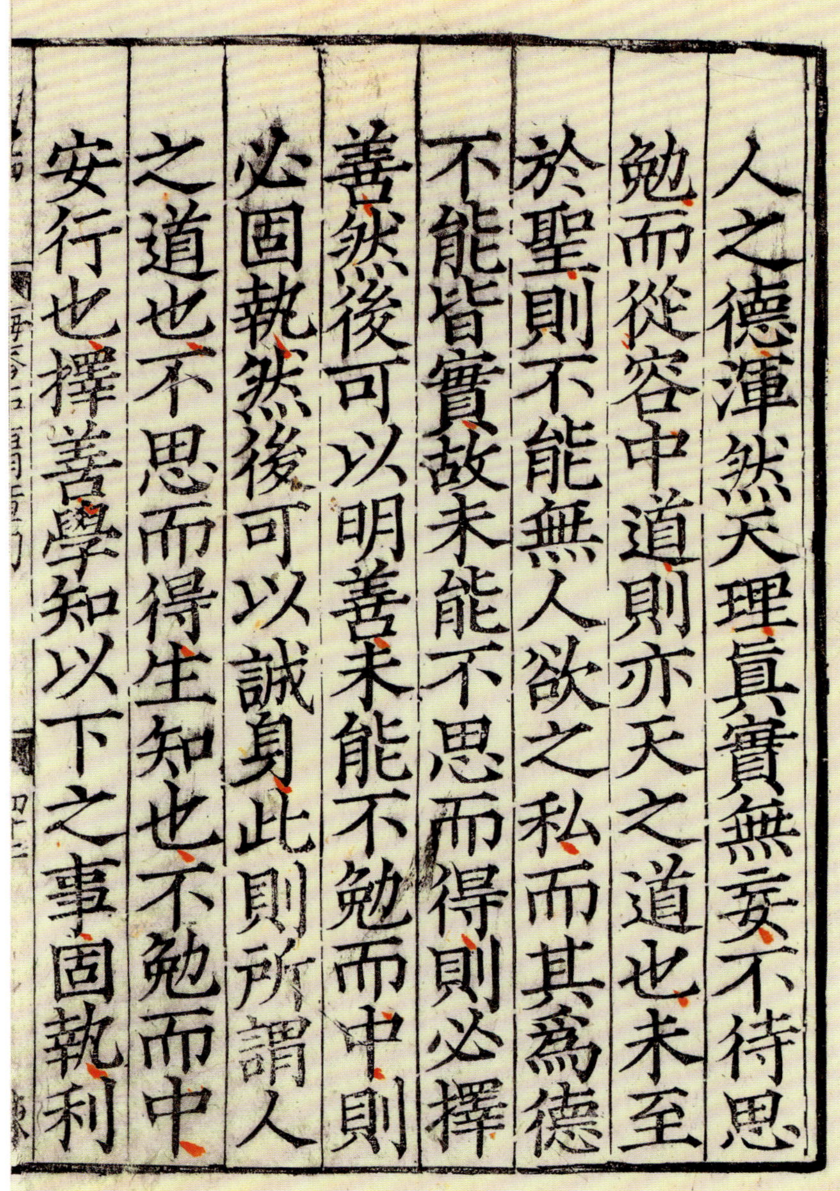

人之德渾然天理眞實無妄不待思勉而從容中道則亦天之道也未至於聖則不能無人欲之私而其爲德不能皆實故未能不思而得則必擇善然後可以明善未能不勉而中則必固執然後可以誠身此則所謂人之道也不思而得生知也不勉而中安行也擇善學知以下之事固執利

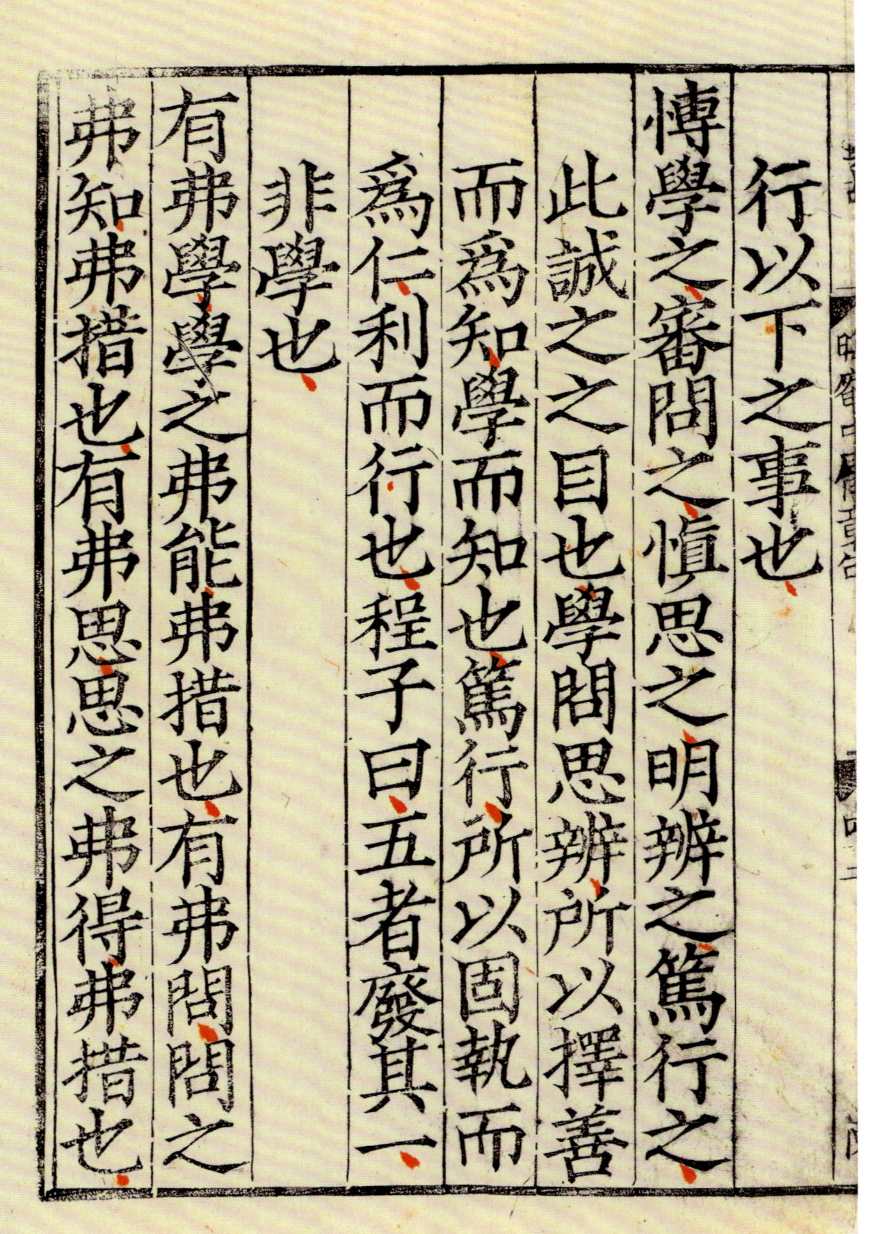

行以下之事也

慱學之審問之愼思之明辨之篤行之

此誠之之目也學問思辨所以擇善

而爲知學而知也篤行所以固執而

爲仁利而行也程子曰五者廢其一

非學也

有弗學學之弗能弗措也有弗問問之

弗知弗措也有弗思思之弗得弗措也

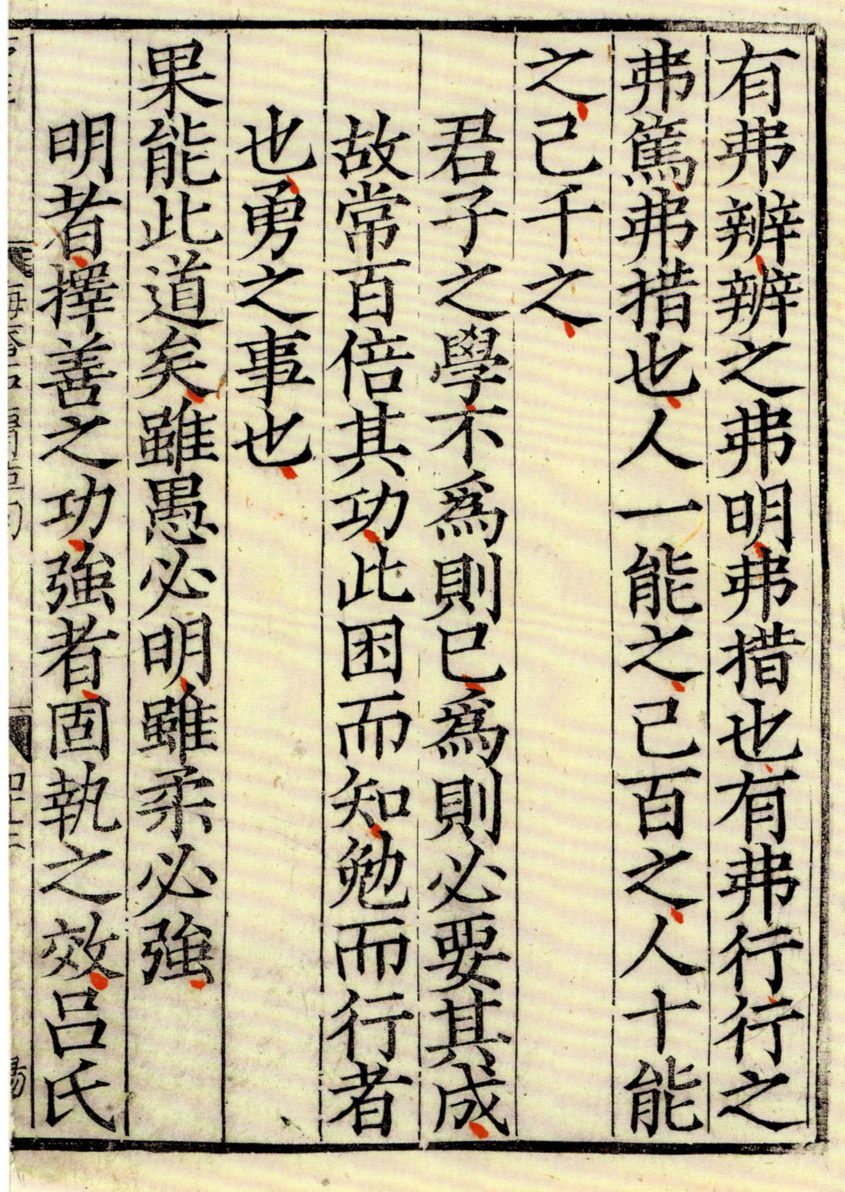

有弗辨辨之弗明弗措也有弗行行之弗篤弗措也人一能之己百之人十能之己千之

君子之學不爲則已爲則必要其成故常百倍其功此困而知勉而行者也勇之事也

果能此道矣雖愚必明雖柔必強

明者擇善之功強者固執之效吕氏

曰君子所以學者為能變化氣質而
已德勝氣質則愚者可進於明柔者
可進於強不能勝之則雖有志於學
亦愚不能明柔不能立而已矣蓋均
善而無惡者性也人所同也昏明強
弱之稟不齊者才也人所異也誠之
者所以反其同而變其異也夫以不
美之質求變而美非百倍其功不足

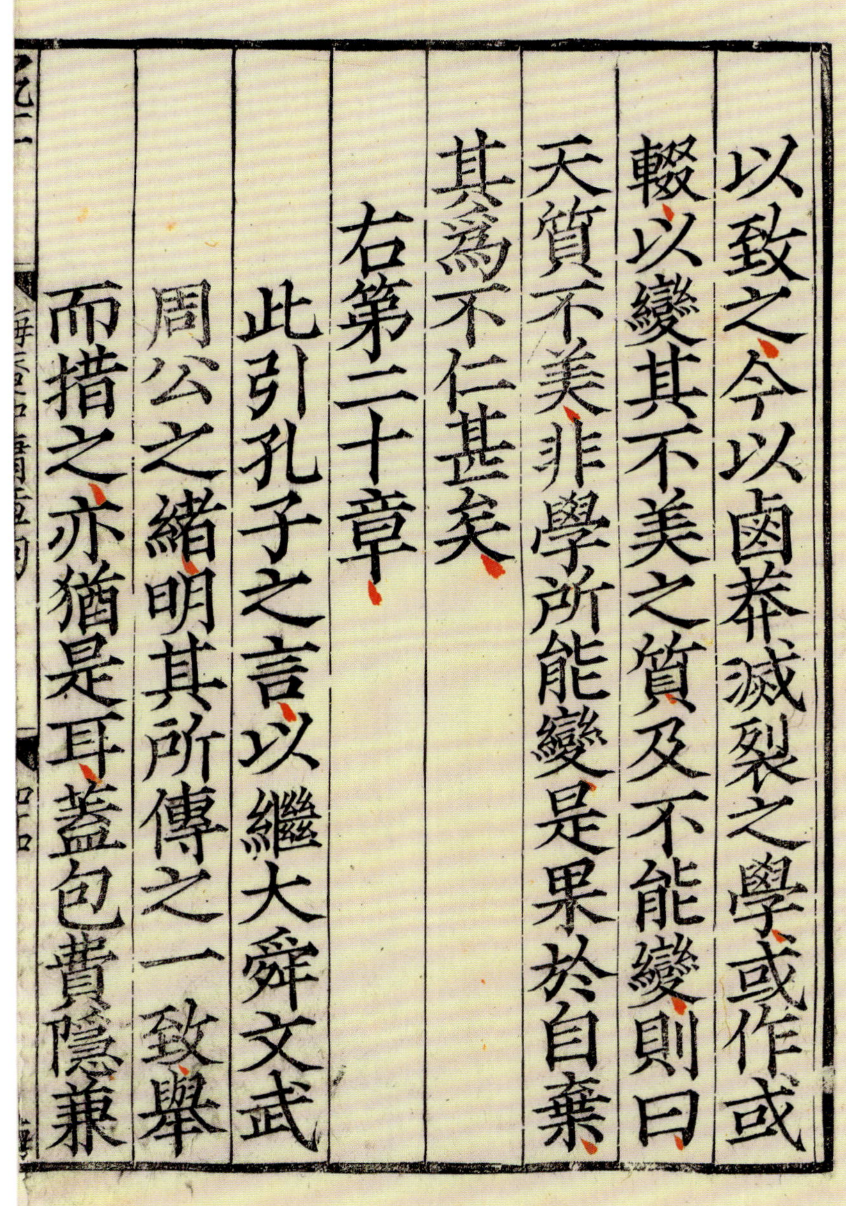

以致之今以鹵莽滅裂之學或作或輟以變其不美之質及不能變則曰天質不美非學所能變是果於自棄其爲不仁甚矣

右第二十章

此引孔子之言以繼大舜文武周公之緒明其所傳之一致舉而措之亦猶是耳蓋包費隱兼

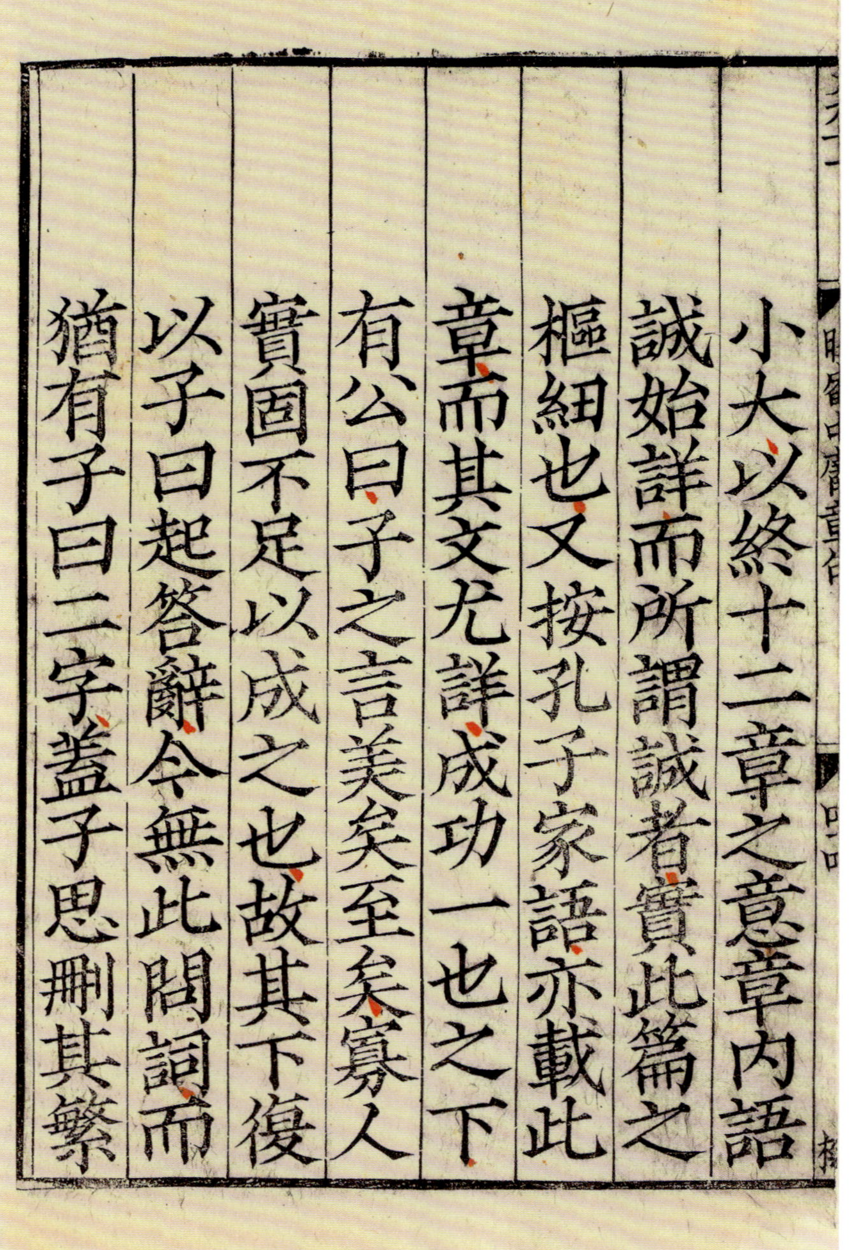

小大以終十二章之意章內語誠始詳而所謂誠者實此篇之樞紐也又按孔子家語亦載此章而其文尤詳成功一也之下有公曰子之言美矣至矣寡人實固不足以成之也故其下復以子曰起荅辭今無此問詞而猶有子曰二字蓋子思刪其繁

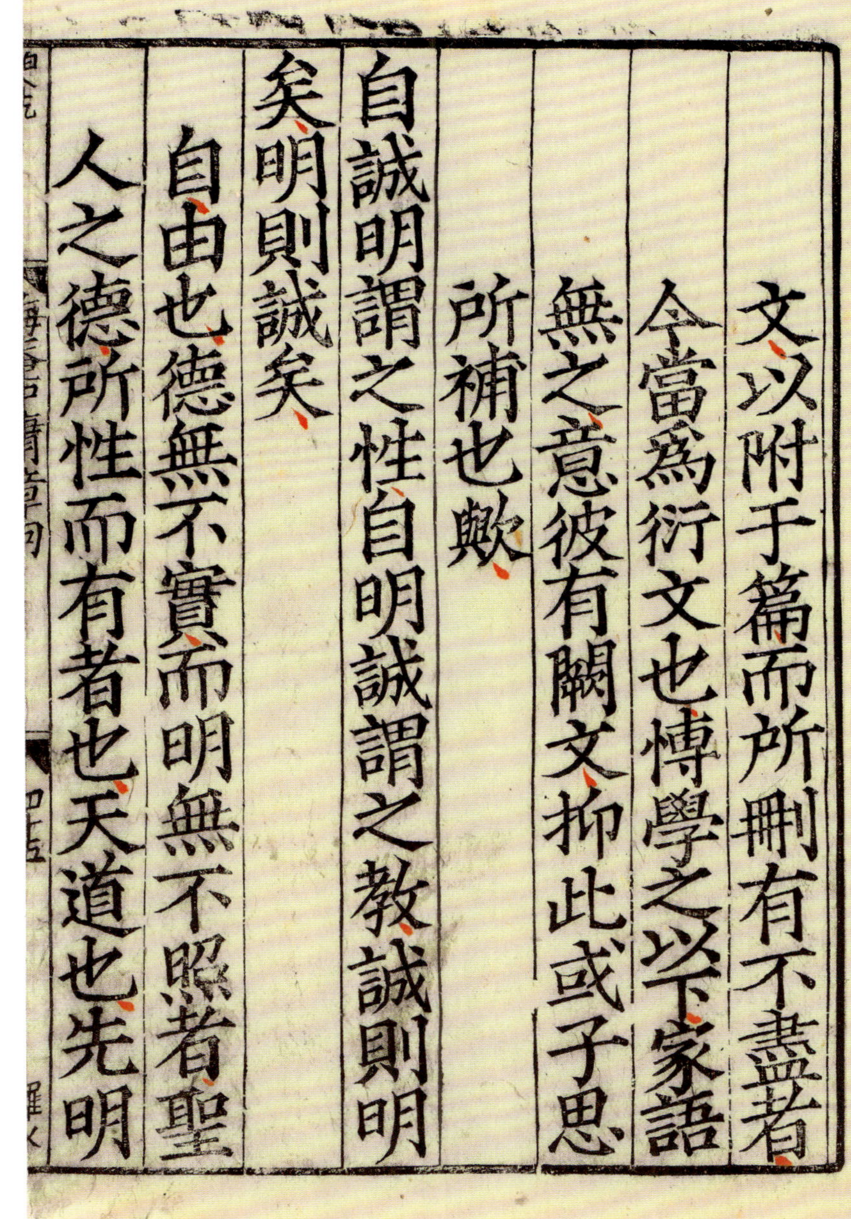

文以附于篇而所刪有不盡者
今當爲衍文也博學之以下家語
無之意彼有闕文抑此或子思
所補也歟

自誠明謂之性自明誠謂之教誠則明
矣明則誠矣
自由也德無不實而明無不照者聖
人之德所性而有者也天道也先明

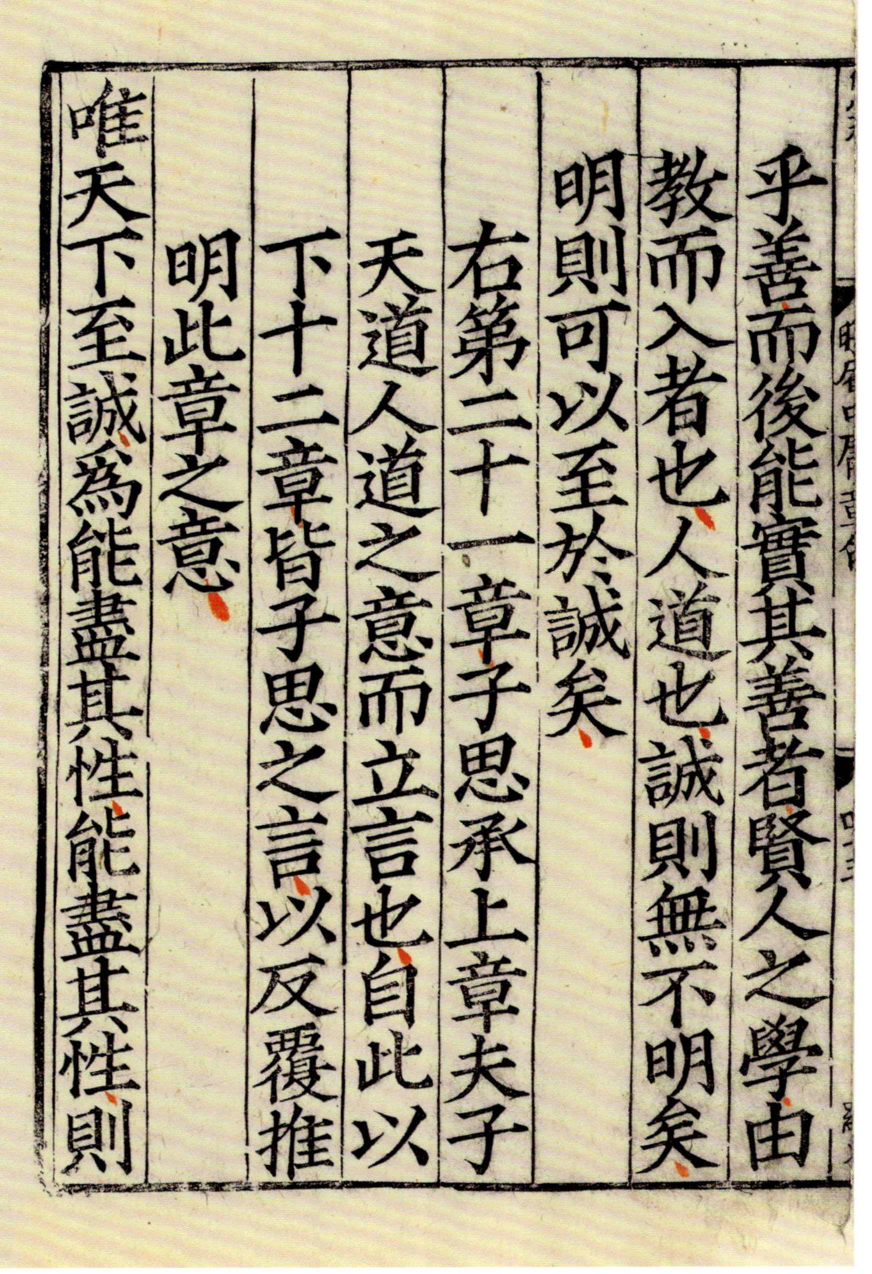

乎善而後能實其善者賢人之學由教而入者也人道也誠則無不明矣明則可以至於誠矣

右第二十一章子思承上章夫子天道人道之意而立言也自此以下十二章皆子思之言以反覆推明此章之意

唯天下至誠爲能盡其性能盡其性則

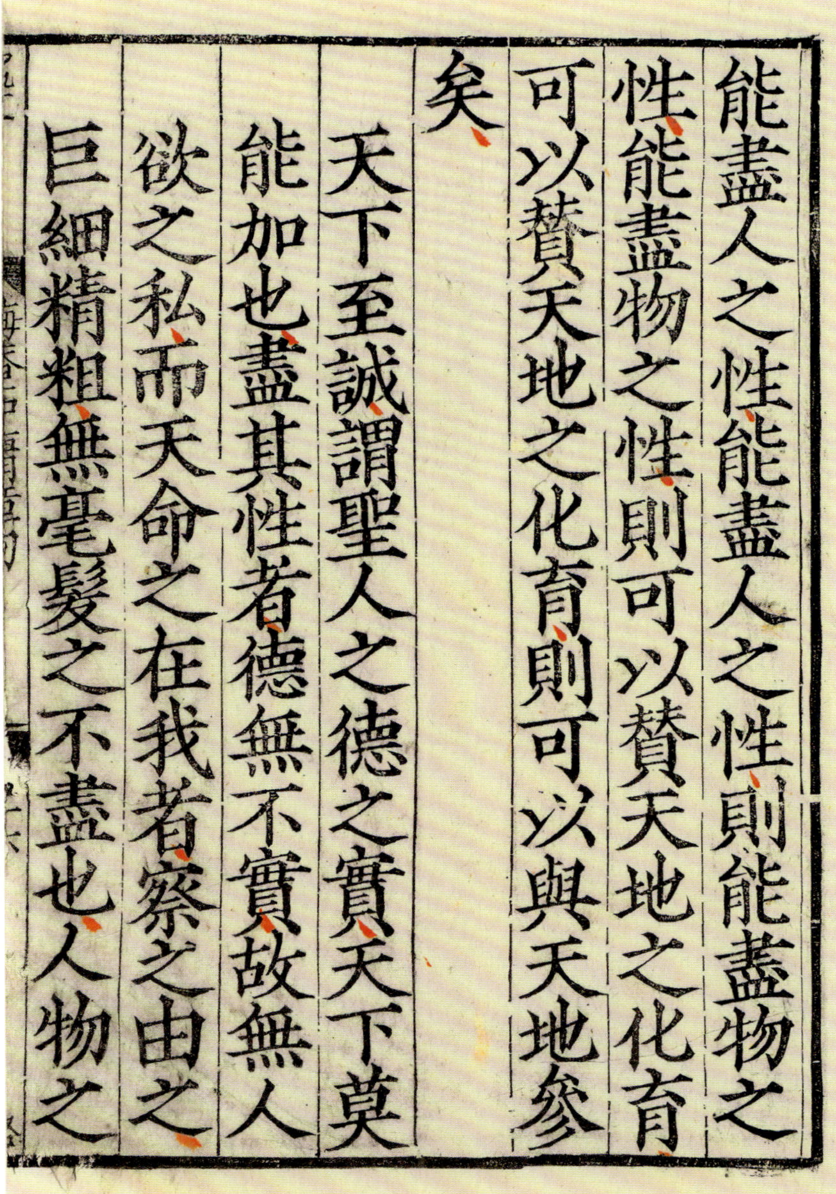

能盡人之性能盡人之性則能盡物之性能盡物之性則可以贊天地之化育可以贊天地之化育則可以與天地參矣

天下至誠謂聖人之德之實天下莫能加也盡其性者德無不實故無人欲之私而天命之在我者察之由之巨細精粗無毫髮之不盡也人物之

性亦我之性但以所賦形氣不同而有異耳能盡之者謂知之無不明而處之無不當也贊猶助也與天地參謂與天地並立爲三也此自誠而明者之事也

右第二十二章

言天道也

其次致曲曲能有誠誠則形形則著著

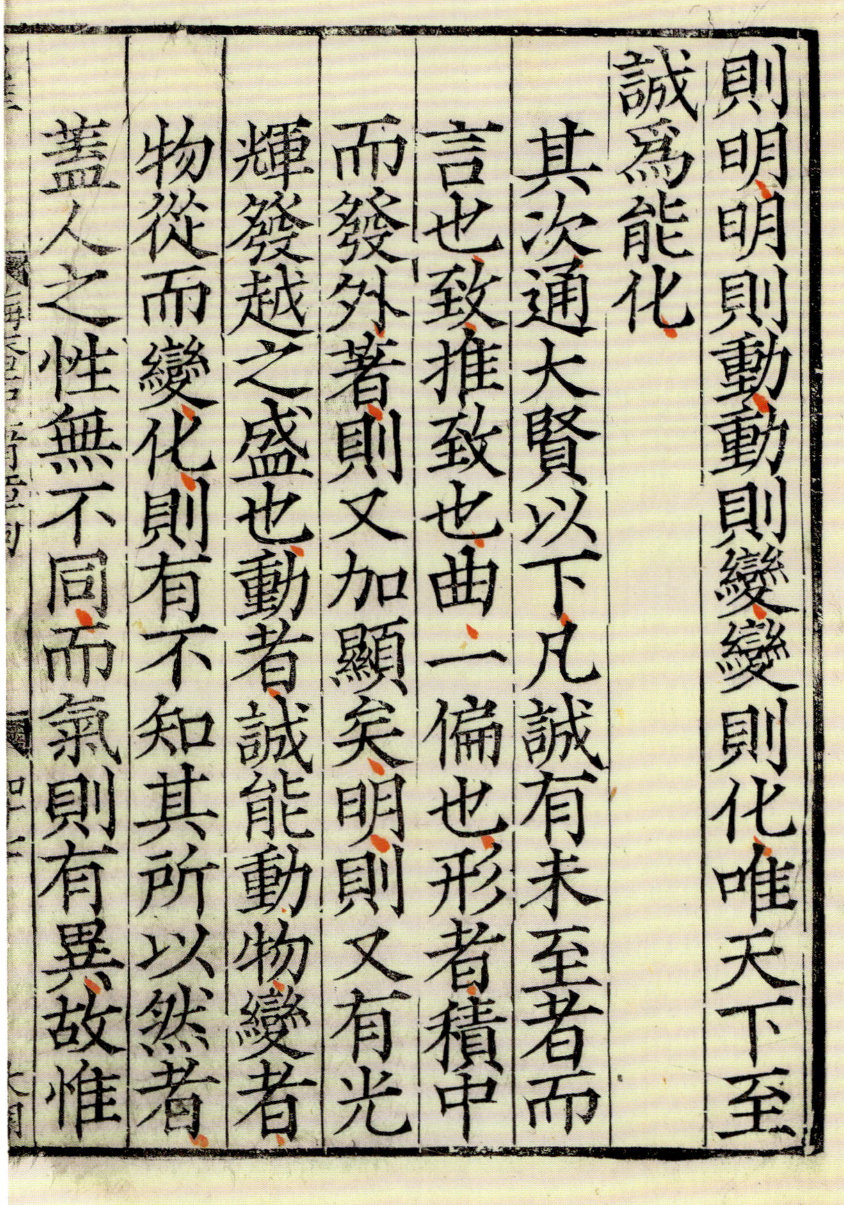

則明明則動動則變變則化唯天下至誠爲能化

其次通大賢以下凡誠有未至者而言也致推致也曲一偏也形者積中而發外著則又加顯矣明則又有光輝發越之盛也動者誠能動物變者物從而變化則有不知其所以然者蓋人之性無不同而氣則有異故惟

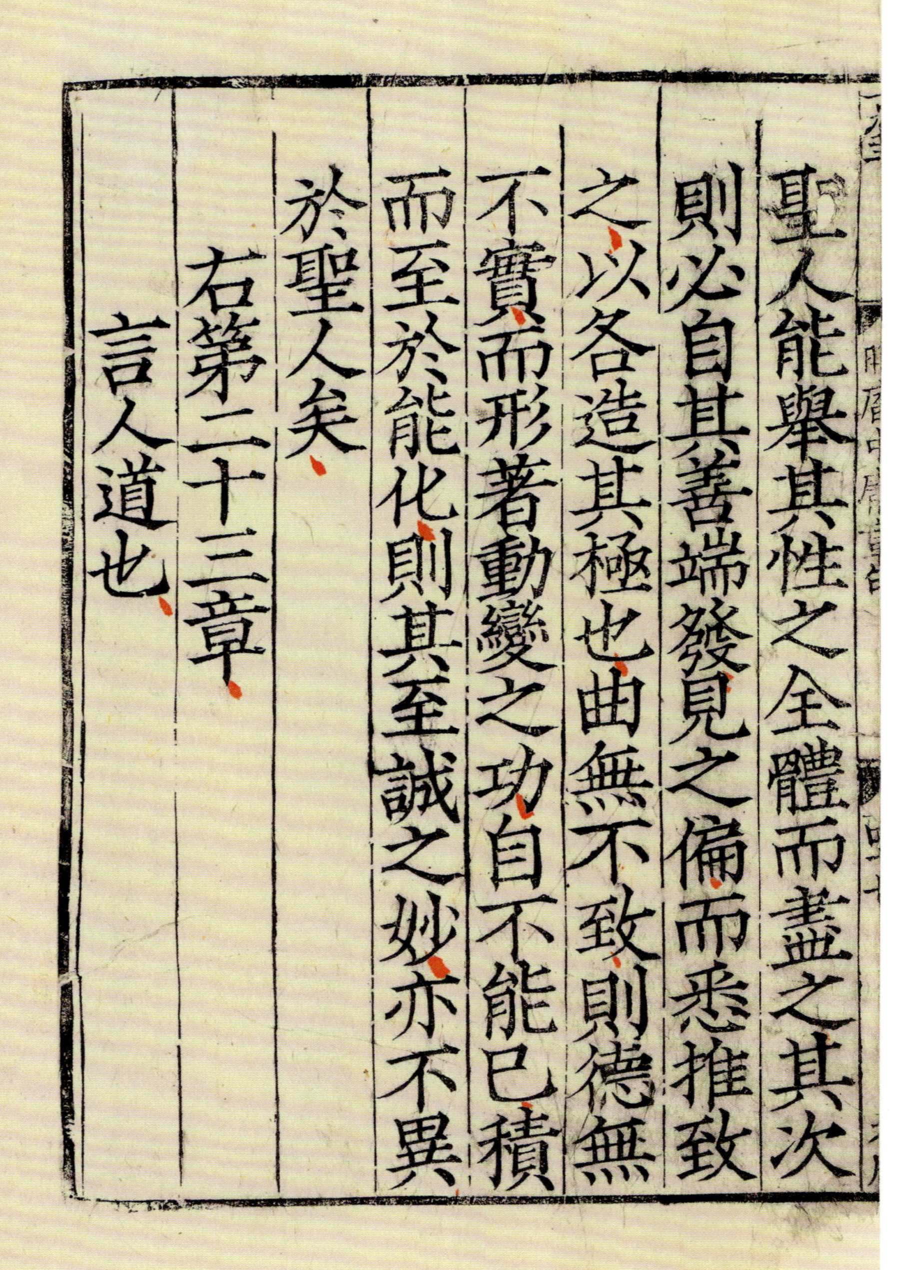

聖人能舉其性之全體而盡之其次則必自其善端發見之偏而悉推致之以各造其極也曲無不致則德無不實而形著動變之功自不能已積而至於能化則其至誠之妙亦不異於聖人矣

右第二十三章

言人道也

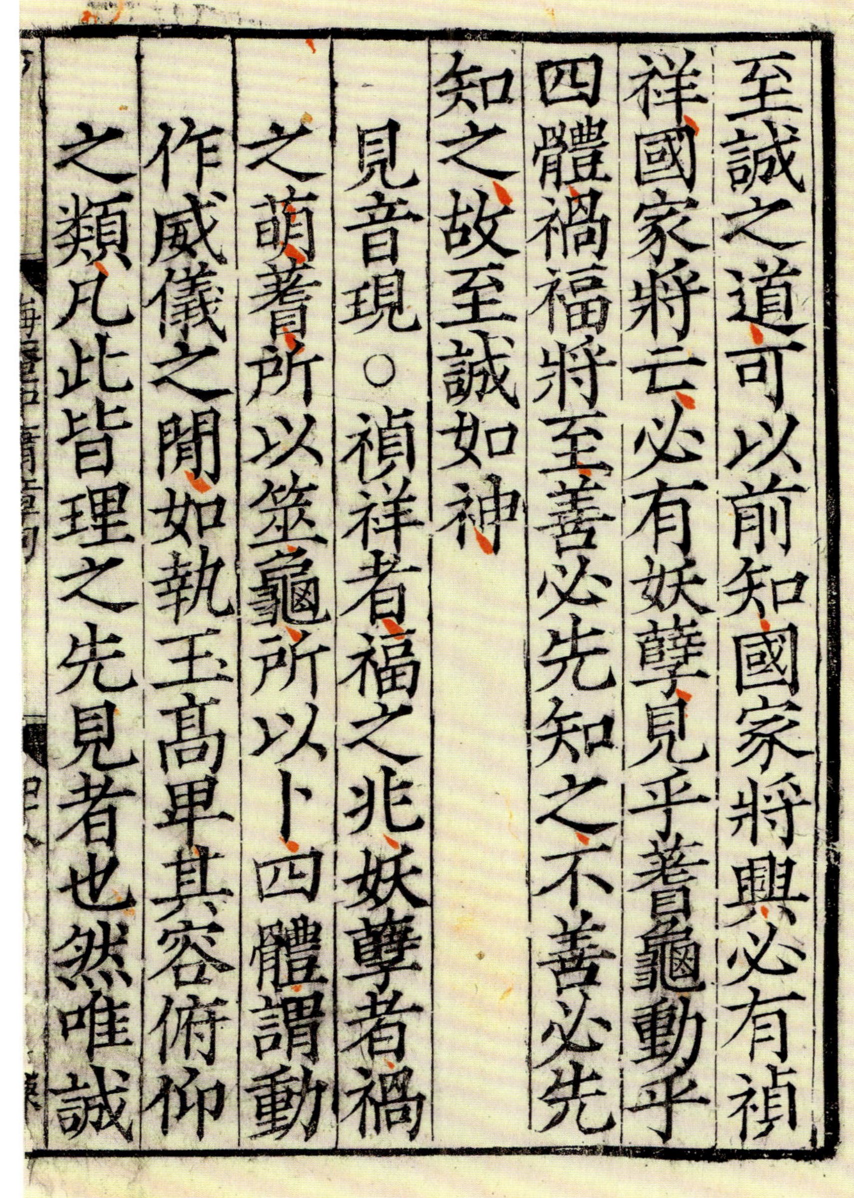

至誠之道可以前知國家將興必有禎祥國家將亡必有妖孽見乎蓍龜動乎四體禍福將至善必先知之不善必先知之故至誠如神

見音現○禎祥者福之兆妖孽者禍之萌蓍所以筮龜所以卜四體謂動作威儀之閒如執玉高卑其容俯仰之類凡此皆理之先見者也然唯誠

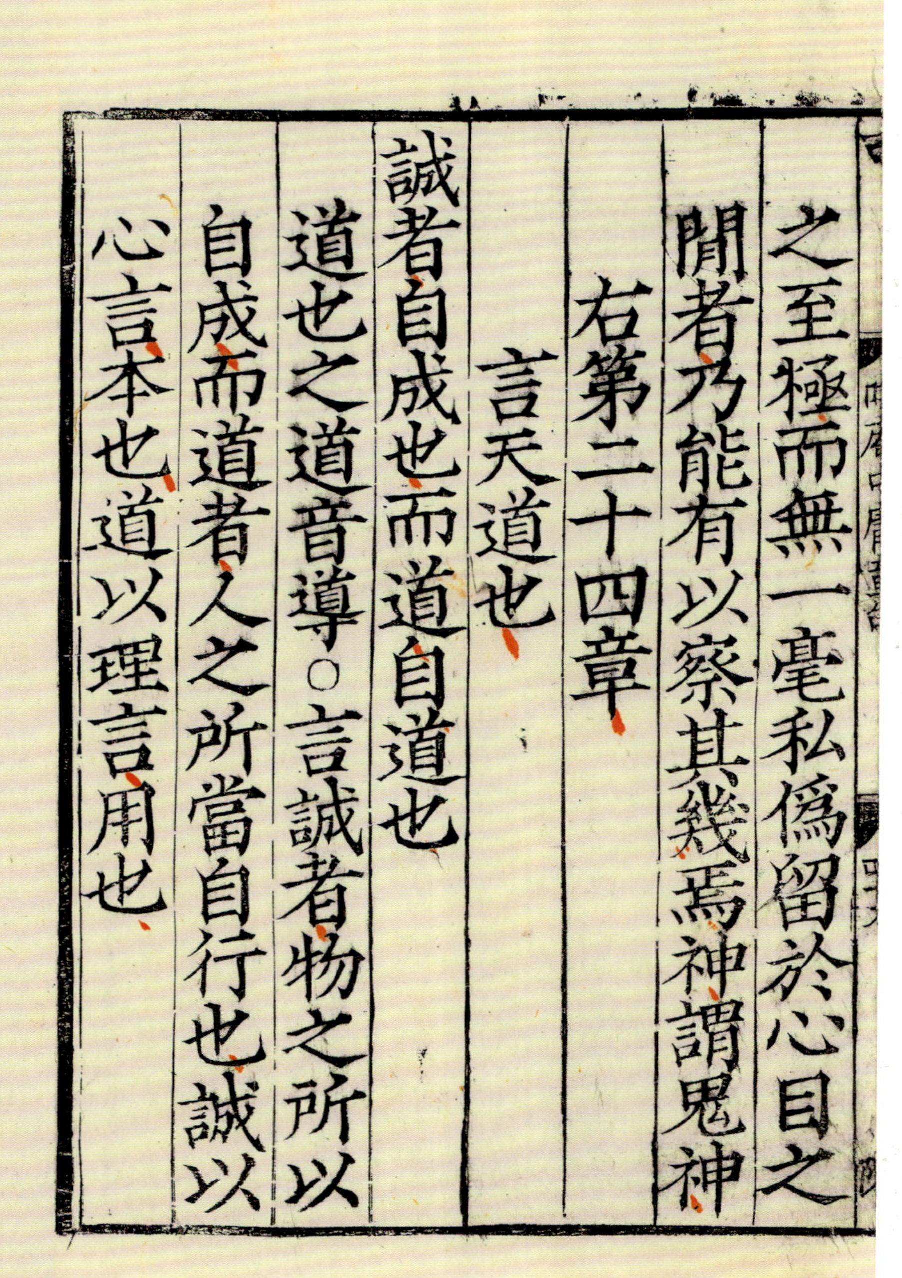

之至極而無一毫私僞留於心目之閒者乃能有以察其幾焉神謂鬼神

右第二十四章

言天道也

誠者自成也而道自道也

道也之道音導○言誠者物之所以自成而道者人之所當自行也誠以心言本也道以理言用也

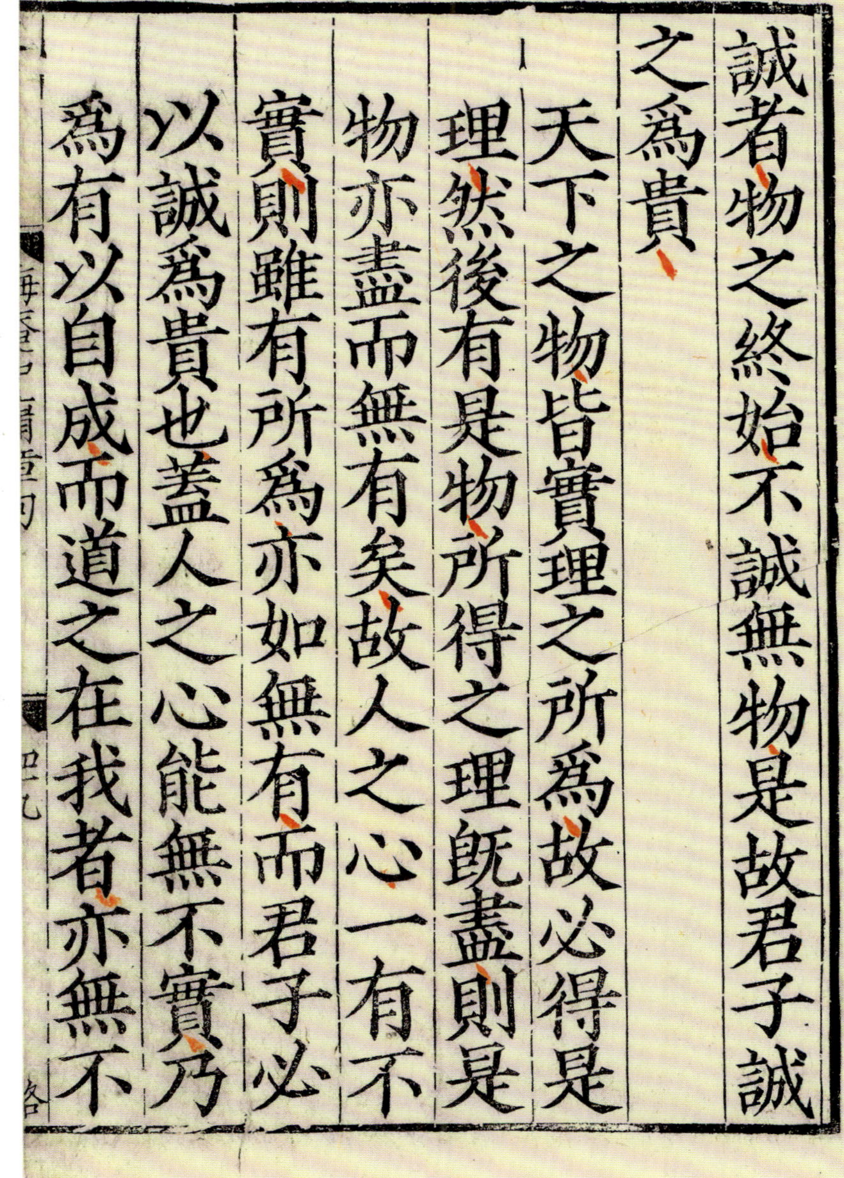

誠者物之終始不誠無物是故君子誠之爲貴

天下之物皆實理之所爲故必得是理然後有是物所得之理既盡則是物亦盡而無有矣故人之心一有不實則雖有所爲亦如無有而君子必以誠爲貴也蓋人之心能無不實乃爲有以自成而道之在我者亦無不

行矣

誠者非自成己而已也所以成物也成己仁也成物知也性之德也合外内之道也故時措之宜也

知去聲○誠雖所以成己然既有以自成則自然及物而道亦行於彼矣仁者體之存智者用之發是皆吾性之固有而無内外之殊既得於己則

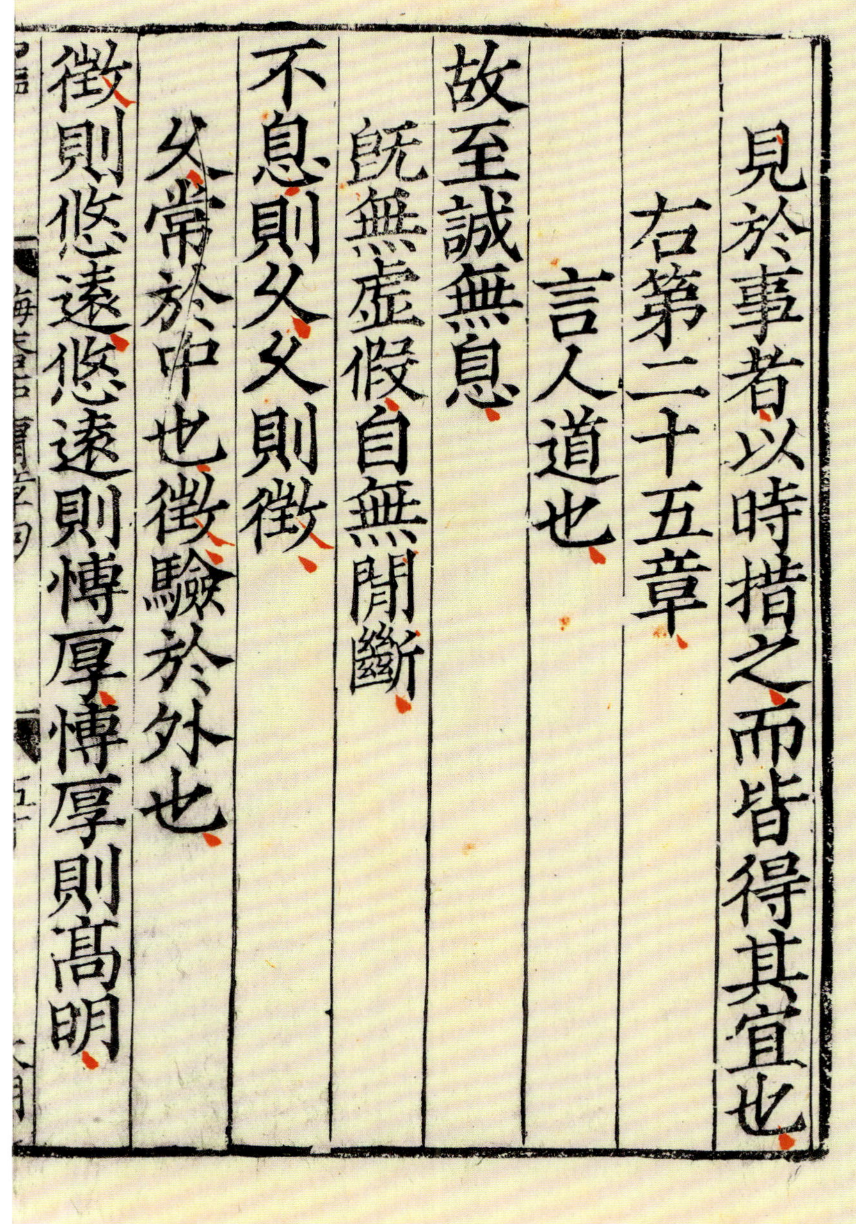

見於事者以時措之而皆得其宜也

右第二十五章

言人道也

故至誠無息

既無虛假自無閒斷

不息則久久則徵

久常於中也徵驗於外也

徵則悠遠悠遠則愽厚愽厚則高明

此皆以其驗於外者言之鄭氏所謂
至誠之德著於四方者是也存諸中
者旣久則驗於外者益悠遠而無窮
矣悠遠故其積也廣博而深厚博厚
故其發也高大而光明
博厚所以載物也高明所以覆物也悠
久所以成物也
悠久卽悠遠兼内外而言之也本以

悠遠致高厚而高厚又悠久也此言
聖人與天地同用

博厚配地高明配天悠久無疆

此言聖人與天地同體

如此者不見而章不動而變無爲而成

見音現○見猶示也不見而章以配
地而言也不動而變以配天而言也
無爲而成以無疆而言也

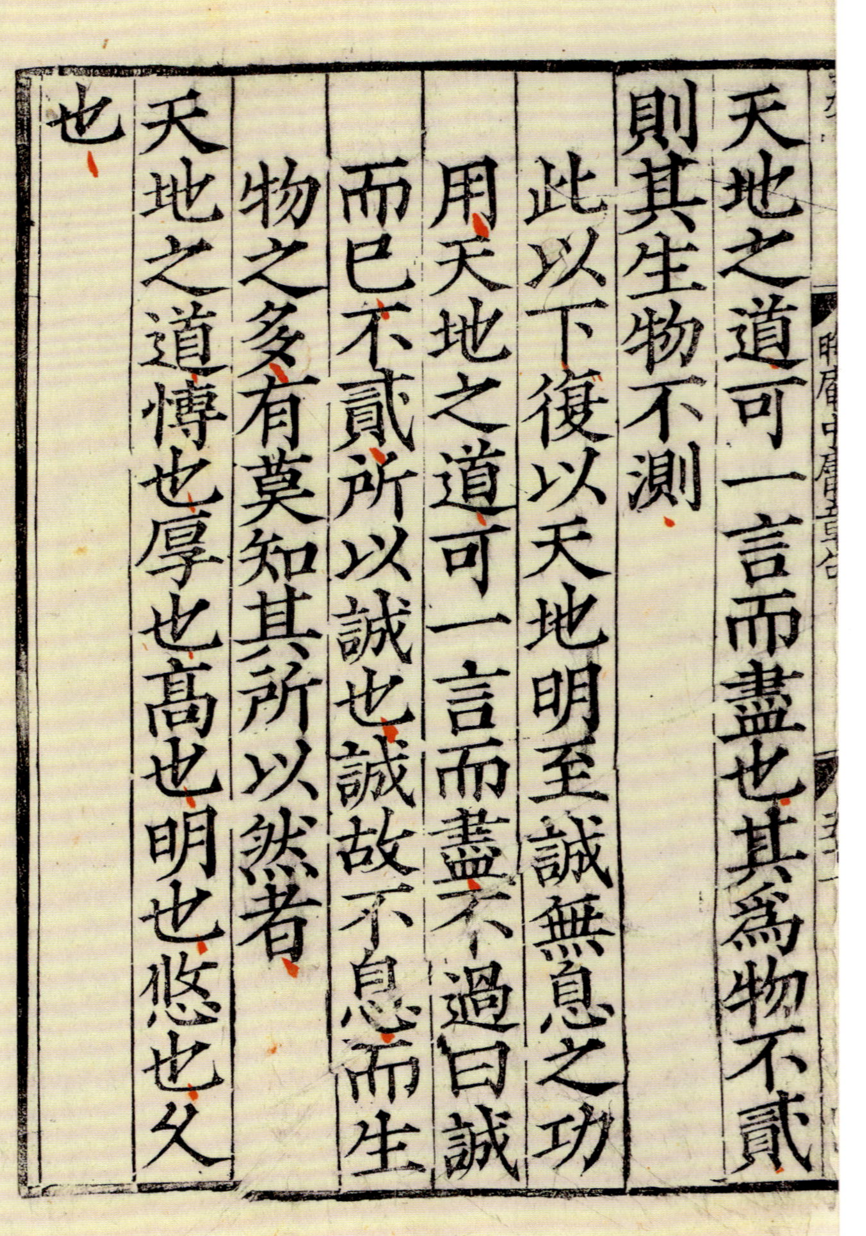

天地之道可一言而盡也其爲物不貳則其生物不測

此以下復以天地明至誠無息之功用天地之道可一言而盡不過曰誠而已不貳所以誠也誠故不息而生物之多有莫知其所以然者

天地之道博也厚也高也明也悠也久也

言天地之道誠一不貳故能各極其
盛而有下文生物之功
今夫天斯昭昭之多及其無窮也日月
星辰繫焉萬物覆焉今夫地一撮土之
多及其廣厚載華嶽而不重振河海而
不洩萬物載焉今夫山一卷石之多及
其廣大草木生之禽獸居之寶藏興焉
今夫水一勺之多及其不測黿鼉鮫龍

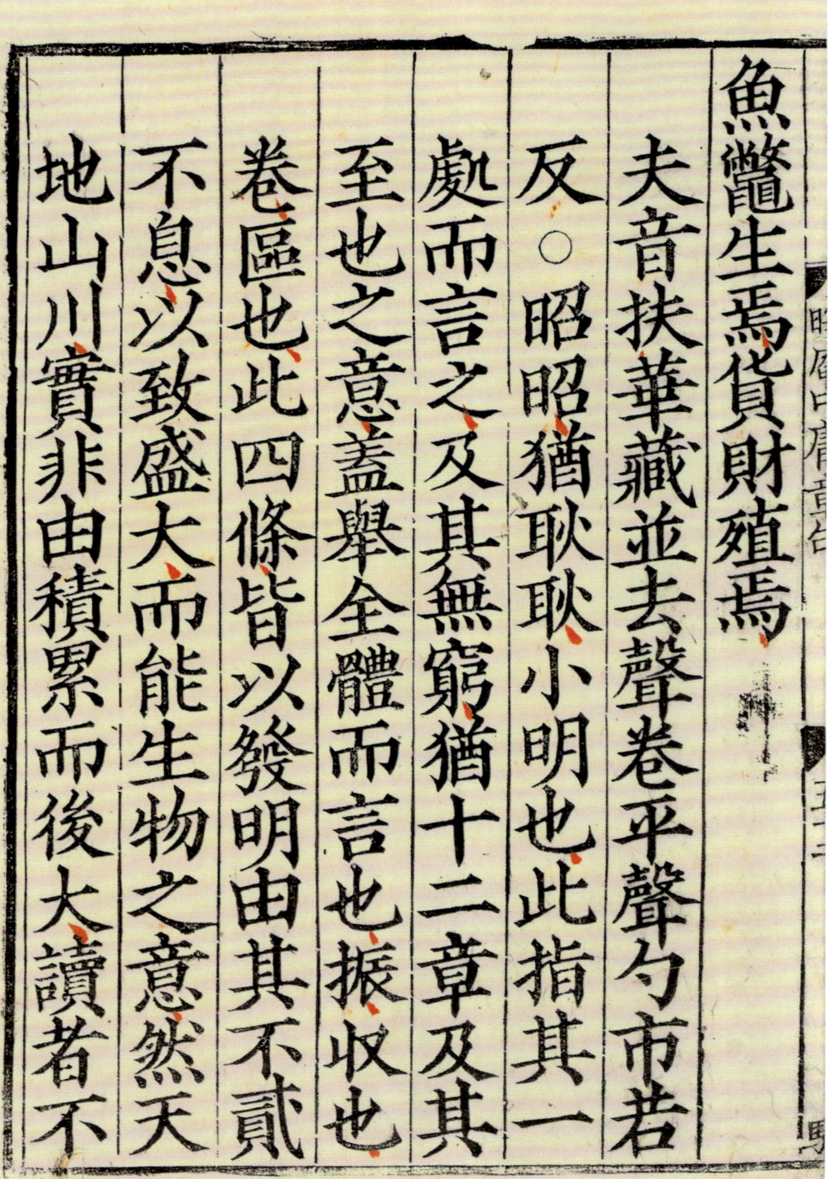

魚鼈生焉貨財殖焉

夫音扶華藏並去聲卷平聲勺市若反○昭昭猶耿耿小明也此指其一處而言之及其無窮猶十二章及其至也之意蓋舉全體而言也振收也卷區也此四條皆以發明由其不貳不息以致盛大而能生物之意然天地山川實非由積累而後大讀者不

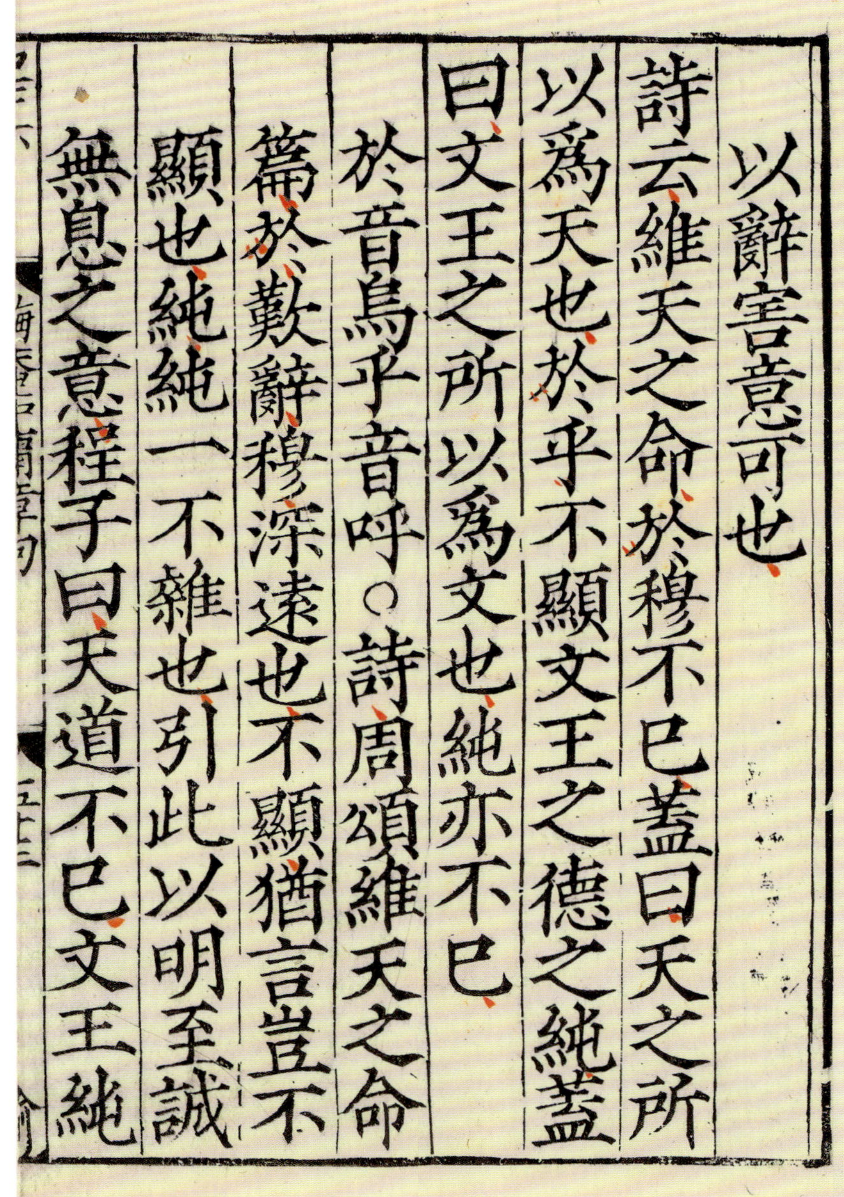
以辭害意可也
詩云維天之命於穆不已蓋曰天之所以爲天也於乎不顯文王之德之純蓋曰文王之所以爲文也純亦不已
於音烏乎音呼○詩周頌維天之命篇於歎辭穆深遠也不顯猶言豈不顯也純純一不雜也引此以明至誠無息之意程子曰天道不已文王純

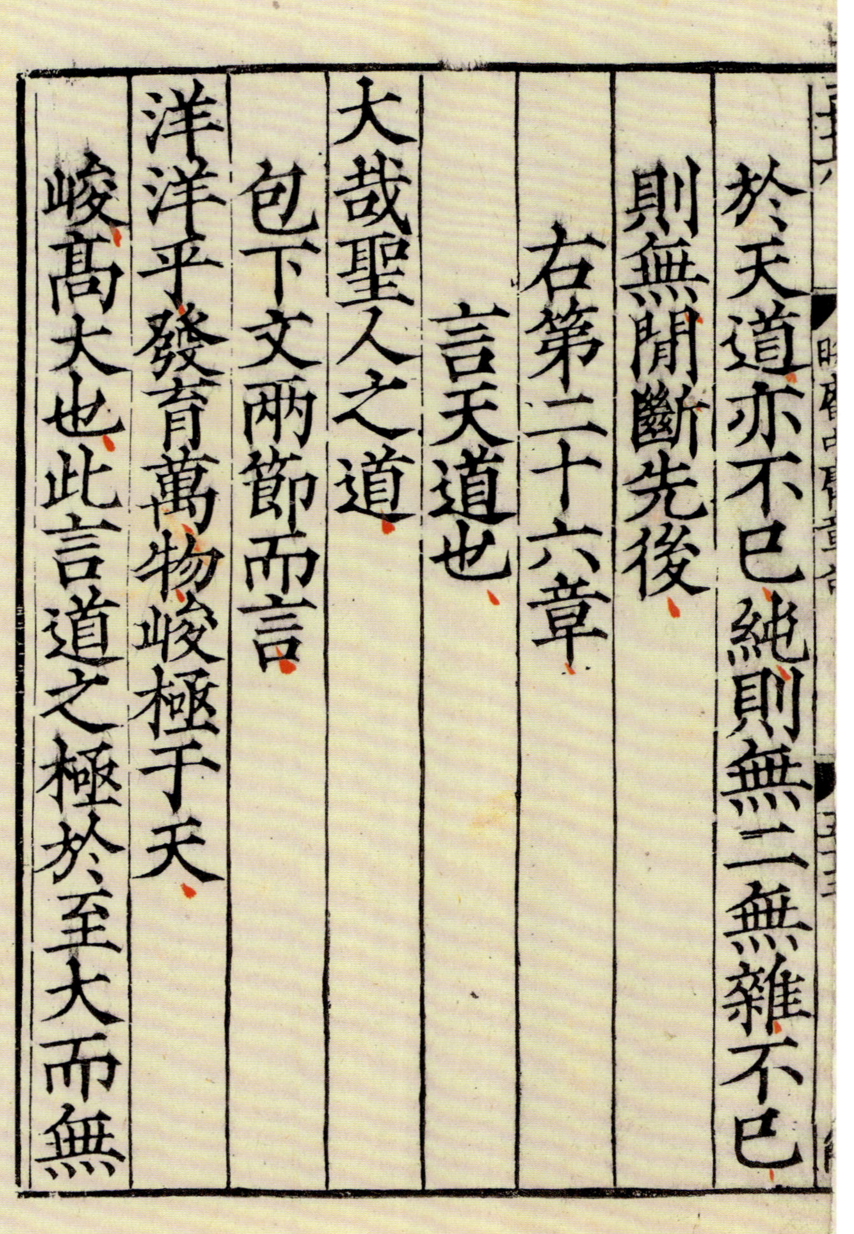

於天道亦不已純則無二無雜不已
則無閒斷先後
右第二十六章
言天道也
大哉聖人之道
包下文兩節而言
洋洋乎發育萬物峻極于天
峻高大也此言道之極於至大而無

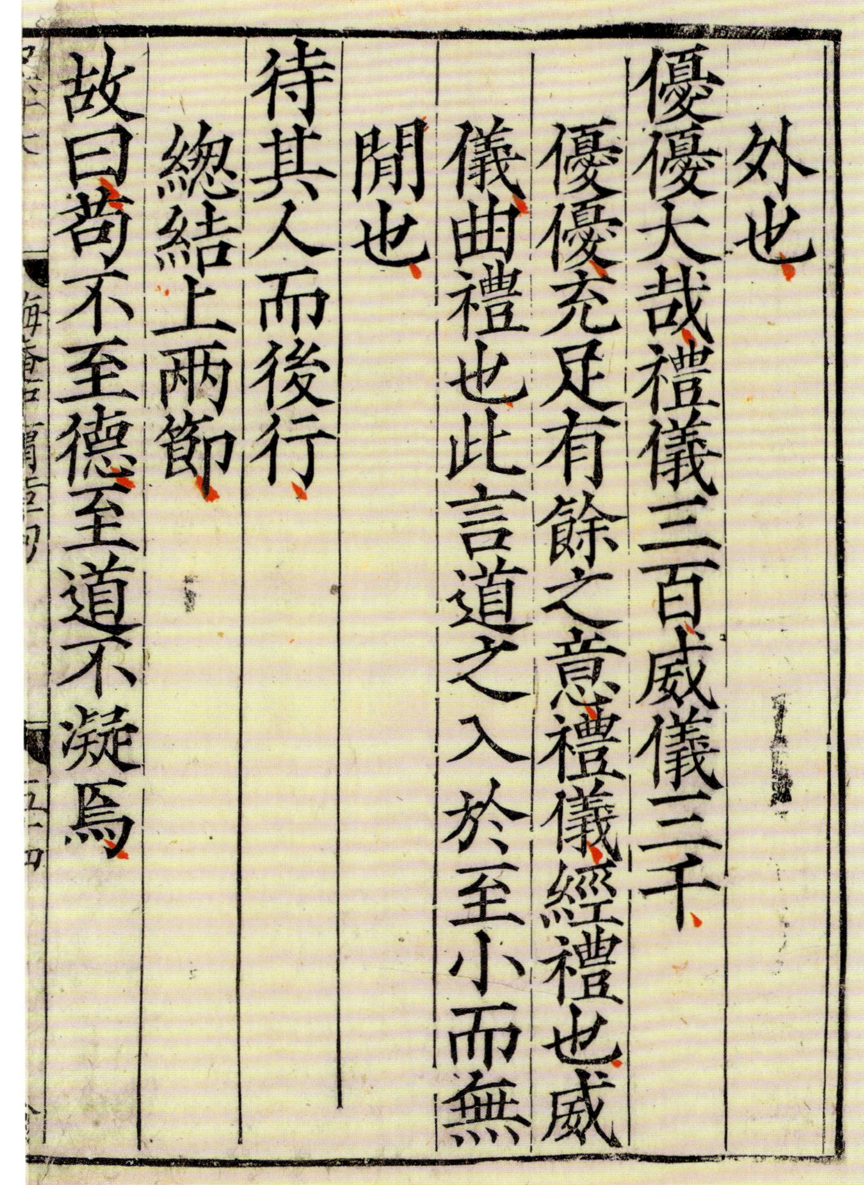

外也

優優大哉禮儀三百威儀三千

優優充足有餘之意禮儀經禮也威儀曲禮也此言道之入於至小而無閒也

待其人而後行

總結上兩節

故曰苟不至德至道不凝焉

至德謂其人至道指上兩節而言也
凝聚也成也
故君子尊德性而道問學致廣大而盡
精微極高明而道中庸溫故而知新敦
厚以崇禮
尊者恭敬奉持之意德性者吾所受
於天之正理道由也溫猶燖溫之溫
謂故學之矣復時習之也敦加厚也

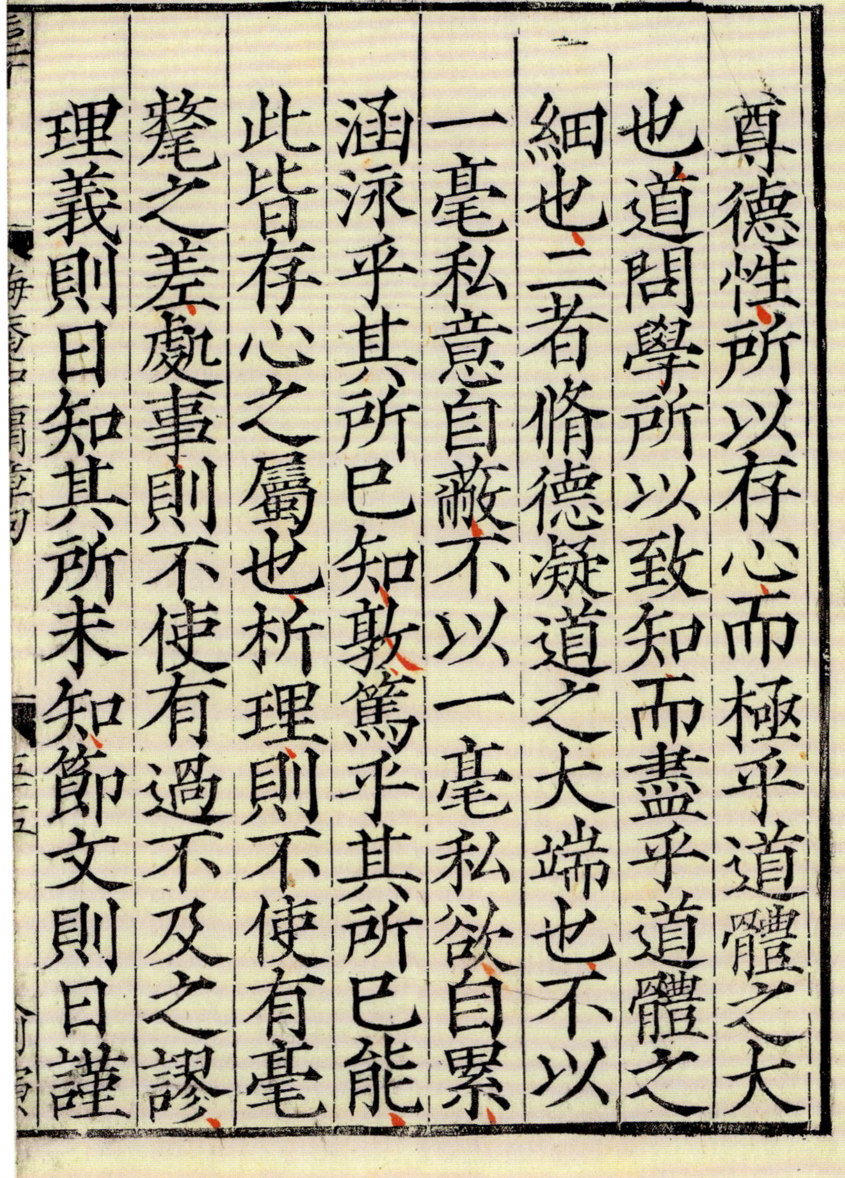

尊德性所以存心而極乎道體之大也道問學所以致知而盡乎道體之細也二者脩德凝道之大端也不以一毫私意自蔽不以一毫私欲自累涵泳乎其所已知敦篤乎其所已能此皆存心之屬也析理則不使有毫釐之差處事則不使有過不及之謬理義則日知其所未知節文則日謹

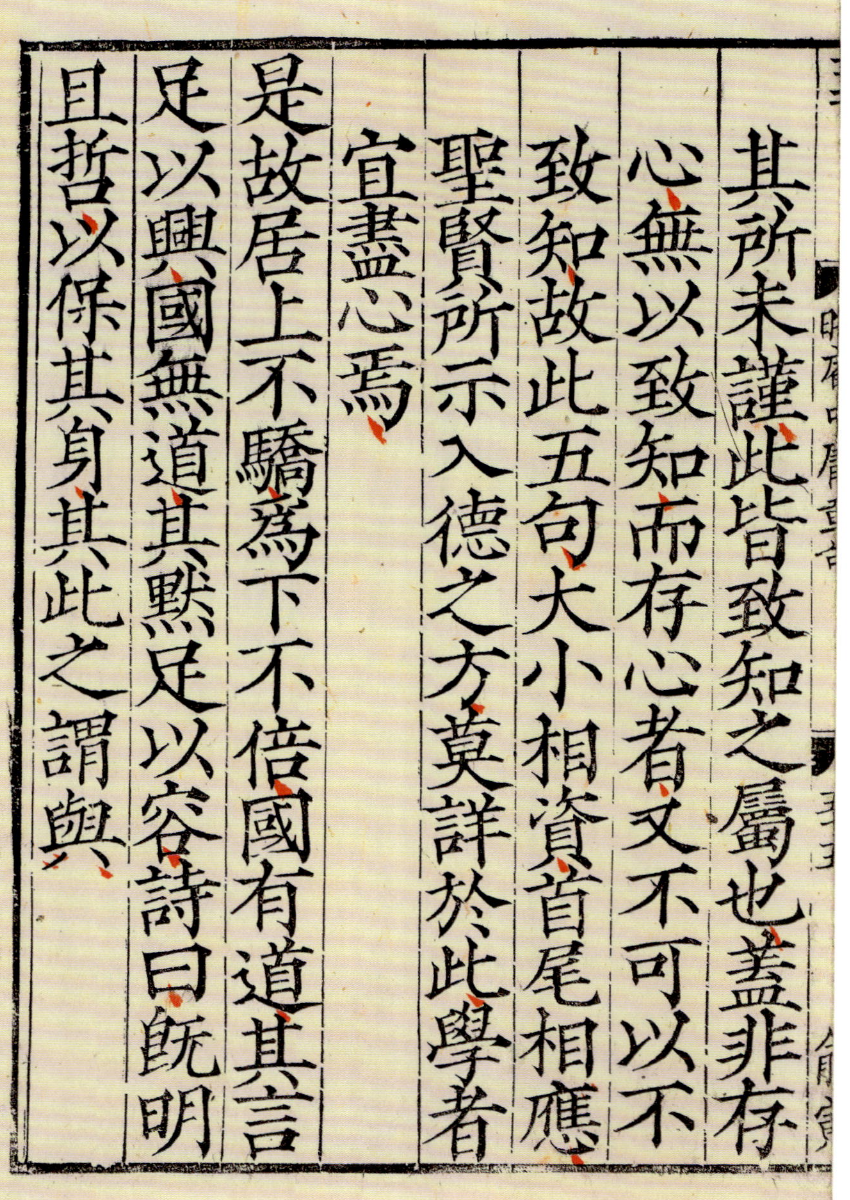

其所未謹此皆致知之屬也蓋非存心無以致知而存心者又不可以不致知故此五句大小相資首尾相應聖賢所示入德之方莫詳於此學者宜盡心焉

是故居上不驕為下不倍國有道其言足以興國無道其默足以容詩曰既明且哲以保其身其此之謂與

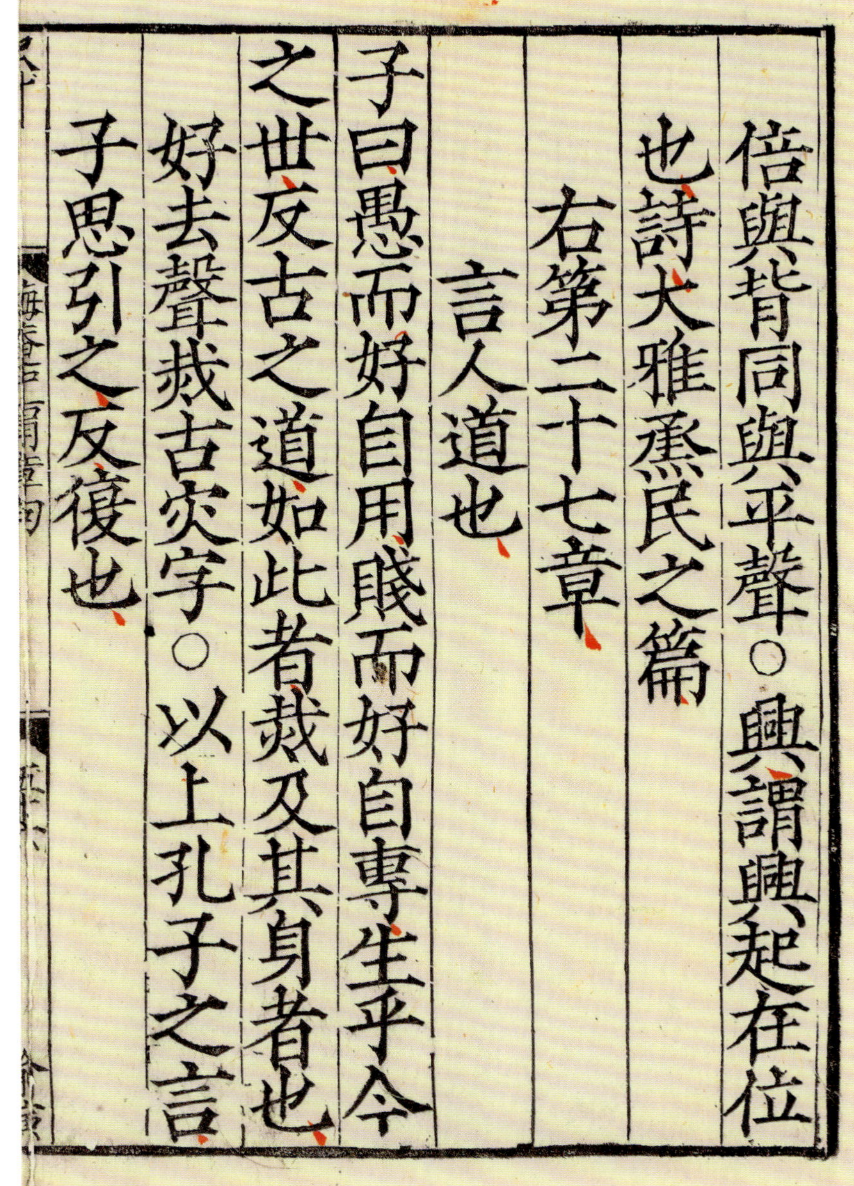

倍與背同與平聲○興謂興起在位也詩大雅烝民之篇

右第二十七章

言人道也

子曰愚而好自用賤而好自專生乎今之世反古之道如此者裁及其身者也

好去聲裁古災字○以上孔子之言子思引之反復也

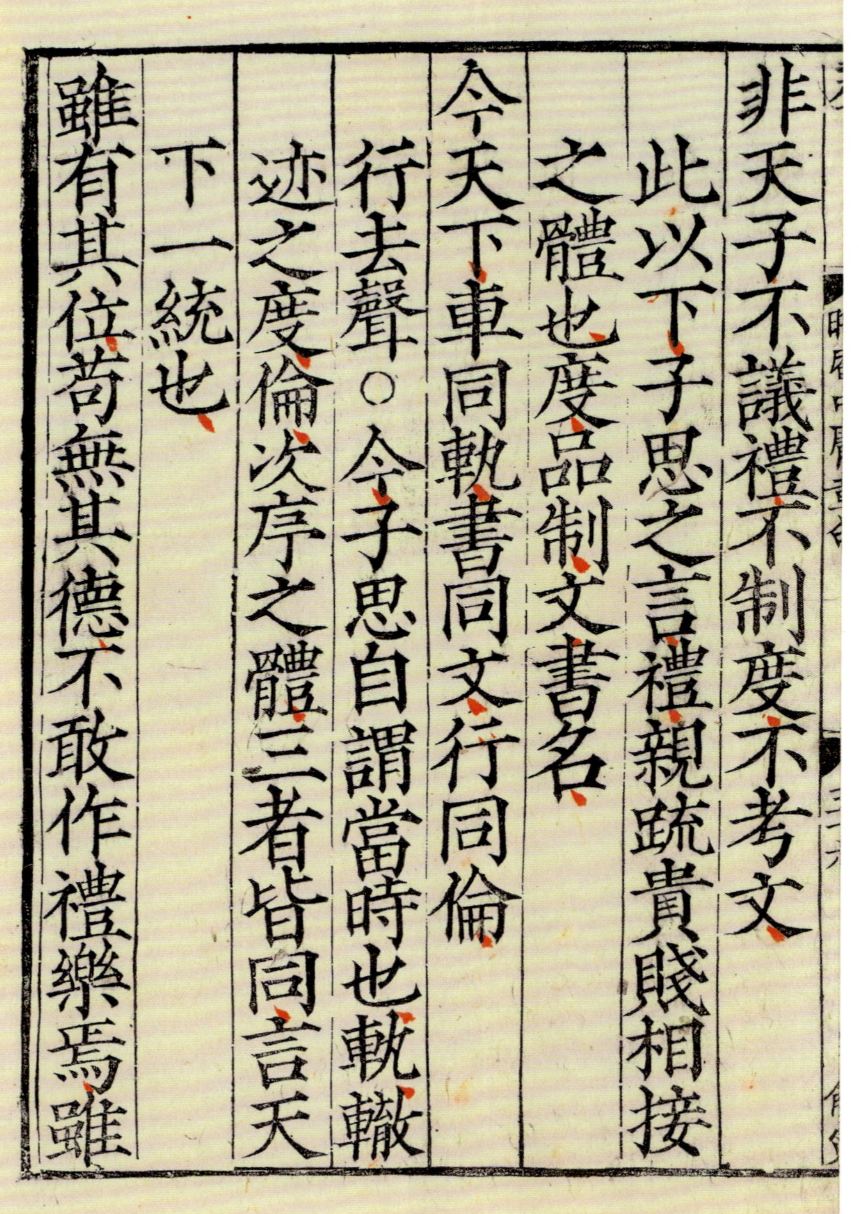

非天子不議禮不制度不考文
此以下子思之言禮親踈貴賤相接
之體也度品制文書名
今天下車同軌書同文行同倫
行去聲○今子思自謂當時也軌轍
迹之度倫次序之體三者皆同言天
下一統也
雖有其位苟無其德不敢作禮樂焉雖

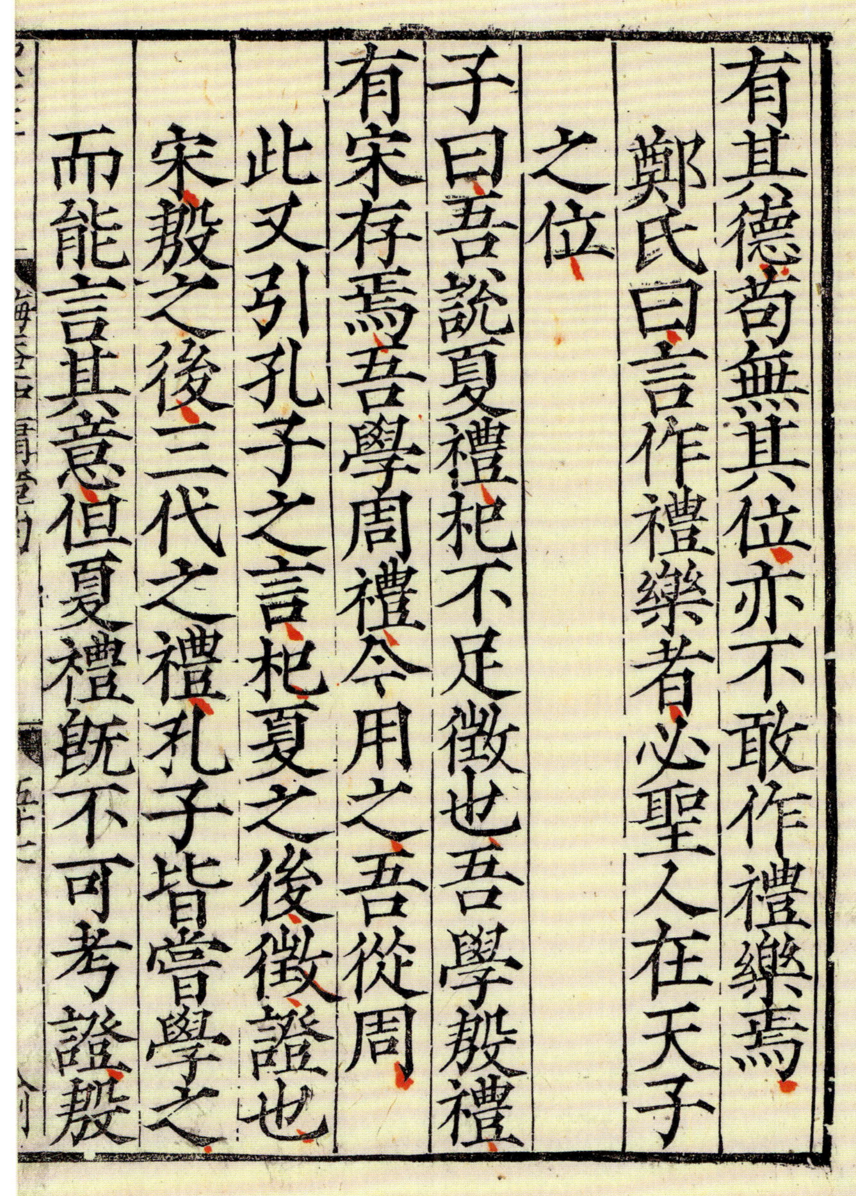

有其德苟無其位亦不敢作禮樂焉

鄭氏曰言作禮樂者必聖人在天子之位

子曰吾說夏禮杞不足徵也吾學殷禮有宋存焉吾學周禮今用之吾從周

此又引孔子之言杞夏之後徵證也宋殷之後三代之禮孔子皆嘗學之而能言其意但夏禮既不可考證殷

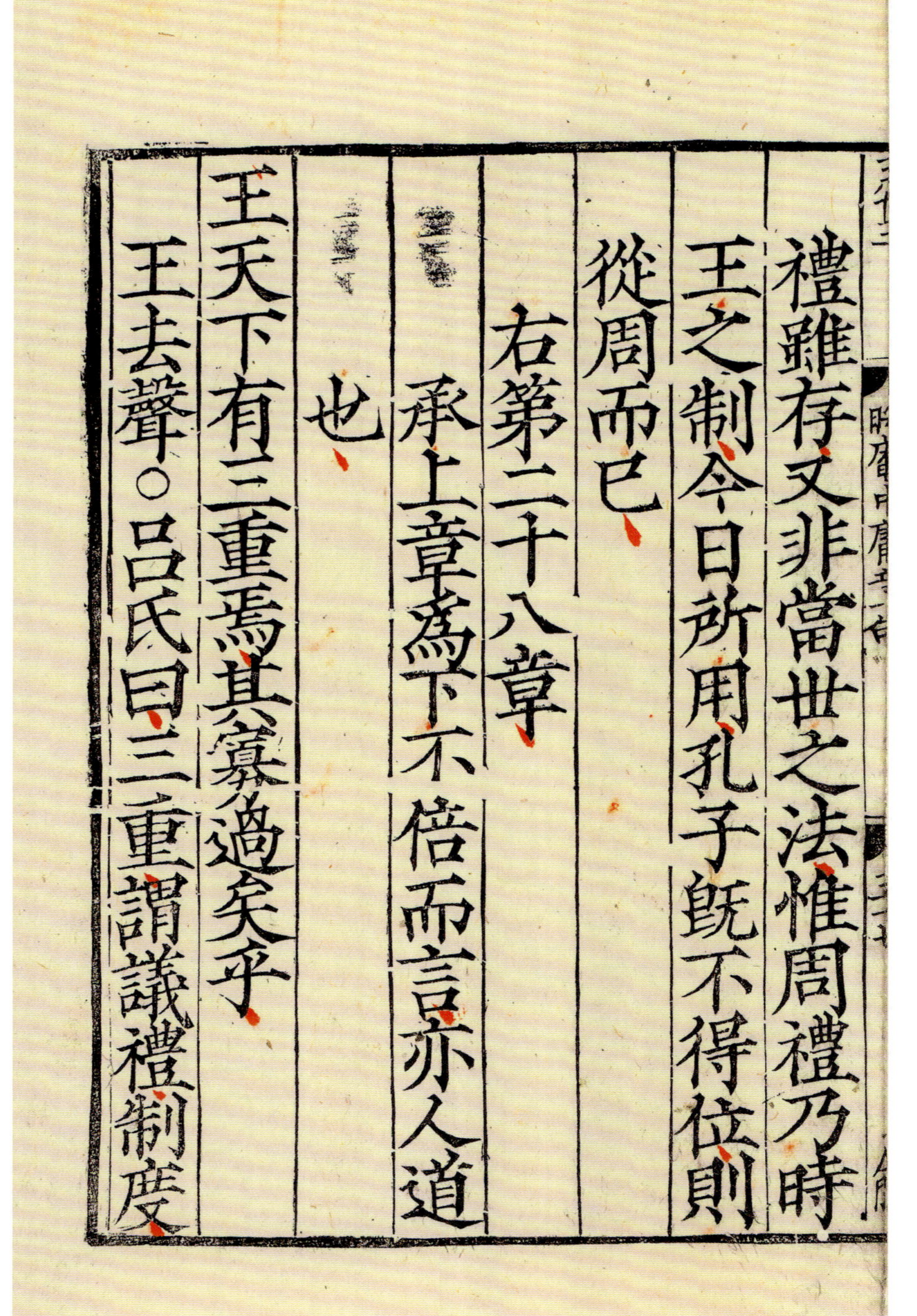

禮雖存又非當世之法惟周禮乃時王之制今日所用孔子既不得位則從周而已

右第二十八章

承上章爲下不倍而言亦人道也

王天下有三重焉其寡過矣乎

王去聲○吕氏曰三重謂議禮制度

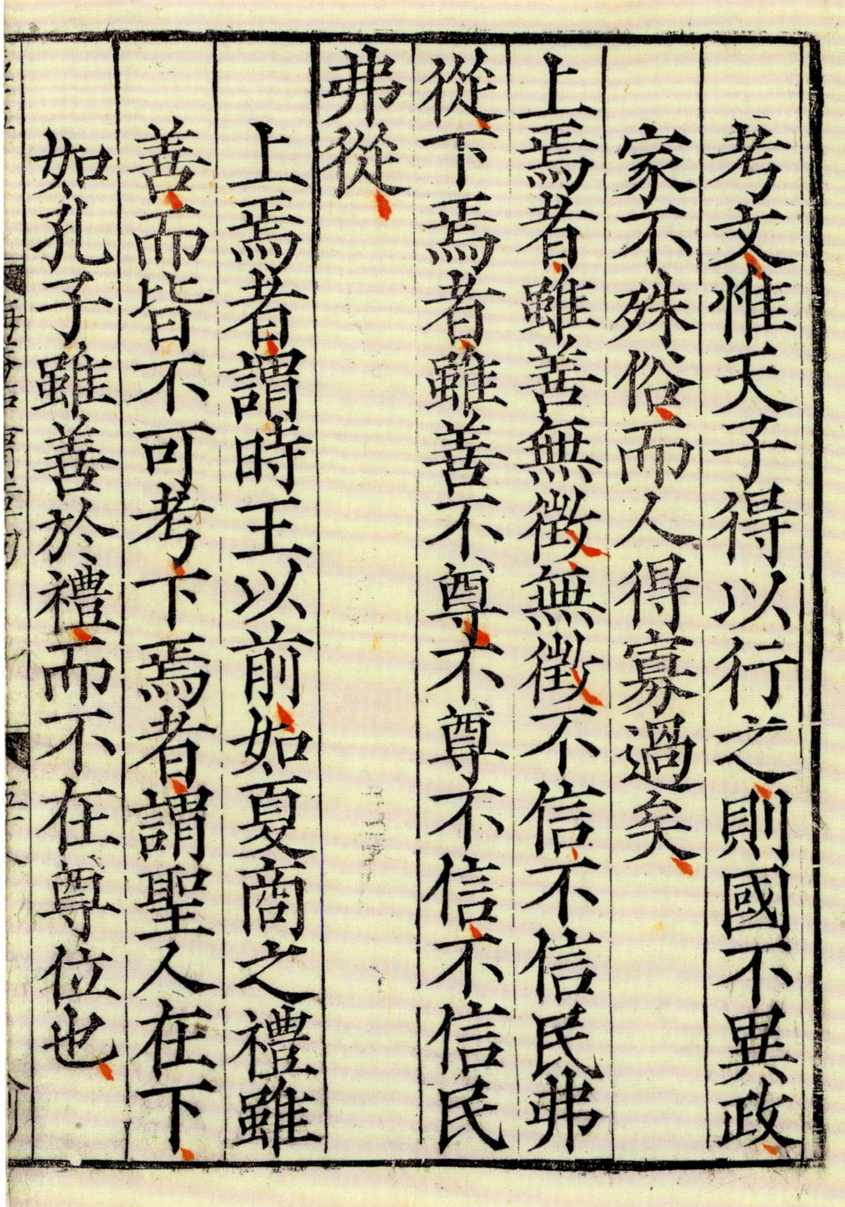

考文惟天子得以行之則國不異政家不殊俗而人得寡過矣

上焉者雖善無徵無徵不信不信民弗從下焉者雖善不尊不尊不信不信民弗從

上焉者謂時王以前如夏商之禮雖善而皆不可考下焉者謂聖人在下如孔子雖善於禮而不在尊位也

故君子之道本諸身徵諸庶民考諸三王而不繆建諸天地而不悖質諸鬼神而無疑百世以俟聖人而不惑

此君子指王天下者而言其道即議禮制度考文之事也本諸身有其德也徵諸庶民驗其所信從也建立也立於此而參於彼也天地者道也鬼神者造化之迹也百世以俟聖人而

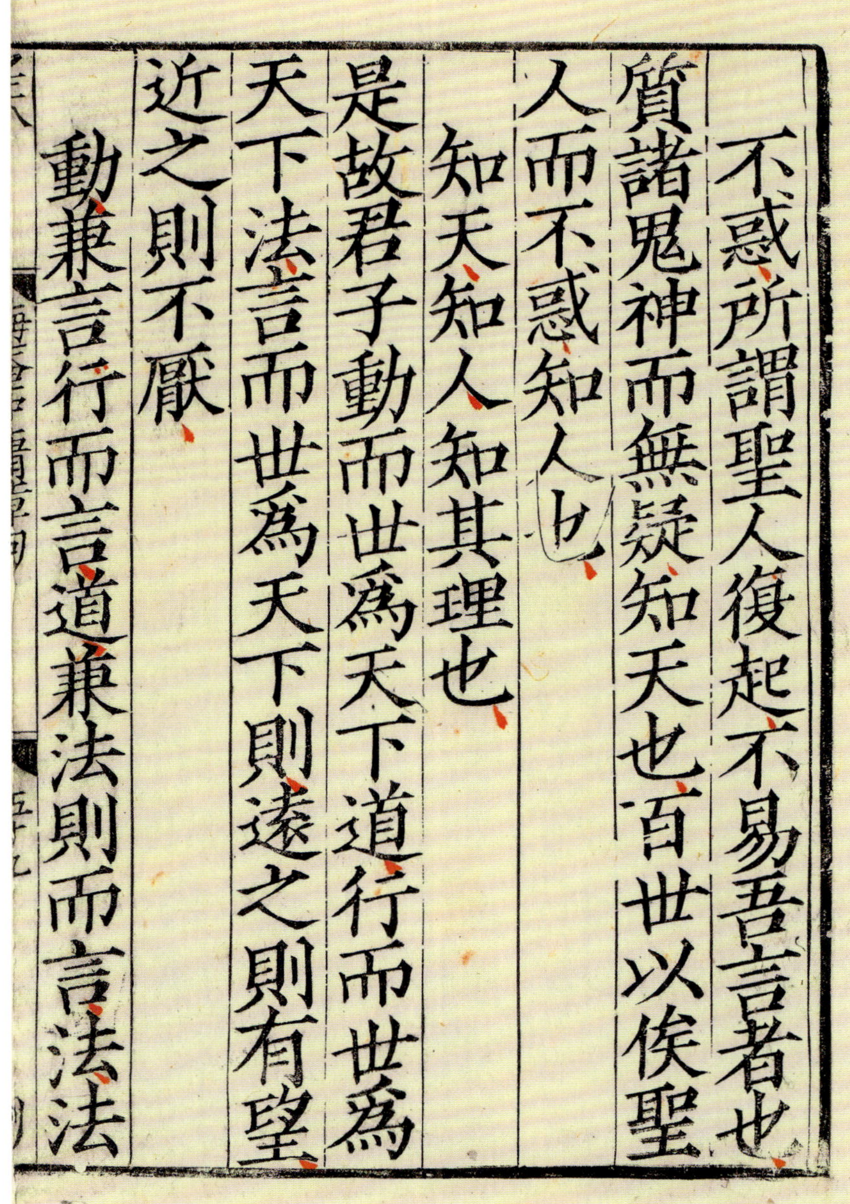

不惑所謂聖人復起不易吾言者也
質諸鬼神而無疑知天也百世以俟聖
人而不惑知人也
知天知人知其理也
是故君子動而世爲天下道行而世爲
天下法言而世爲天下則遠之則有望
近之則不厭
動兼言行而言道兼法則而言法法

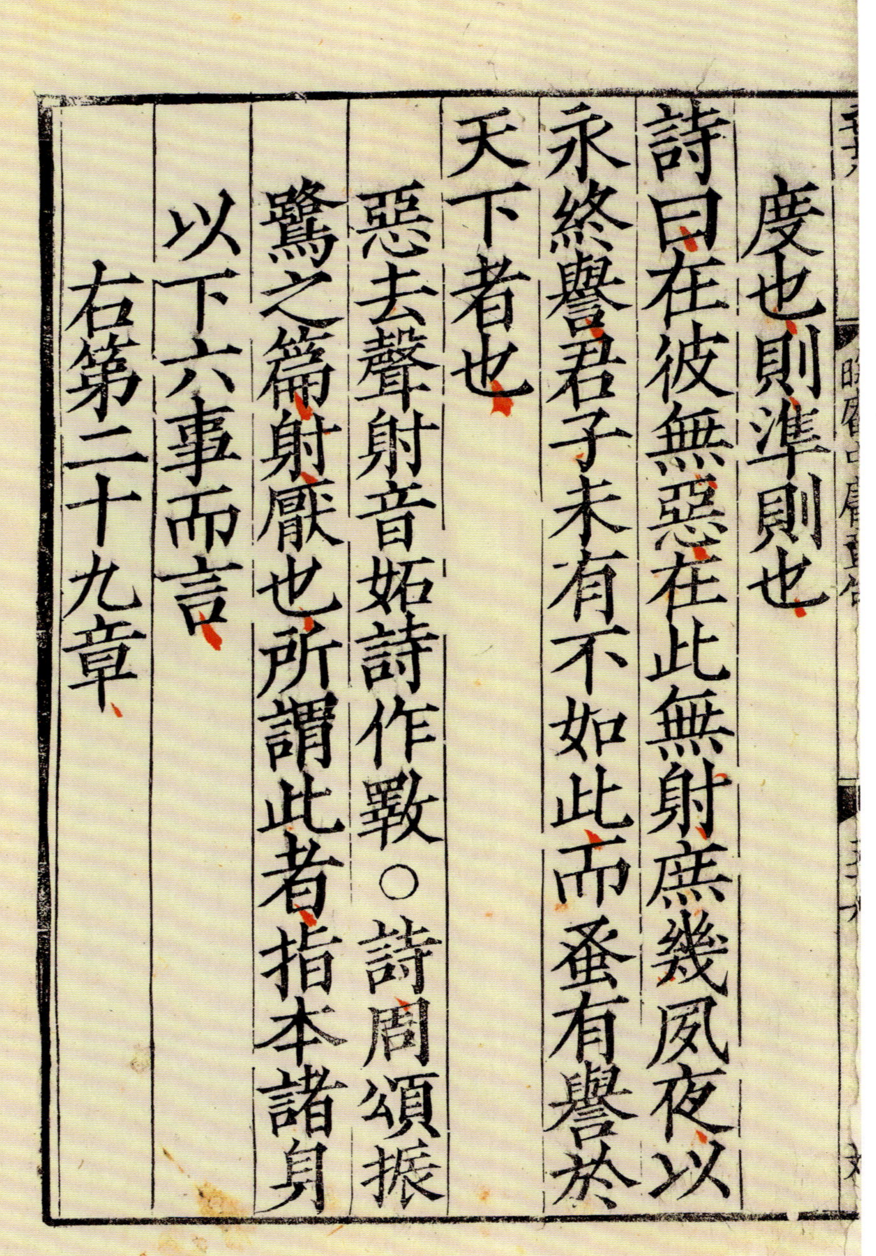

度也則準則也

詩曰在彼無惡在此無射庶幾夙夜以永終譽君子未有不如此而蚤有譽於天下者也

惡去聲射音妒詩作斁○詩周頌振鷺之篇射厭也所謂此者指本諸身以下六事而言

右第二十九章

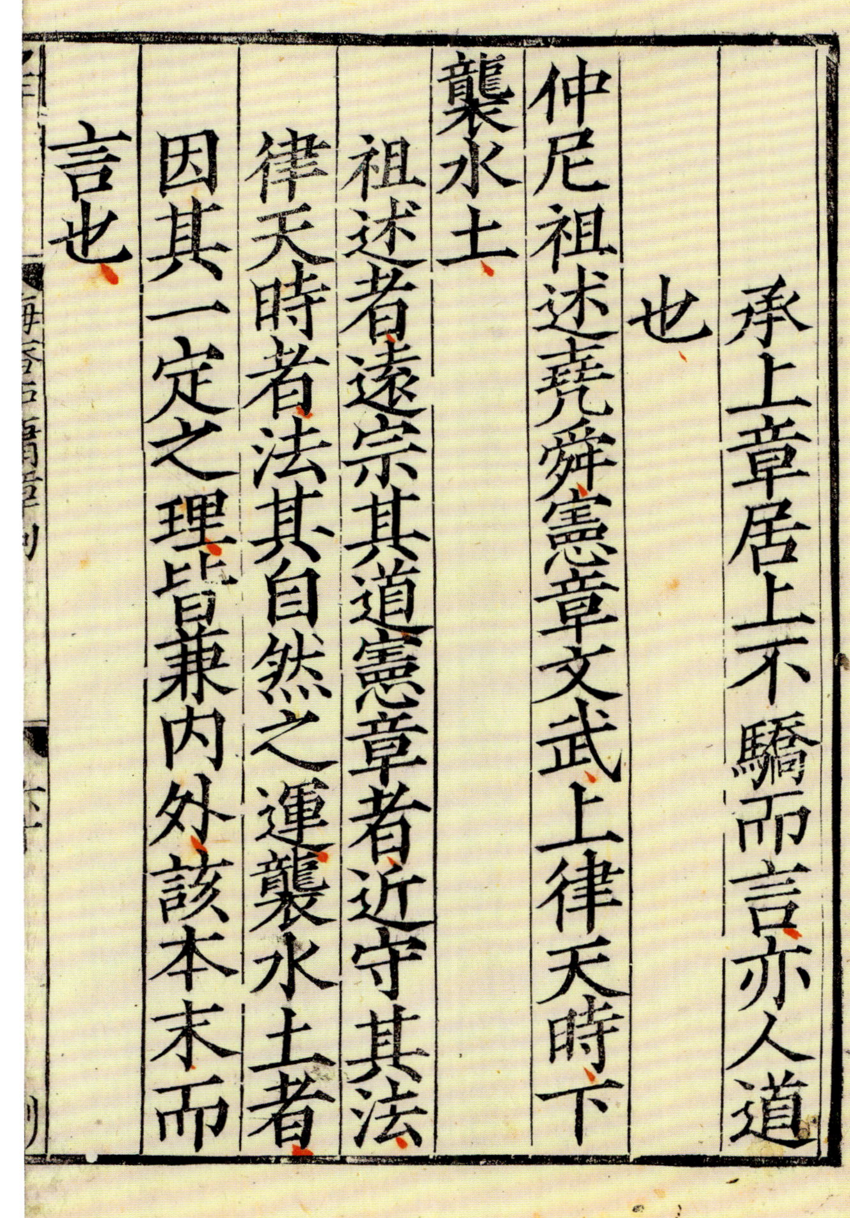

承上章居上不驕而言亦人道也

仲尼祖述堯舜憲章文武上律天時下襲水土

祖述者遠宗其道憲章者近守其法律天時者法其自然之運襲水土者因其一定之理皆兼内外該本末而言也

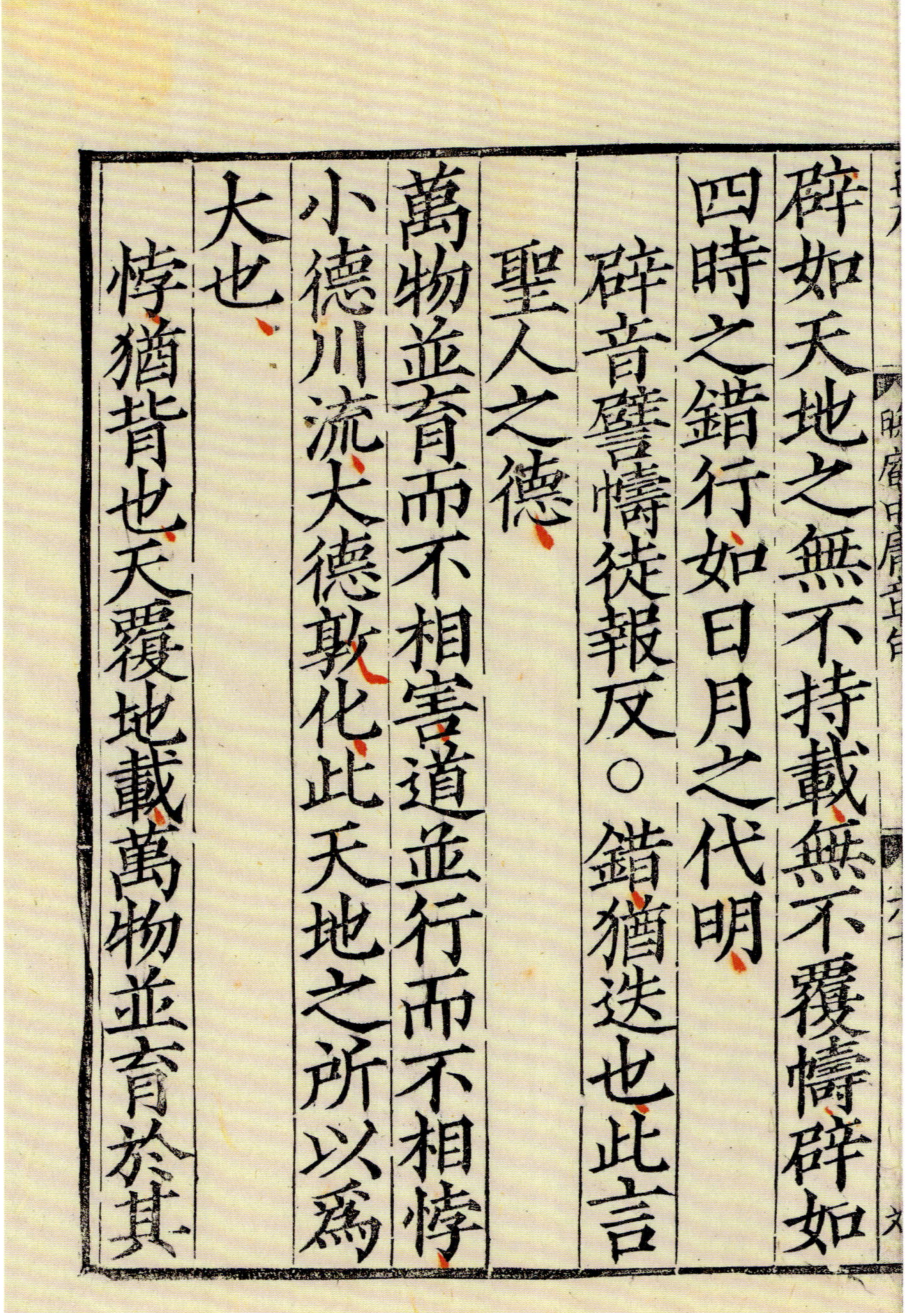

辟如天地之無不持載無不覆幬辟如四時之錯行如日月之代明
辟音譬幬徒報反○錯猶迭也此言聖人之德
萬物並育而不相害道並行而不相悖小德川流大德敦化此天地之所以爲大也
悖猶背也天覆地載萬物並育於其

閒而不相害四時日月錯行代明而不相悖所以不害不悖者小德之川流所以並育並行者大德之敦化小德者全體之分大德者萬殊之本川流者如川之流脉絡分明而往不息也敦化者敦厚其化根本盛大而出無窮也此言天地之道以見上文取辟之意也

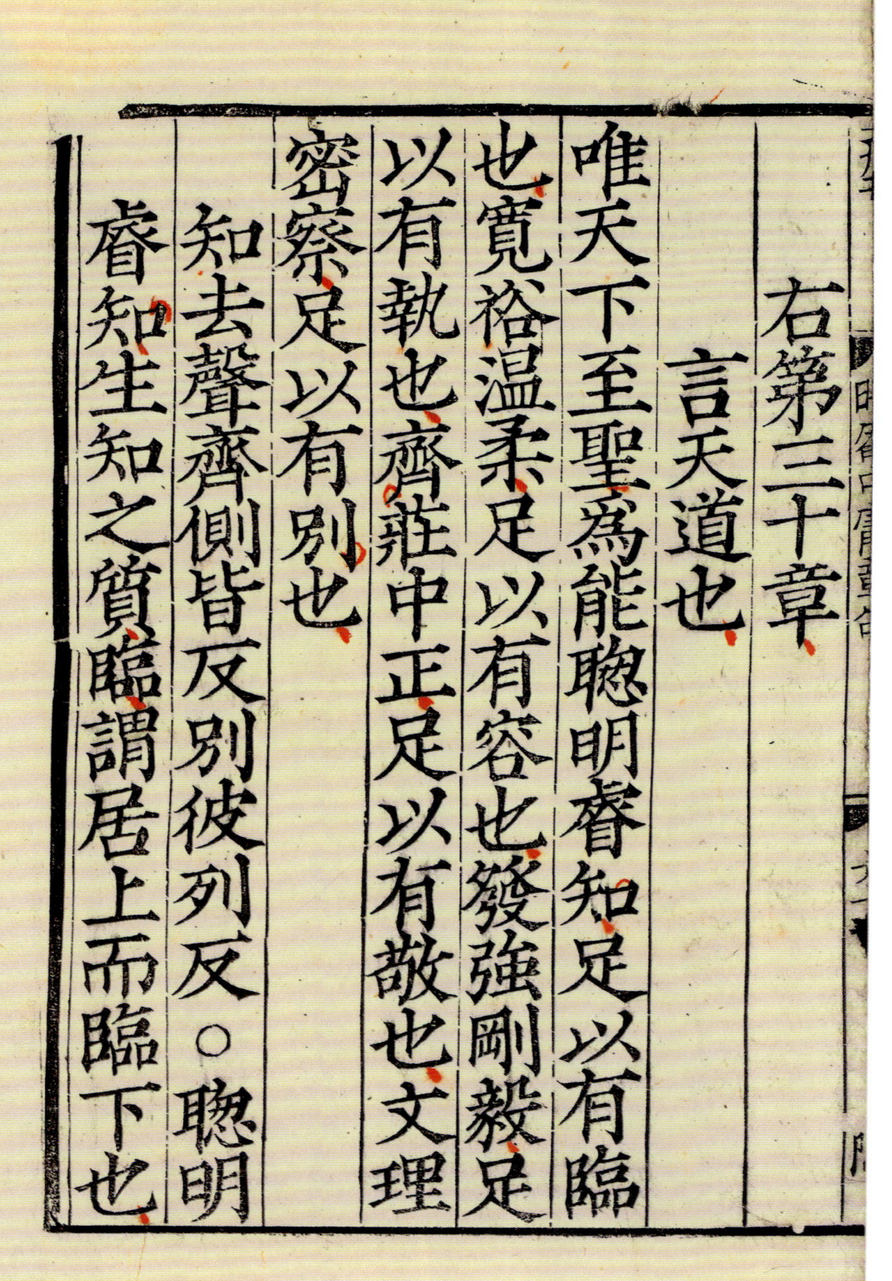

右第三十章

言天道也

唯天下至聖爲能聰明睿知足以有臨也寛裕温柔足以有容也發強剛毅足以有執也齊莊中正足以有敬也文理密察足以有别也

知去聲齊側皆反别彼列反○聰明睿知生知之質臨謂居上而臨下也

其下四者乃仁義禮知之德文文章也理條理也密詳細也察明辨也

溥博淵泉而時出之

溥博周徧而廣闊也淵泉靜深而有本也出發見也言五者之德充積於中而以時發見於外也

溥博如天淵泉如淵見而民莫不敬言而民莫不信行而民莫不說

見音現說音悅○言其充積極其盛
而發見當其可也
是以聲名洋溢乎中國施及蠻貊舟車
所至人力所通天之所覆地之所載日
月所照霜露所隊凡有血氣者莫不尊
親故曰配天
施去聲隊音墜○舟車所至以下蓋
極言之配天言其德之所及廣大如

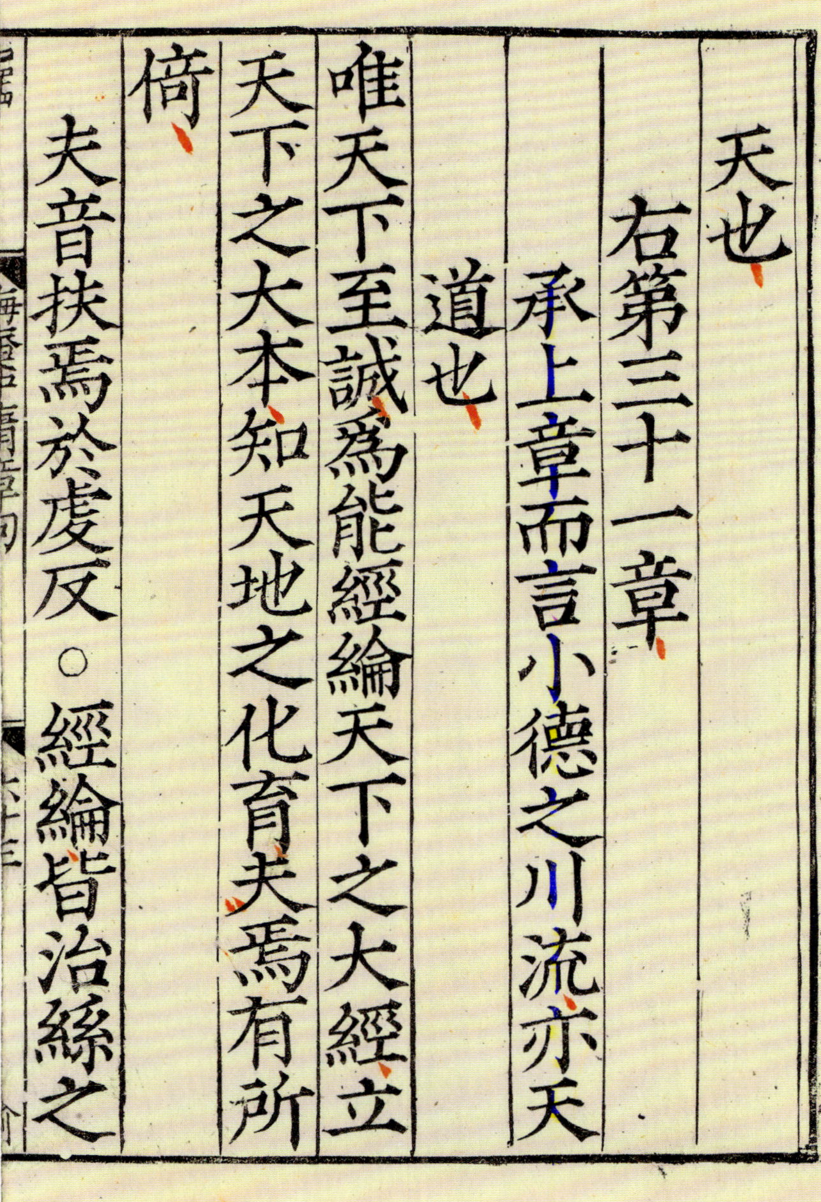

天也

右第三十一章

承上章而言小德之川流亦天道也

唯天下至誠爲能經綸天下之大經立天下之大本知天地之化育夫焉有所倚

夫音扶焉於虔反○經綸皆治絲之

事經者理其緒而分之綸者比其類
而合之也經常也大經者五品之人
倫大本者所性之全體也惟聖人之
德極誠無妄故於人倫各盡其當然
之實而皆可以爲天下後世法所謂
經綸之也其於所性之全體無一毫
人欲之僞以雜之而天下之道千變
萬化皆由此出所謂立之也其於天

地之化育則亦其極誠無妄者有默契焉非但聞見之知而已此皆至誠無妄自然之功用夫豈有所倚著於物而後能哉

肫肫其仁淵淵其淵浩浩其天

肫之純反○肫肫懇至貌以經綸而言也淵淵靜深貌以立本而言也浩浩廣大貌以知化而言也其淵其天

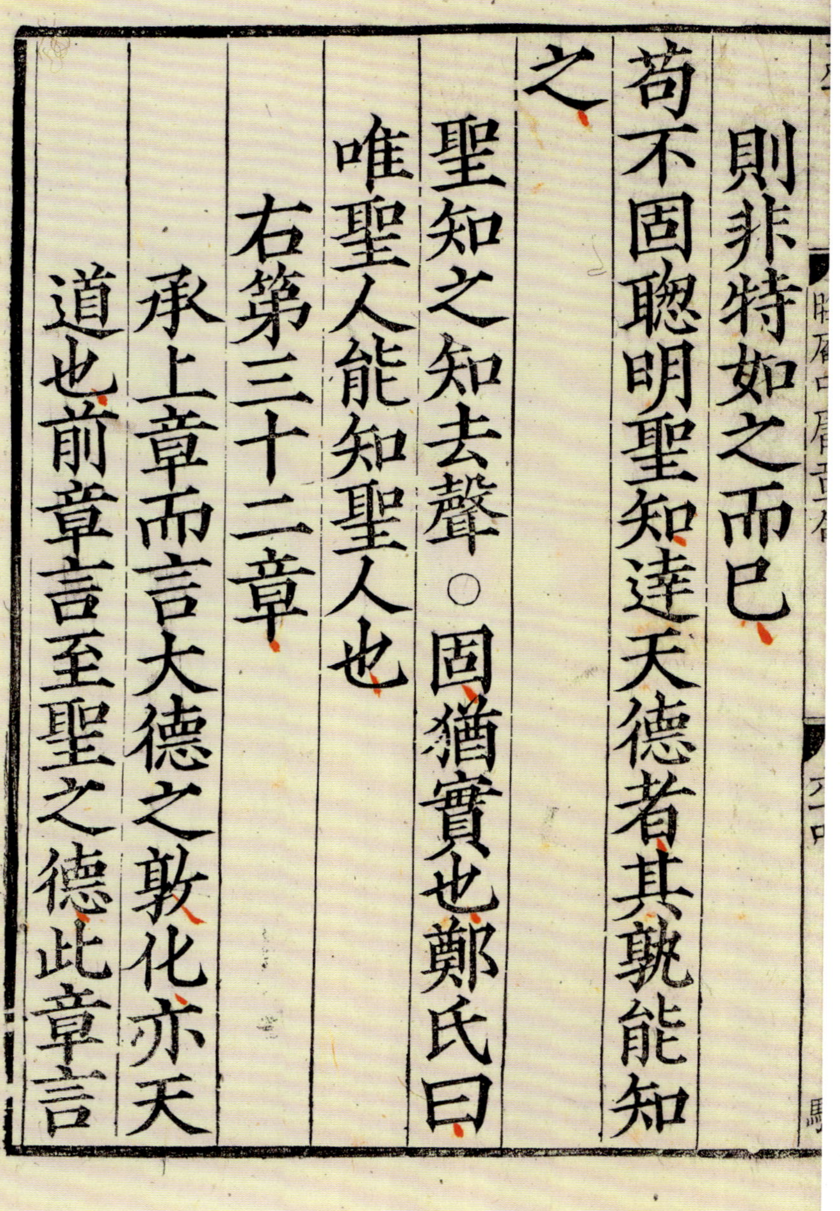

則非特如之而已
苟不固聰明聖知達天德者其孰能知
之
聖知之知去聲○固猶實也鄭氏曰
唯聖人能知聖人也
右第三十二章
承上章而言大德之敦化亦天
道也前章言至聖之德此章言

至誠之道然至誠之道非至聖
不能知至聖之德非至誠不能
爲則亦非二物矣此篇言聖人
天道之極致至此而無以加矣

詩曰衣錦尙絅惡其文之著也故君子
之道闇然而日章小人之道的然而日
亡君子之道淡而不厭簡而文溫而理
知遠之近知風之自知微之顯可與入

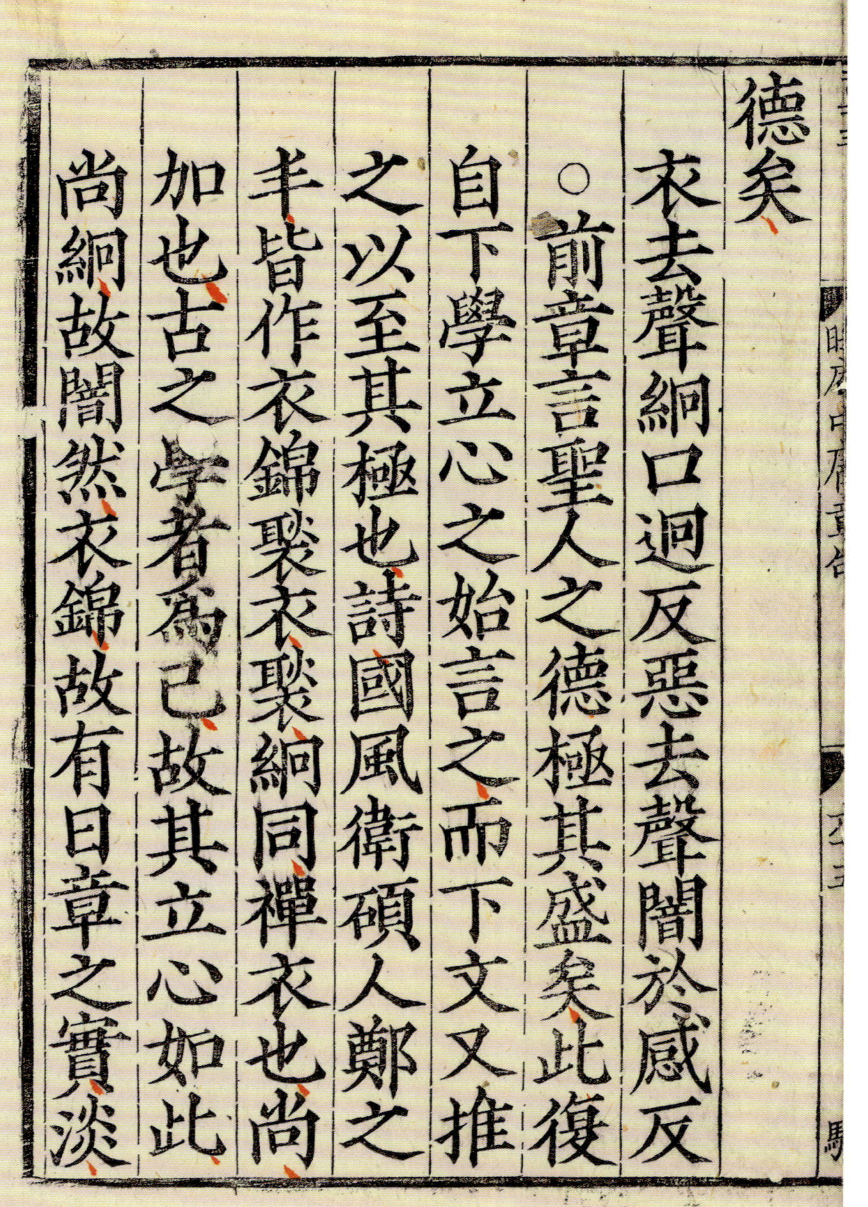

德矣

衣去聲絅口迥反惡去聲闇於感反

○前章言聖人之德極其盛矣此復自下學立心之始言之而下文又推之以至其極也詩國風衛碩人鄭之丰皆作衣錦褧衣褧絅同禪衣也尚加也古之學者爲己故其立心如此尚絅故闇然衣錦故有日章之實淡

簡温絅之襲於外也不厭而文且理焉錦之美在中也小人反是則暴於外而無實以繼之是以的然而日亡也遠之近見於彼者由於此也風之自著乎外者本乎内也微之顯有諸内者形諸外也有爲己之心而又知此三者則知所謹而可入德矣故下文引詩言謹獨之事

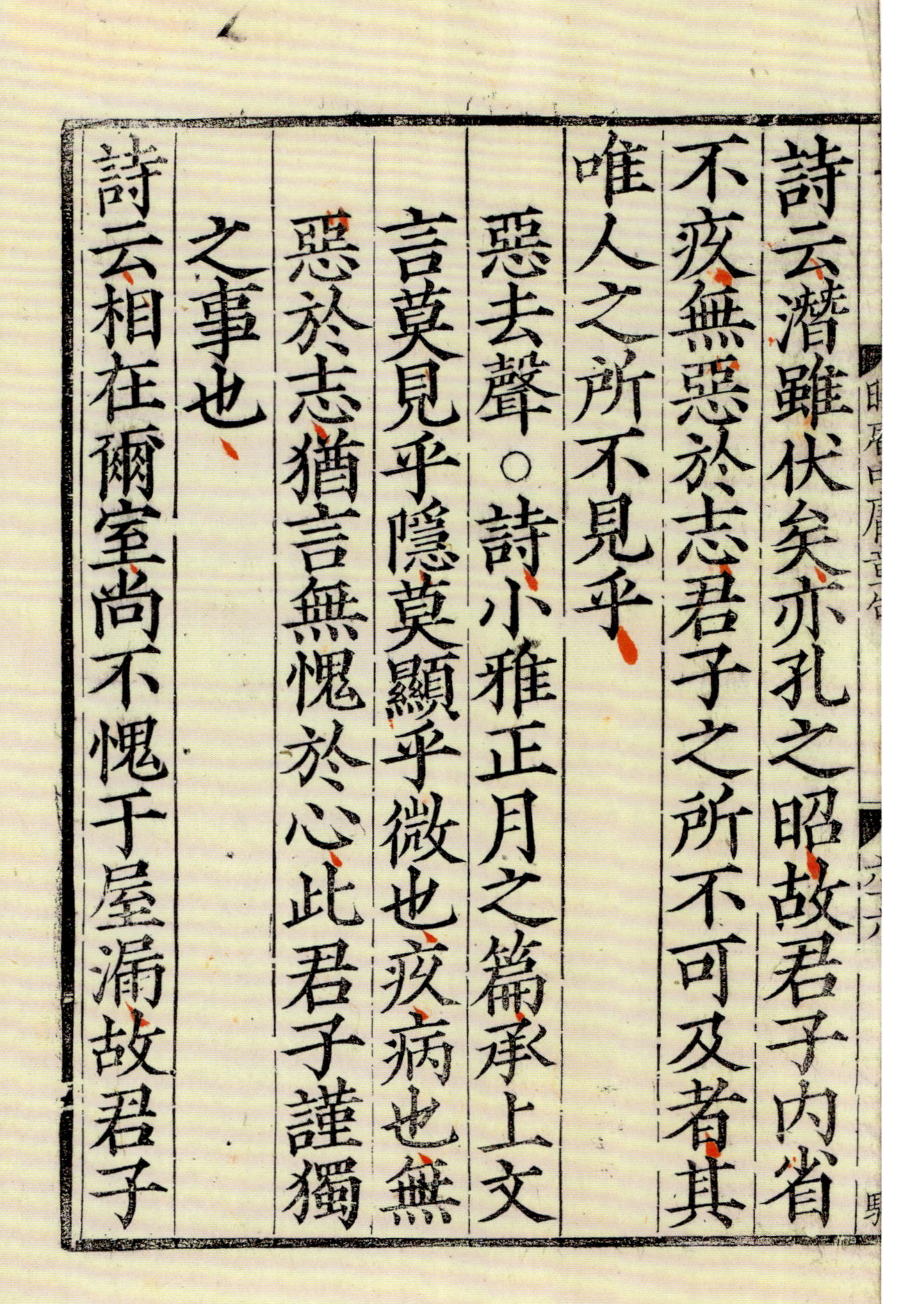

詩云潛雖伏矣亦孔之昭故君子内省不疚無惡於志君子之所不可及者其唯人之所不見乎

惡去聲○詩小雅正月之篇承上文言莫見乎隱莫顯乎微也疚病也無惡於志猶言無愧於心此君子謹獨之事也

詩云相在爾室尚不愧于屋漏故君子

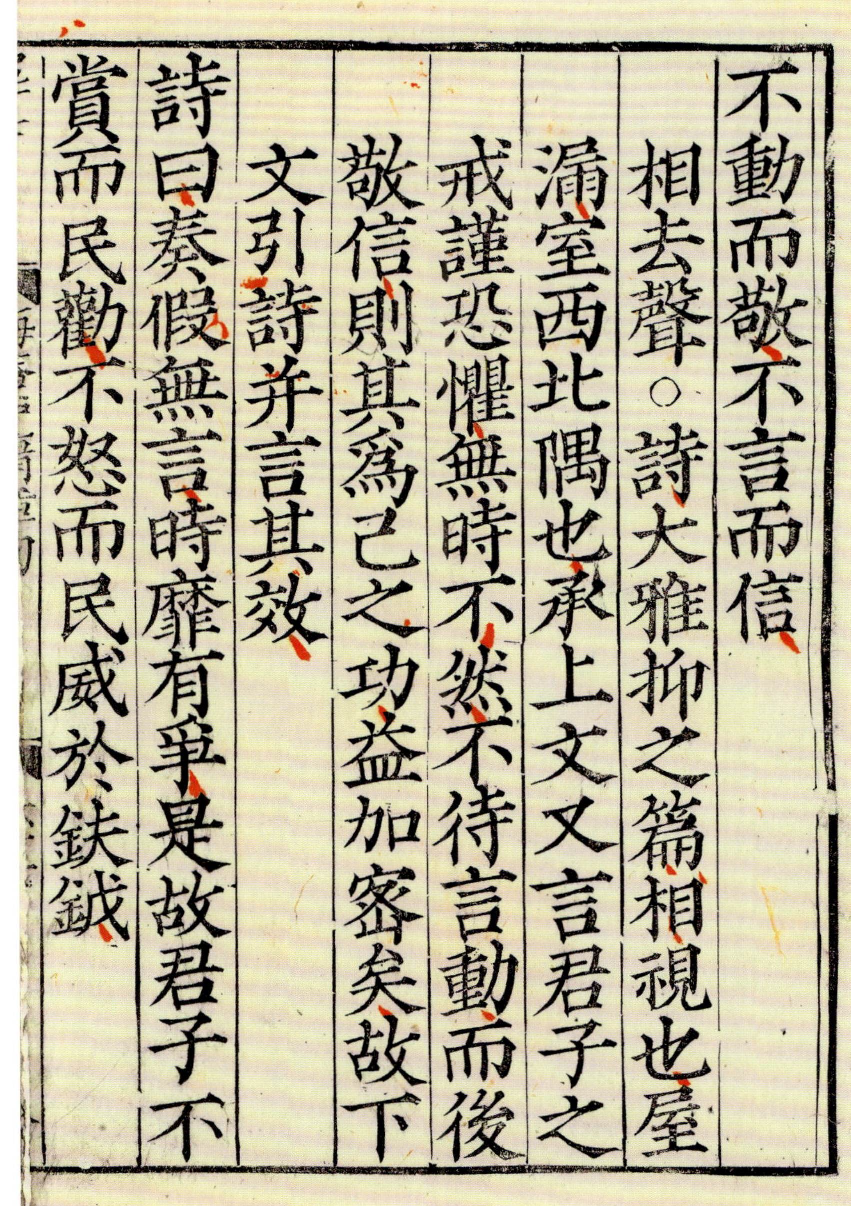

不動而敬不言而信

相去聲○詩大雅抑之篇相視也屋漏室西北隅也承上文又言君子之戒謹恐懼無時不然不待言動而後敬信則其爲己之功益加密矣故下文引詩并言其效

詩曰奏假無言時靡有爭是故君子不賞而民勸不怒而民威於鈇鉞

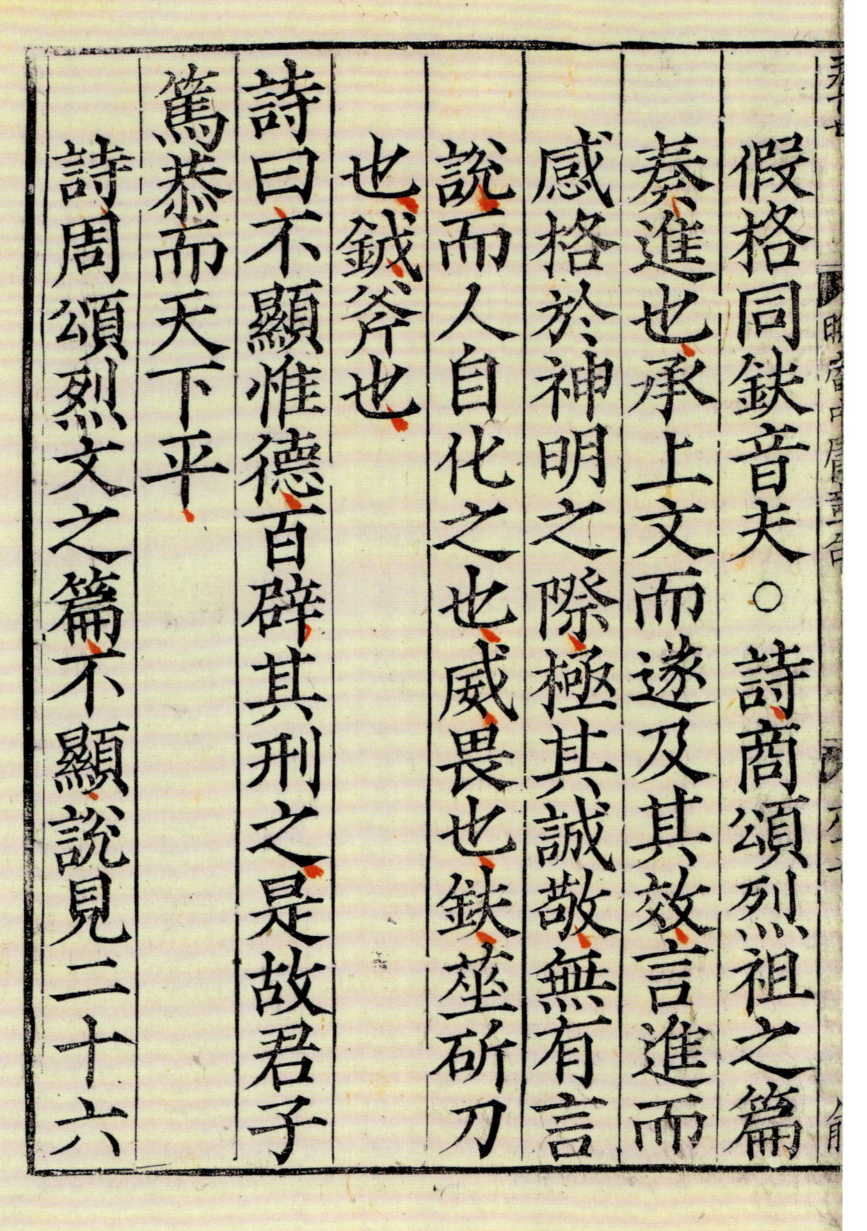

假格同鈇音夫○詩商頌烈祖之篇奏進也承上文而遂及其效言進而感格於神明之際極其誠敬無有言說而人自化之也威畏也鈇莝斫刀也鉞斧也

詩曰不顯惟德百辟其刑之是故君子篤恭而天下平

詩周頌烈文之篇不顯說見二十六

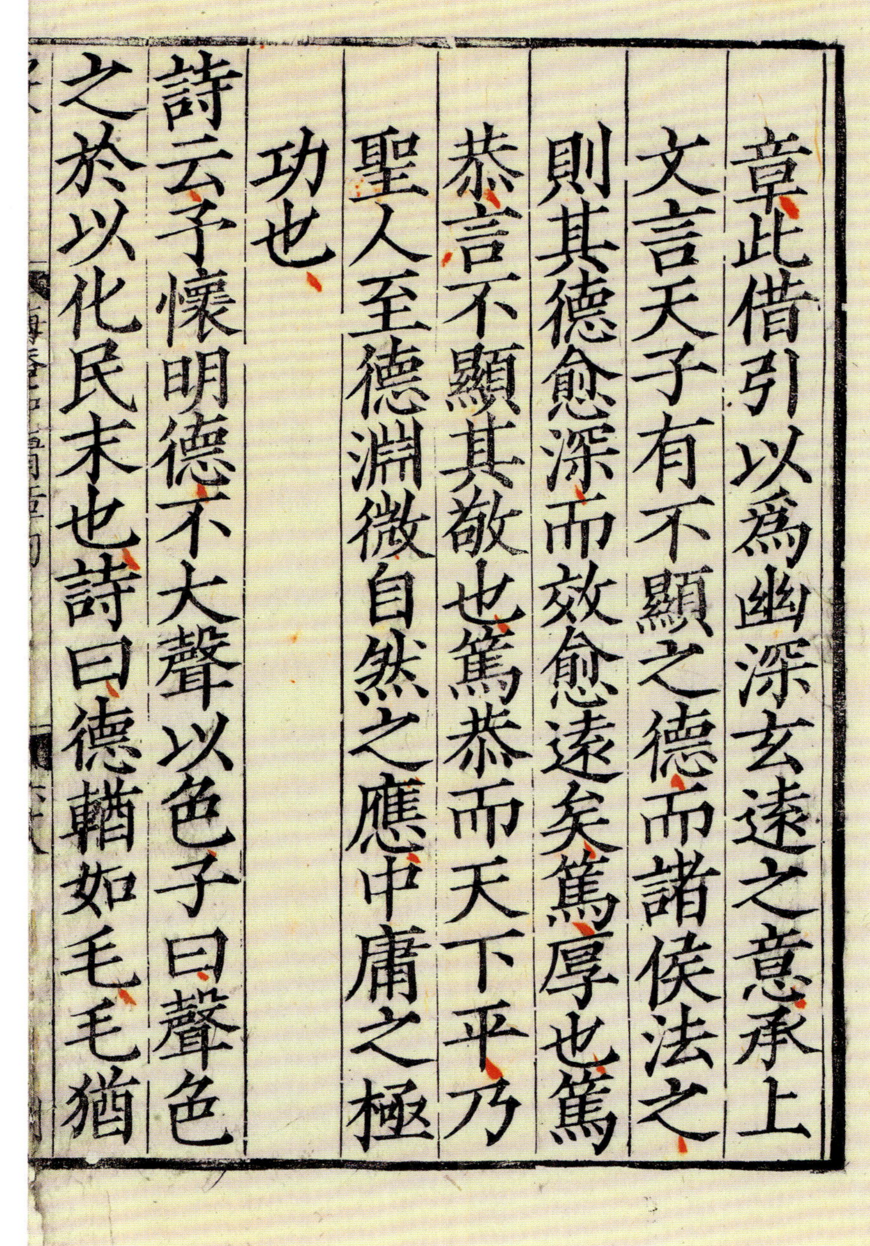

章此借引以爲幽深玄遠之意承上文言天子有不顯之德而諸侯法之則其德愈深而效愈遠矣篤厚也篤恭言不顯其敬也篤恭而天下平乃聖人至德淵微自然之應中庸之極功也

詩云予懷明德不大聲以色子曰聲色之於以化民末也詩曰德輶如毛毛猶

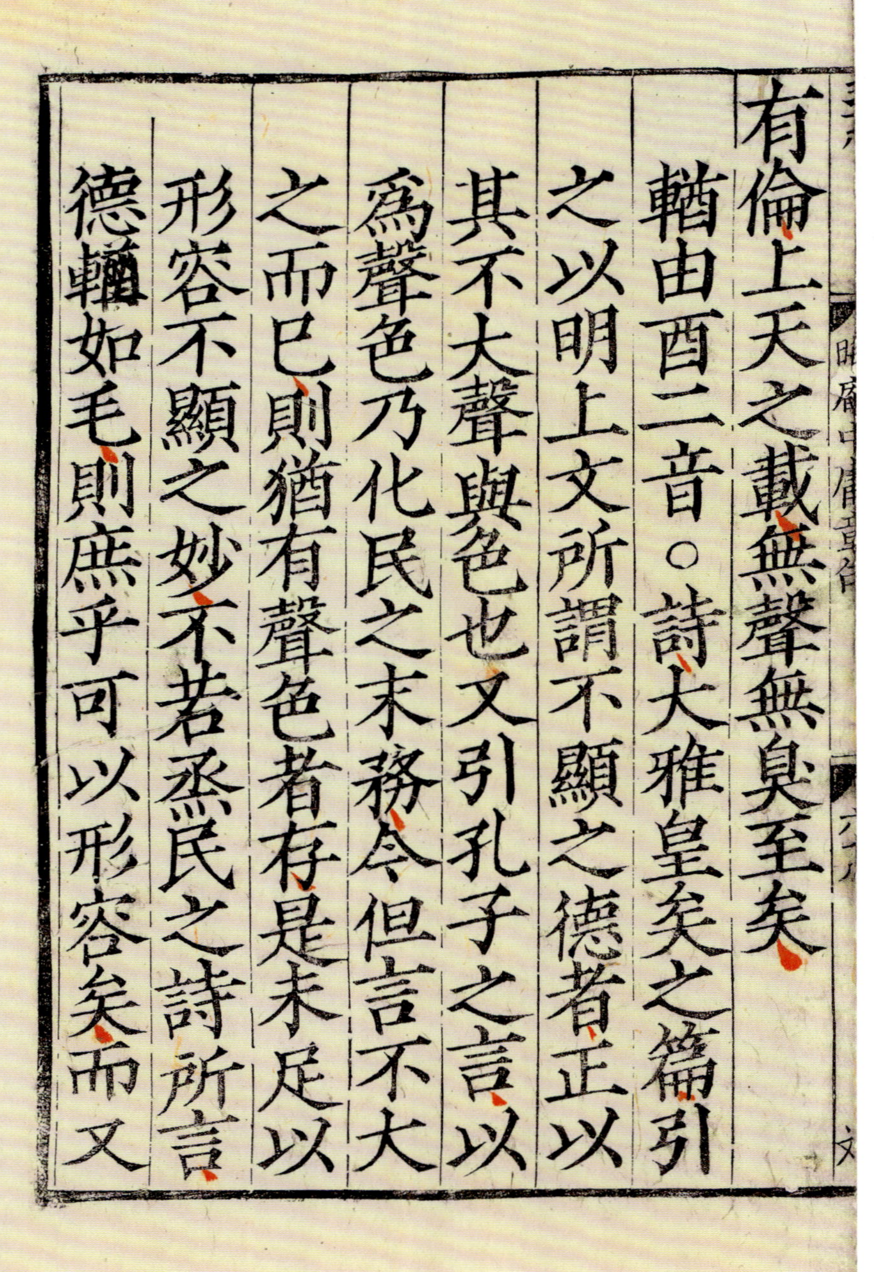

有倫上天之載無聲無臭至矣
輶由酉二音○詩大雅皇矣之篇引
之以明上文所謂不顯之德者正以
其不大聲與色也又引孔子之言以
爲聲色乃化民之末務今但言不大
之而已則猶有聲色者存是未足以
形容不顯之妙不若烝民之詩所言
德輶如毛則庶乎可以形容矣而又

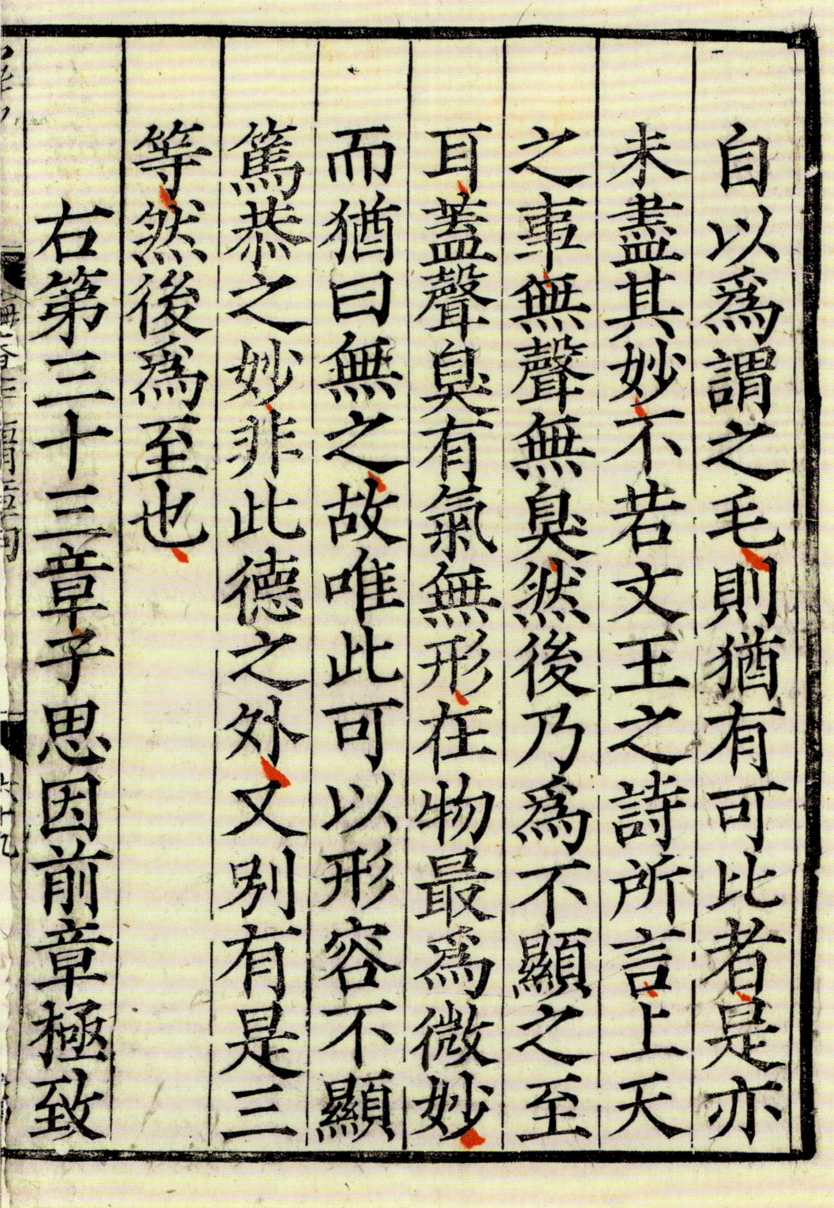

自以爲謂之毛則猶有可比者是亦未盡其妙不若文王之詩所言上天之事無聲無臭然後乃爲不顯之至耳蓋聲臭有氣無形在物最爲微妙而猶曰無之故唯此可以形容不顯篤恭之妙非此德之外又別有是三等然後爲至也

右第三十三章子思因前章極致

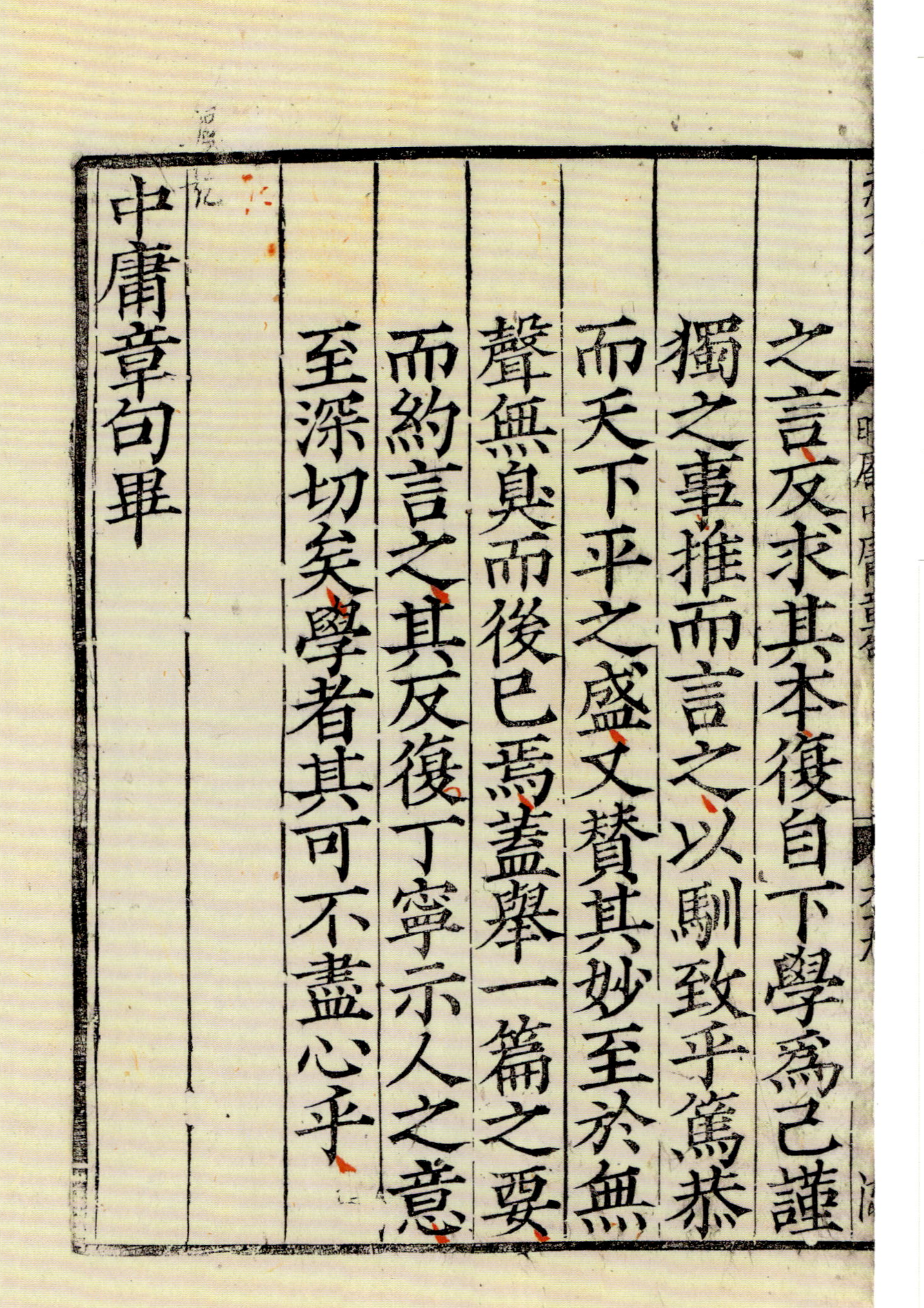

之言反求其本復自下學爲己謹
獨之事推而言之以馴致乎篤恭
而天下平之盛又贊其妙至於無
聲無臭而後已焉蓋舉一篇之要
而約言之其反復丁寧示人之意
至深切矣學者其可不盡心乎

中庸章句畢

補音釋

第十三章

言顧行行顧言

釋文行皆下孟反或讀如字

第二十章

注文跲躓也

第二十七章

躓音致與疐通礙不行也

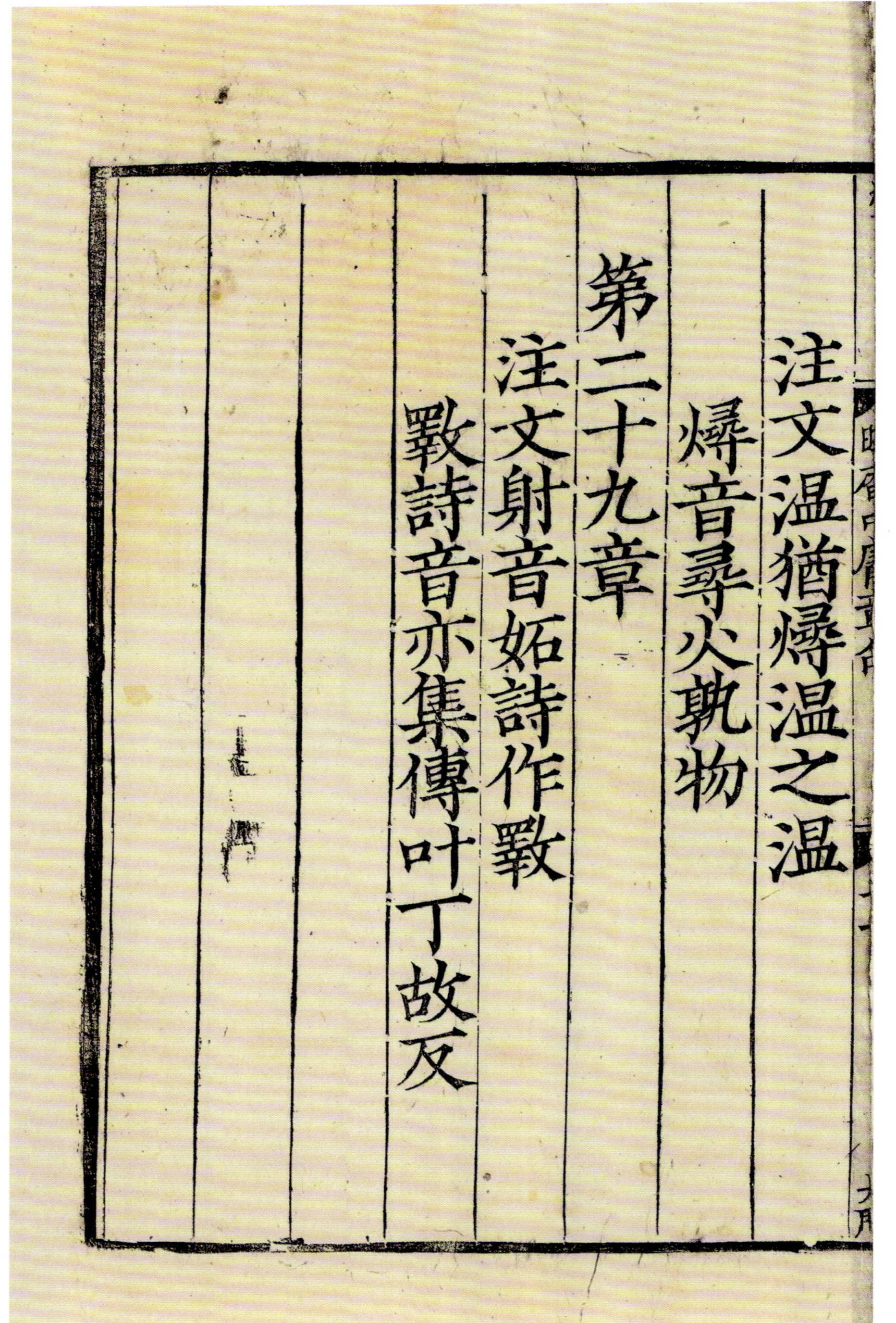

注文温猶燖温之温

燖音尋火孰物

第二十九章

注文射音妬詩作斁

斁詩音亦集傳叶丁故反